# 小河淌水唱新歌

## 北京大学定点帮扶弥渡十周年纪念文集

北京大学国内合作委员会办公室◎编

北京大学出版社
PEKING UNIVERSITY PRESS

**图书在版编目(CIP)数据**

小河淌水唱新歌:北京大学定点帮扶弥渡十周年纪念文集/北京大学国内合作委员会办公室编.—北京:北京大学出版社,2024.5

ISBN 978-7-301-35001-0

Ⅰ.①小… Ⅱ.①北… Ⅲ.①北京大学—扶贫—工作概况 ②扶贫—概况—弥渡县 Ⅳ.①F126 ②F127.744

中国国家版本馆CIP数据核字(2024)第082326号

书　　名　小河淌水唱新歌——北京大学定点帮扶弥渡十周年纪念文集
XIAOHE TANGSHUI CHANG XINGE——BEIJINGDAXUE DINGDIAN BANGFU MIDU SHIZHOUNIAN JINIAN WENJI

著作责任者　北京大学国内合作委员会办公室　编

责任编辑　赵旻枫

标准书号　ISBN 978-7-301-35001-0

出版发行　北京大学出版社

地　　址　北京市海淀区成府路205号　100871

网　　址　http://www.pup.cn

电子邮箱　编辑部 lk2@pup.cn　　总编室 zpup@pup.cn

电　　话　邮购部 010-62752015　　发行部 010-62750672
编辑部 010-62764976

印 刷 者　涿州市星河印刷有限公司

经 销 者　新华书店
720毫米×1020毫米　16开本　19印张　插页8　341千字
2024年5月第1版　2024年5月第1次印刷

定　　价　98.00元

---

# 本书编委会


主　　编：康　涛

副 主 编：罗永剑

参编人员：欧阳晓玲　陈贵兵　张辰阳

刘爽健　田定方　刘皓天

武晓旭　王潇栋

2019 年，时任北京大学校长、现任北京大学党委书记郝平一行深入弥渡贫困户了解脱贫发展情况

2019 年，时任北京大学校长、现任北京大学党委书记郝平一行赴弥渡一中调研

2018 年，时任北京大学副校长、现任北京大学校长，中国科学院院士龚旗煌慰问贫困户代表

2017 年，时任北京大学副校长、现任北京大学校长，中国科学院院士龚旗煌出席北京大学弥渡县党政干部培训班开班仪式

2013 年，北京大学与弥渡县签订对口帮扶协议

2023 年，北京大学与弥渡县联合召开工作推进会，商讨对接年度主要帮扶事项

2019 年，北京大学帮助建设的花鱼洞光伏提水工程投入使用，弥渡县德苴乡山区群众家中第一次通入自来水

2020 年，北京大学帮助建设的弥渡县彭家庄中型水库建成蓄水

北京大学国际关系学院教授为“北京大学弥渡讲坛”第 28 讲授课

北京大学研究生支教团在“快乐小陶子”公益图书馆授课

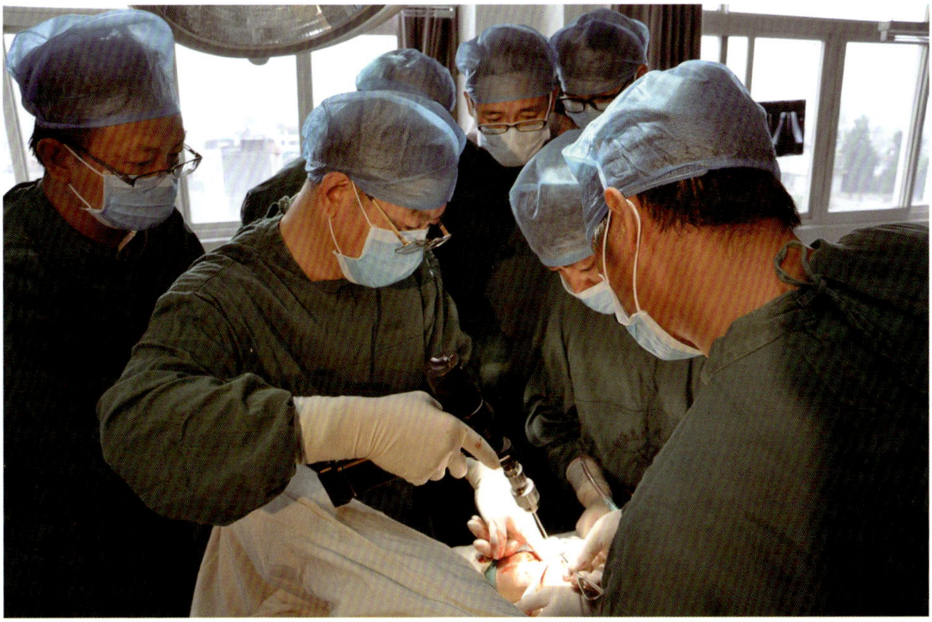

北京大学第三医院骨科周方主任医师在弥渡义诊，县医院外科大夫现场学习观摩

北京大学光华管理学院到弥渡县调研推进产业帮扶

北京大学国家发展研究院支持建设的弥渡县牛街彝族乡完全小学“梦想中心”启动

北京大学经济学院向弥渡县苴力镇栗子园完全小学捐赠学习用品

北京大学法学院联合第 22 届北京大学研究生支教团在弥渡一中举办法律知识讲座

北京大学信息科学技术学院向弥渡县寅街镇捐资 34.6 万元

北京大学工学院在弥渡县新街镇调研

北京大学现代农学院在弥渡县察看“中紫一号”水稻种植试验田

北京大学艺术学院在弥渡县密祉镇采风、收集创作素材

北京大学考古文博学院弥渡冶金实验考古暑期课程合影

北京大学挂职干部帮助成立的弥渡县小河淌水少年合唱团师生在进行合唱训练

弥渡县小河淌水少年合唱团获第九届中国童声合唱节 D 组、G 组两项金奖

北京大学艺术学院在弥渡县设立乡村振兴美育专家工作站

北京大学社会学系在弥渡县设立“北京大学—弥渡县乡村振兴研究与实践基地”与“吾土乡村振兴工作站”

北京大学 1989 级考古文博学院校友马岳、邱璐夫妇在弥渡县勤劳村建立“快乐小陶子”公益图书馆

北京大学 1989 级考古文博学院校友马岳、邱璐夫妇的女儿马语心留学归国后，与父母一起扎根弥渡、从事帮扶

# 序

党的十八大以来，以习近平同志为核心的党中央把脱贫攻坚作为全面建成小康社会的关键任务，把乡村振兴作为推进中国式现代化的重大战略部署。2013年，按照教育部部署，北京大学与云南省大理白族自治州弥渡县签订对口帮扶协议，正式开展帮扶弥渡县的工作。这既是党中央交给北京大学的光荣政治任务，又是北京大学扎根中国大地、服务国家社会的重大责任与使命。

十年来，北京大学始终高度重视帮扶弥渡工作，统筹人才、学科等优势资源，精准对接弥渡实际需求，举全校之力引导资金、项目、管理等各类要素向弥渡聚集，推进理念、人才、技术、经验等在弥渡落地，探索形成了教育帮扶、智力帮扶、产业帮扶、健康帮扶、消费帮扶、文化帮扶等具有北大特色的帮扶模式，取得了显著成效，谱写了一曲未名湖波与弥渡小河淌水遥相辉映、和谐共鸣的帮扶乐章。

十年春华秋实，十年砥砺前行。北京大学始终认真贯彻落实党中央关于脱贫攻坚和乡村振兴的决策部署，成立定点扶贫和定点帮扶工作领导小组，出台专项工作意见，主要负责同志亲自牵头、亲自部署、亲自推动工作，摸实情、听进度、看落实，深入弥渡研究帮扶对策。北京大学还先后选派高翔、史楠、杨学祥、王菲、郭洪亮、陈贵兵、张魁元7名干部挂职弥渡县副县长，尤宇川、张晓东、魏培徵、田定方、王俊人5名同志担任驻村第一书记。骨干力量以“一锤接着一锤敲、一茬接着一茬干”的韧劲，敢于担当，善于作为，为实现乡亲们美好生活的梦想付出辛勤汗水，为弥渡脱贫致富提供强大助力。根据弥渡发展实际，学校创新工作机制，组织实施“1+8+N”精准帮扶工作新模式（“1”，全校一盘棋统筹；“8”，8个院系结对帮扶弥渡8个乡镇；“N”，按照弥渡的实际需要，不断增加其他资源及帮扶主体），确保了帮扶任务落实到位，帮扶工作产生实效。

拔掉“贫根”、走出“困境”，学校不断助力弥渡发展，变“输血”为“造血”。协调支持彭家庄中型水库、花鱼洞光伏提水工程等一批重大项目落地，解决弥渡民生急需。通过制定医疗体系发展规划、开展义诊活动、组织医生赴北大进修等方式，着力做好医疗帮扶，切实维护弥渡人民身体健康。聚焦智力支持，坚持“走出去”和“请进来”相结合的培训方针，为弥渡县级干部开设“北京大学弥渡讲坛”、村组干部开设“博雅耕读乡社”，不断提高弥渡发展的内生动力。通过县中托管帮扶、选派支教教师、设立“博雅自强班”、开展游学团等特色项目，助力弥渡不断提升基础教育能力。在学校采购和电商销售推动下，弥渡特色农产品一步步走出田间地头，品牌效应不断显现。此外，还进一步结合弥渡民歌非物质文化遗产特点，挖掘文化品牌，打造校园美育教师队伍，树立弥渡新形象。

2020年，在弥渡如期顺利脱贫后，北京大学初心不改、力度不减、脚步不停，在继续做好“1+8+N”帮扶机制的基础上，推出“10+10名誉村长”项目，聘请10个院系知名专家领导担任弥渡10个乡村的“名誉村长”，搭建跨专业平台机制，以点带面推动弥渡县高质量发展。北京大学以人才培养为核心，面向教育系统定点帮扶县和国家重点帮扶县推出“乡村振兴千万带头人培养计划”，努力将其打造为乡村振兴人才学习成长的重要平台。

朝乾夕惕，功不唐捐。十年里，北京大学累计为弥渡投入帮扶资金近2 000万元，引进帮扶资金2亿多元，协调落地重大项目10余项，培训基层干部万余名。在党中央近5年的考核中，学校连续获得最高等次“好”，帮扶效果得到多方肯定。2020年，弥渡县17 539户69 419人稳定脱贫，弥川大地千百年来的绝对贫困问题得到了历史性解决，与全国同步实现小康。2022年，弥渡县完成地区生产总值97.32亿元、增长3.5%，经济社会各项事业赶超发展，正朝着建设名副其实的“小河淌水·幸福弥渡”的美好愿景不断迈进。

十年来，北京大学和弥渡县的党政领导、挂职干部、教师学生都在对口帮扶的伟大事业中倾注了宝贵心血，留下了动人回忆。这次由北京大学组织编写的《小河淌水唱新歌——北京大学定点帮扶弥渡十周年纪念文集》，以纪实的写法征集了他们的所见所闻和所想所思，并对学校帮扶弥渡工作的十年经验进行了回顾、总结、提炼与升华。他们在帮扶工作中开展的一系列丰富、有效的创新实践，展现了北大人的家国情怀与使命担当，是继续做好定点帮扶和乡村振兴工作的实践宝库和精神财富。

北大未名湖畔风光旖旎，弥渡小河淌水优美动人，十年守望相助的深情厚意宛如小河淌水，清澈而流远，让相距 2 800 多千米的著名学府和边陲乡村紧紧相连。回眸十年，硕果累累；展望未来，踔厉奋发。站在新的历史起点上，北京大学将在对口帮扶工作中勇于担当、奋发有为，不断探索服务乡村振兴的创新举措，在加快建设世界一流大学的新征程中更好地肩负起党和国家赋予的历史使命，为深入推进中国式现代化贡献北大力量。

北京大学党委书记　郝　平

北京大学校长　龚旗煌

# 目 录

## 第一章　河畔渡船起：定点帮扶的机制与实践

## 第二章　林梢百丈泉："名誉村长"及帮扶教师的亲历与见证



## 第三章　月亮天上走：学生及校友的乡情与体悟

## 第四章　环谷水声潺：一线干部的初心与担当

# 第一章

## 河畔渡船起：定点帮扶的机制与实践

# 十年帮扶显真情，携手弥渡共振兴

## ——北京大学定点帮扶云南省大理白族自治州弥渡县十年工作纪实

弥渡，位于云南高原西部，大理白族自治州东南。“唱歌水应声，隔山听得见”的山水风光是大自然赋予弥渡的无价之宝，但也让弥渡因为“九山一坝”的天堑阻隔而长期贫困。

2013年，在党中央、国务院启动新一轮定点扶贫工作后，北京大学按照国务院扶贫办、教育部的安排部署，承担起定点帮扶云南省大理白族自治州弥渡县的光荣任务。十年来，北京大学国内合作委员会办公室牵头学校各部门、院系，围绕弥渡产业发展、基础教育、公共民生等方面，用心、用情、用力帮扶，成效显著。2020年6月，弥渡县获云南省批复，正式退出贫困县序列。由脱贫攻坚转向乡村振兴，北京大学帮扶弥渡的脚步不停，用青春汗水持续助力边疆热土跨越式发展。

### 攻坚克难，久久为功：用真心搭好攀云梯

从首都北京到西南边陲，一纸协议沟通起千里之遥。与弥渡县结成帮扶对子后，北京大学党委始终高度重视，发挥统筹协调各方的作用，精心组织推进帮扶工作。党委常委会定期研究部署帮扶工作，举全校之力确保党中央脱贫攻坚和乡村振兴决策部署落地见效。为了更好地将定点帮扶任务落到实处，真正做到为弥渡脱贫“开方子”“指路子”，北京大学成立了由党委书记、校长亲自担任组长，职能部门及基层院系负责人作为成员的定点帮扶工作领导小组，开通“人、财、物”绿色通道。北京大学实施帮

扶工作“一把手工程”，主要负责同志亲自抓、亲自部署、亲自推动工作。党委书记郝平同志、校长龚旗煌同志多次深入弥渡一线调研、督促落实工作，校领导班子其他成员也多次赴弥渡调研、推进工作，足迹遍布弥渡全部8个乡镇，在脱贫攻坚一线解决贫困群众受益最直接、需求最迫切的困难问题。

帮扶千万招，落实第一招。北京大学把选优配强援派干部人才作为落实定点帮扶政治任务、履行政治责任的重要举措，坚持选派政治强、业务精、作风好、敢担当的精兵强将。2013年以来，先后选派高翔、史楠、杨学祥、王菲、郭洪亮、陈贵兵、张魁元7名干部挂职弥渡县副县长，尤宇川、张晓东、魏培徵、田定方、王俊人5名同志担任驻村第一书记，12名赴滇西挂职干部，均是相关单位的业务骨干。

动真情，真扶贫，帮扶之路上涌现出许多动人的时刻：国家发展研究院周其仁教授为深入了解情况，多次到弥渡县牛街彝族乡调研，经常自己租车开到乡里，每次食宿都是自费，有一次乡政府专门在一个小饭店请他吃饭，他却悄悄地把账结了。他个人捐款5万元给一个小山村修路，叮嘱不让宣传报道。第五批挂职干部杨学祥出发前，组织上了解到他上幼儿园的孩子出现了一些问题，70多岁的父母身体也不好，希望他仔细考虑一下，但杨学祥经过短暂的思考，爽快地答应并主动做好了家人的说服工作，义无反顾奔赴2 800千米外的弥渡，投身党的脱贫攻坚事业。

十年间，定点帮扶早已不是一种由上而下的“任务”，而成为一种亲人间的关怀与挂念，一批批北大人把自己揉碎，融入群众中，充分发扬北京大学爱国奉献的光荣传统和北大人扶危济困的家国情怀，克服工作、学习、生活中的种种困难，舍小家顾大家，用十年的初心使命、十年的坚守担当、十年的真挚情怀，诠释了北京大学对弥渡人民的深情厚谊，搭建起两地的攀云梯。

## 一方所需，八方来援：实干凝聚磅礴力量

集中力量攻坚克难，更好推进精准扶贫、精准脱贫，确保如期实现脱

贫攻坚目标。2017 年，习近平总书记在中共中央政治局第三十九次集体学习时发表讲话，为帮扶工作指明了前进的方向。

为在“精准”二字上下好功夫，北京大学创新探索出“1+8+*N*”帮扶工作新模式，整合多方资源，确保帮扶责任落实到人、帮扶任务落实到位，扎扎实实产生实效。“1”是指学校在宏观层面统筹指导帮扶工作，全校一盘棋，以“全校动员、统筹资源、院系对口、智力帮扶”为原则，引导学校的教育、科技、人才、文化、医疗等各类扶贫资源优化配置，充分发挥科技知识与优秀人才对地方发展的核心拉动作用。“8”是指北京大学建立 8 个院系与弥渡县 8 个乡镇定点结对帮扶机制，实现了帮扶工作的全县覆盖，切实增强了帮扶工作的精准性和有效性。“*N*”是指按照弥渡的实际需要，引入医学部、校友会、基金会、附属中学、附属小学、方正集团、出版社等单位，从金融、产业、教育、医疗、文化等方面进行全方位的精准帮扶。

访村情、挖穷根、谋出路、破难题，北京大学不仅引得源头活水来，还切实帮助弥渡风物走出山外，让弥渡之声唱响全国。在深入调研中，光华管理学院发现水资源是制约德苴乡经济社会发展的最大难题。通过积极沟通协调，2019 年 1 月，德苴乡花鱼洞光伏提水工程建成，当地村民的生活由原来的“一辈子三洗”变为随时都能享受自来水。德苴乡党委书记激动地说，这是“做成了几代人想做又做不成的事”。艺术学院彭峰教授、周映辰副教授等专家在走访过程中发现，弥渡是一块本土文化的热土。在他们的建议下，学校协调执行团队，挖掘整理出散落于民间的 200 多个经典花灯曲目，还以“小河淌水”为媒介，搭建起一个具有弥渡特色的民间音乐圣地。为更好促进地方非物质文化遗产发展，北京大学还将传承人培养与校园美育相结合，通过品牌培养项目带动全县中小学美育工作水平提升。2023 年 8 月，弥渡县小河淌水少年合唱团在第九届中国童声合唱节上获 D 组、G 组两项金奖，并入选闭幕式特色团队展演环节。针对弥渡县特色农产品“难卖”的问题，北京大学积极协调对接社员网等第三方合作伙伴，帮助弥渡县的大宗农产品“上网”，拓宽销售渠道，助力县域农产品品牌创建、产品销售和产业发展。

“看病难”一直是困扰弥渡群众的突出问题，为尽力解决群众急难愁盼问题，医学部领导、专家多次赴弥渡县调研医疗卫生工作，对症下药，提出了具体的指导意见，先后选派医学部附属医院两批共计40名医生赴弥渡县义诊、会诊，为群众免费诊疗超过2 000人次，并结合具体病例开展专题讲座，指导当地医疗科室建设工作。安排弥渡县医院卫生技术人员赴北京大学第一医院、人民医院、第三医院进修，捐赠“诠医通”健康宣教项目，培养医疗人才。

为改善弥渡基础教育落后的现状，斩断“穷根”，北京大学组织校友和社会力量捐资实施“博雅自强班”“梦想中心”“博雅图书室”“财童计划”等多个项目，助学助教，帮助弥渡县孩子们插上飞翔的翅膀。2014年起，在共青团中央、共青团云南省委的支持下，北京大学先后安排10批共计35名学生赴弥渡县一中、二中支教，每批为期一年，在传授知识、树立新风、促进弥渡教育发展等方面做出了贡献。组织弥渡县师生到北京开展游学参访活动，开阔眼界，增强爱国意识。北大附中通过派遣教师指导、跟班学习等方式，为弥渡一中、二中培养师资，为当地中学发展增强内生动力。

村看村，户看户，群众看干部。打铁还须自身硬，为帮助弥渡提升“造血”能力，自2019年起，北京大学连续两年协助教育部举办“教育扶贫论坛”，牵头成立“高校教育扶贫联盟”，搭建了教育战线扶贫工作交流研讨平台。根据弥渡县脱贫攻坚一线任务重、时间紧、集中学习难度大的特点，为保证学习和工作“两不误”，学校打破常规，采取随到随学的插班学习制度，鼓励弥渡干部“见缝插针”来北大学习。通过坚持“走出去”和“请进来”相结合的培训方针，北京大学针对县级干部开设“北京大学弥渡讲坛”31期、针对村组干部开设“博雅耕读乡社”4期，累计培训万余人；抓实集中培训，通过名家讲授、经验交流、实地考察等方式提升培训效果，先后组织165名县、乡级领导干部，12名骨干教师，8名卫生专业技术人员到北大培训学习，为脱贫攻坚提供了硬核人才底气。

脚下沾有多少泥土，心中就有多少真情，每一个帮扶项目的落地，都是多方奔走的实干收获，在全校多部门的倾情帮扶下，历经6年攻坚克难，弥渡县脱贫攻坚取得决定性胜利。2021年，国家发展研究院获得“全国脱贫攻坚先进集体”，教育部脱贫攻坚工作领导小组办公室专门致函表彰北京大学定点扶贫工作，称赞北大“走出了一条特色鲜明、成效显著的扶贫路子”。在 2018 年至 2022 年连续 5 年中央单位工作考核中，北京大学被评为最高等次“好”的等次。

## 好风借力，志智双扶：培育乡村振兴“领头雁”

复兴路上，脱贫摘帽只是第一步；聚焦振兴，北京大学步履不停。如何将习近平总书记关于乡村振兴的殷殷嘱托落实到帮扶工作中，更好地助力弥渡高质量发展，是定点帮扶新阶段工作的重中之重。

为凝聚更大的力量，全面推进弥渡乡村振兴，北京大学与弥渡县政府经过多轮深入研究和沟通，挑选出基础条件相对较好，发展潜力相对较优，能够串成线、连成片的 10 个行政村，聘请北京大学 10 个院系的知名专家领导担任“名誉村长”，通过“10+10 名誉村长”的安排汇聚学校多学科帮扶力量，搭建了跨专业平台机制，由点带面推动弥渡县高质量发展。

2021 年 10 月，苴力镇栗子园村“名誉村长”、北京大学经济学院副院长张亚光来到村里，给栗子园村的小学生捐赠文具，与苴力镇党委、镇政府，栗子园村“两委”、驻村工作队就如何把栗子园村打造成为共同富裕样板示范村进行座谈。张亚光深情表示，从博雅塔到苴力镇，从未名湖畔到栗子园村，跨过城镇与乡野，穿越古老与现代，初心弥坚，经世济民。“名誉村长”不只是一份荣誉，更是沉甸甸的信任和责任。接续乡村振兴，推动共同富裕，如小河淌水，不怕曲折蜿蜒，进一寸有一寸的欢喜。

乡村要振兴，人才必先行。大雁南飞，要靠领头带。在巩固脱贫攻坚成果的基础上，培育好一线乡村振兴人才对实施好乡村振兴战略具有战略性、基础性作用。在教育部发展规划司、国家乡村振兴局政策法规司的指导下，北京大学持续发挥人才、学科、教育等资源优势，推出“乡村振兴千万带头人培养计划”，面向 160 个国家重点帮扶县及教育系统联系的帮扶县开展乡村振兴人才培训，围绕党政、产业、教育、文化、规划、治理等领域，分批分类精准施训，力争 5 年内培养万名乡村振兴骨干和领军人才，打造乡村人才学习的稳定渠道和平台。到 2023 年，培养计划已开展三期，第一期“党政综合管理班”培训学员 1 826 人、第二期“产业领军人才班”培训学员 1 725 人、第三期“乡村治理人才专题培训班”培训学员 1 056 人，覆盖全国 29 个省、自治区、直辖市，116 个市、自治州，209 个区、县、旗，成为高校乡村振兴人才培养的品牌项目。第三期中，125 名乡党委书记、镇党委书记、乡长、镇长报名参训，高校教育帮扶联盟成员高校定点帮扶县、教育部定点帮扶县选派 53 名学员相聚燕园参加 2023 年 7 月 6 日至 8 日的线下集中学习。

“通过培训，我对乡村振兴、基层治理、经济发展、优化营商环境和现代农业产业发展等方面有了更新、更深刻的认识，这一系列宝贵经验对指导红岩经济社会发展具有十分重要的借鉴意义。”这是第三期培训学员、云南省大理白族自治州弥渡县红岩镇党委书记夏俊的由衷之言。

十年砥砺前行，从脱贫攻坚到乡村振兴，弥渡拔节生长。这十年中，北大集全校之力，将一批批北大人送到有风的地方去，为弥渡奉献自己的光和热：他们中有北大派驻的挂职干部和支教团员，有院系派出担任“名誉村长”的知名专家学者，有利用自己空余时间奔波在两地的教师和学生……他们接力续力，情洒红土，高质量推进定点帮扶工作，取得了显著的进展和成效。“沧桑巨变是干出来的”，新时代的山乡巨变背后，是两地人用心、用情、求真务实的积极奔走与默默奉献。大山不再锁困、小河淌出新美，新征程上，北京大学将继续坚定初心，践行久久为功的使命担当，与弥渡一道，携手向未来，共绘振兴图。

作者：北京大学国内合作委员会办公室

# 健康帮扶惠民生　助力振兴见成效

健康帮扶是实现精准帮扶的基础和重要组成部分，近年来，北京大学医学部高度重视健康帮扶工作，调动优质医疗资源，不断探索实践健康帮扶工作的新思路、新途径，取得了明显成效，有力地保障了弥渡人民的生命健康，为脱贫攻坚及乡村振兴创造了良好的条件。

## 一、脱贫攻坚战期间（2016—2020 年）

### （一）加强顶层设计，全力推进健康扶贫

为提高弥渡县医疗水平，医学部领导和专家多次赴基层一线调研医疗卫生工作，研究帮扶对策，制定帮扶方案，就弥渡县医疗卫生事业发展提出具体的指导意见，进一步完善弥渡县三级医疗体系发展规划。

### （二）对接当地需求，临床专家深入一线

医学部先后组织选派附属医院百余名医生组成专家团队，针对基层临床科室需求，赴弥渡县开展多学科联合会诊、教学查房、带教指导、示教手术、优质护理服务等活动，给予患者科学合理的治疗方案，免费诊疗累计超过 2 000 人次。专家团队发挥各自医学专长，结合实际病例开展专题讲座，进行疑难病症现场分析和答疑，为弥渡群众提供优质医疗服务。紧密对接弥渡县医疗需求，以扶持打造紧缺重点医疗科室为切入点，聚合资源全口径帮扶。通过指导建设妇产科、儿科、呼吸科等医疗科室，提升检验科、骨科、神经内科等关键科室水平，向一线医疗技术骨干提供临床技术业务指导，为当地医院提供先进的医疗技术等工作，推动优质医疗资源下沉。

### （三）赋能基层，线下线上培训一体推进

做好健康扶贫，外部帮扶不容忽视，但增强“造血”机能建设，激发贫困地区的内生动力更为重要。医学部高度重视弥渡县的医疗人才队伍建设，持续安排弥渡县人民医院、县中医院院长、副院长等医院管理骨干到北京大学医院进修，安排多名弥渡县医院卫生技术人员到北京大学第一医院、人民医院、第三医院进修，提高基层医疗技术水平。同时，积极为基层医护人员举办临床科研、护理团队建设和医院感染管理等学术报告，更新医务人员的管理理念，提升医院的医疗管理水平，切实防止群众因病致贫、因病返贫。

面向广大群众开展健康科普宣教活动，通过举办一系列精彩纷呈的医学专题讲座，普及高血压防控、营养与食品健康、妇科疾病防治、心理调节等方面的知识，提升当地居民的健康意识，帮助当地居民形成良好的卫生习惯和健康的生活方式。

依托校办旗舰教育企业——北京医大时代教育技术有限公司在弥渡县开展了基层医生在线培训、“诠医通”临床宣教助手两个在线教育培训项目。基层医生在线培训项目内容涵盖医学基础知识、基础理论、基本技能，常见病、多发病诊疗方法，公共卫生服务能力等，共计 150 学时。累计 300 名弥渡县基层医务人员参加了线上学习，278 名医务人员学习成绩合格获得毕业证书。“诠医通”临床宣教助手项目通过可视化的方式，直观生动地诠释复杂的医学知识和概念，共计上线 727 个医学动画视频，涵盖 30 余个临床科室，涉及疾病概念、治疗方法介绍、手术过程演示、康复和健康生活方式等内容，累计 251 名弥渡县基层医务人员进行了观看学习。

### （四）真挂实干，医院干部坚守挂职岗位

2015 年 4 月，时任北京大学第一医院团委书记、党院办副主任史楠，作为教育部第三批赴滇西挂职干部挂职弥渡县副县长，分管医疗卫生和健康扶贫工作。

在两年的挂职时间里，他走遍弥渡，充分发挥专业优势，在全县六镇

二乡开展《史大夫讲健康》的讲座巡讲；争取到国家“十二五”重大科技专项支持的“H型高血压与脑卒中防控惠民工程项目”；为中国人口福利基金会支持的“全面提升弥渡县妇幼保健水平项目”牵线搭桥，推动提高妇幼保健水平，降低产妇和新生儿死亡率；以北大“未名”为名，开展“未名杯”弥渡青年健康科普能力大赛，进一步推动了健康知识的广泛普及。

## 二、全面打赢脱贫攻坚战后（2021年—2022年5月）——依托远程医疗，助力肿瘤学科发展

2021年11月，弥渡县委书记舒进与北京大学田定方老师一同到访北京大学肿瘤医院会诊中心开展调研工作。调研期间，舒进书记讲述了自北京大学开展定点扶贫弥渡县工作以来取得的种种成果，并希望能与北京大学肿瘤医院开展进一步合作，提升当地医疗卫生服务能力，造福当地百姓。针对弥渡县当地需求，北京大学肿瘤医院决定先建立远程医疗合作关系，通过线上帮扶的形式，对当地医务人员开展远程培训，提升医务人员整体诊疗水平。

通过开设远程联合门诊、远程会诊等线上诊疗服务，北京大学肿瘤医院实现对弥渡县域肿瘤患者的门诊、检查、住院、康复等就医全流程的线上指导与支持，打造一体化、连续性医疗服务，缓解了患者“看病难”的问题，减少了基层医疗机构设备闲置的现象，破解了县域医疗资源不足的现状，有效整合了医疗资源，提高了当地肿瘤规范化诊疗水平，帮助弥渡县人民医院培养培训临床专业技术人才和医院管理人才，为医疗供给侧做了增量。

2021年12月，北京大学肿瘤医院与弥渡县人民医院正式开启远程医疗合作。同年12月20日，北京大学肿瘤医院与弥渡县人民医院开展首次远程会诊。此次远程会诊讨论的为消化道恶性肿瘤术后患者，患者家属考虑到患者后续治疗方案及费用，在得知两院有合作后，将患者相关就诊资料（包括就医经过、病理检查、腹部增强CT结果及化疗方案等）交予弥渡县人民医院医生，医生经远程医疗协同平台将患者信息上传，在平台相关部

门逐级审核信息后，安排会诊时间。最终，会诊帮助患者明确了下一步治疗方案，也为患者节约了时间及治疗费用。

北京大学肿瘤医院与弥渡县人民医院搭接的远程医疗合作，为弥渡县域内的肿瘤患者节约了看病的时间和往返费用，特别是为那些不能长途颠簸的重症病人赢取了宝贵的就诊时间，减少了痛苦；同时辅助确诊肿瘤方面的疑难杂症，提供医疗技术方面的支持。远程医疗会诊打破了时间、空间上的限制，可以达到医疗资源、人力资源的共享；它可以使医生共享病人的病历和检查、检验资料，从而使弥渡县的患者不出县就能接受北京医疗专家高水平、高质量的医疗服务。

2022 年 1 月，北京大学肿瘤医院在弥渡县人民医院开放远程联合门诊。远程联合门诊是北京大学肿瘤医院为更好地提高合作单位肿瘤规范化诊疗水平，推动优质医疗资源下沉，在 2020 年探索建立的远程医疗新模式：患者在当地医院预约挂号，当日由 1 名北京大学肿瘤医院专家（线上）与 1 名当地医生（线下）共同为患者进行门诊诊疗，当地医生根据北京大学肿瘤医院专家建议开立医嘱，患者留在当地进行后续诊疗。

该模式的建立是基于互联网+智慧合作的模式创新，进一步完善实现了患者基层首诊、联合问诊、当地检查、云端诊断、疑难会诊、重症转诊的线上线下协同一体化分级诊疗服务模式。随着弥渡县人民医院内部制定相关支持激励制度与在科室层面积极宣传，在院医生更加积极地利用远程医疗协同平台开展多种模式的远程医疗工作，平台线上活跃度增加，惠及了更多当地百姓。

自两院开展合作以来，为解决弥渡县肿瘤学科医务人员和技术骨干不足的问题，北京大学肿瘤医院整合优质的专家资源，每周开展 1～2 次的常态化的远程培训课程，组织临床、护理、医技及行政管理相关科室的专家定期开展学术讲座，通过体系化教学课程，实现对当地肿瘤专业人才的培养；北京大学肿瘤医院每月还会定期开展院际间远程多学科病例讨论会，组织多学科专家组对基层医疗机构提供的疑难病例进行院际间病例讨论，同时邀请远程医疗协同平台上全国各地的基层医疗机构参与课程直播讨论，通过定期开展真实案例的多学科讨论，实现了以病人为中心、多学科诊疗模式的推广。北京大学肿瘤医院现已实现使用远程医疗协同平台配套的手机小程序查看课程，同时支持转发课程介绍和报名链接到微信群，医生可在手机端直接报名，提高了管理效率。自两院合作以来，已累计开展教学 90 次，培训当地医务人员 145 余人次。

北京大学肿瘤医院依托自身资源，做出了一系列具有本院特色的创新尝试，引导两院帮扶合作工作成功过渡到新阶段。下一步，北京大学肿瘤医院将继续落实上级要求，在北京大学统筹领导下，做好新阶段工作，创新支援合作的思路，紧跟时代要求，凝聚工作力量，更加有针对性地巩固合作成果，争取更加优异的成绩，递交一份满意的答卷。

作者：北京大学医学部

# 清泉悠悠，弥渡情长

光华管理学院在北京大学“1+8+*N*”帮扶政策指导下，于2016年与云南省大理白族自治州弥渡县德苴乡定点结对，承担了全面对口帮扶任务。2020年弥渡县退出贫困县序列，按照脱贫不脱帮扶的要求，光华管理学院持续帮扶弥渡县做好巩固脱贫攻坚成果与乡村振兴的有效衔接工作，并取得良好成效。

## 一、考察调研，拟订扶贫方案

2006年，时任光华管理学院院长蔡洪滨等教师共同赴弥渡县德苴乡调研，考察了德苴乡的乡危房改造工程、团山村葡萄种植园、花鱼洞提水工程以及最贫困的微苴力村，还与县里领导一起，就水利工程项目、产业发展、劳动力就业培训、教师培训以及贫困学生资助等问题交换了意见。光华管理学院根据德苴乡实际发展需要，并结合自身优势，制订了德苴乡的对口扶贫计划。

## 二、积极对接资源，解决实际困难

为从根本上解决德苴的贫困问题，2006年光华管理学院通过多方努力，取得了云南省水利厅的大力支持，在优化德苴乡花鱼洞提水工程方案的基础上，帮助协调落实1 000万元工程资金。同时，还帮助协调落实450万元德苴乡公路修建经费。2017年8月，光华管理学院院长刘俏教授和国务院参事、学院特聘教授徐宪平老师赴德苴乡调研，考察了当地农户家庭，并与弥渡县领导一起，就弥渡县的基础建设、大型水利工程项目、产业发展、教育情况以及德苴乡的现状与困难等交换了意见。2018 年，光华管理学院为弥渡县彭家庄水库等重大水利项目协调落实了 1 亿多元项目资金，解决了建设资金不足的难题；2019 年，德苴乡北片区光伏提水工程正式完工并通水投入使用，极大改善了周边地区村民的生活，德苴乡太平、李丰、青云、青丰 4 个村委会 13 个自然村 7 490 人喝上了安全干净的自来水，16 952 亩（1 亩 = 666.6 平方米）耕地的生产用水和牲畜饮水问题也得到了彻底解决。

## 三、开展人才培训，助力智力帮扶

2016 年和 2017 年，光华管理学院组织安排共计 16 位德苴乡干部、企业家来光华管理学院参加帮扶人才培训项目，培训内容涉及人力资源管理、财务管理以及金融与企业投融资等方面，为当地的人才培养提供了重要的智力支持。2019 年，光华管理学院和弥渡县政府共同举办了“弥渡—北大光华企业管理培训班”，武常岐、刘力、雷明、王其文 4 位教授前往弥渡授课。2016—2020 年，光华管理学院有 30 多位教授参与到对口帮扶弥渡的人才培训工作中，通过开展知识讲座、交流研讨、案例研究等多种形式，积极助力弥渡的人才培养。

## 四、整合校友资源，捐赠帮扶弥渡发展

2016 年 6 月，光华管理学院在德苴乡塘子完全小学举行了第一所“博雅图书室”的捐赠仪式，捐赠图书 2 460 册，价值约 6 万元。2016 年 11 月，第二所“博雅图书室”的捐赠在德苴乡青丰完全小学完成，捐赠图书 2 200 册，价值 6 万元。2017 年 6 月，第三所“博雅图书室”的捐赠在德苴乡邑郎完全小学完成，捐赠图书 2 261 册，价值约 6 万元。2017 年 12 月，第四所“博雅图书室”的捐赠在德苴乡岔河完全小学完成，捐赠图书 2 821 册，价值约 6 万元。2018 年 1 月，第五所“博雅图书室”的捐赠在寅街镇三甲完全小学完成，捐赠图书 2 332 册，价值约 6 万元，“博雅图书室”项目扩大到德苴乡以外的其他乡镇。2019 年 11 月，第六座“博雅图书室”在德苴

乡德苴完全小学落成，共捐赠图书 2 621 册，价值约 5 万元。2021 年 10 月，第七座“博雅图书室”在弥城镇谷芹村德苴完全小学落成，共捐赠图书 2 461 册，价值约 5 万元。

2017 年 8 月，光华管理学院 EMBA 学员捐资 112 万元，设立北大光华 EMBA 112 班教育扶助专项资金，帮助德苴乡家庭困难的学生完成学业，支持德苴乡开展教育扶贫工作，加快发展教育事业。2019 年 11 月，光华管理学院 EMBA 2018 级春季班为德苴乡两个“爱心超市”各捐赠 5 万元，并为青云村“爱心超市”举行揭牌仪式，帮助当地积极探索“积分改变习惯，劳动改变生活”的模式，把脱贫攻坚与新民风建设紧密结合起来。

## 五、以党建为引领，持续做好帮扶工作

2018 年 4 月，光华管理学院党委决定使用 10 万元特殊党费支持弥渡县德苴乡的党建工作。2019 年 8 月，光华管理学院党委书记马化祥赴弥渡县开展扶贫调研工作，考察了彭家庄水库、德苴乡北片区光伏提水工程等基础设施，深入了解了产业发展、教育现状等问题。2019 年 11 月，光华管理学院教职工党员一行 13 人赴德苴乡开展扶贫调研工作，深入了解水利工程建设成果、电商扶贫发展情况，把脉问诊特色企业，面对扶贫新形势探索电商新模式。2021 年 10 月，光华管理学院党委书记马化祥受聘为弥城镇谷芹村“名誉村长”。2022 年 2 月弥渡年货节，光华管理学院党委协调多个部门宣传推广，帮助弥渡实现农特产品销售 57 620 元。2022 年 4 月，光华管理学院党委为弥渡师生捐赠了 10 万元的学习和办公用品。2023 年 5 月，光华管理学院党委捐赠 5 万元支持弥渡开展抗旱救灾工作。

2016—2023 年，光华管理学院师生、校友深入德苴乡调研，不断调动、整合校友及社会资源，帮助弥渡群众逐渐改善人居环境和生活条件。未来光华管理学院将继续认真贯彻习近平总书记关于扶贫工作和乡村振兴的重要论述，强化使命担当、狠抓责任落实，把北大人、光华人的家国情怀生动地谱写在祖国大地上。

作者：北京大学光华管理学院

# 服务一线，精准帮扶

根据学校的统一部署安排，经济学院对口帮扶的是弥渡县苴力镇。在北京大学的坚强领导下，在学校有关部门的大力支持下，在校友等社会各界爱心人士的帮助下，经济学院为苴力镇、为弥渡县的脱贫攻坚和乡村振兴做出了应有的贡献。经济学院的帮扶工作主要有以下几个特点。

## 一、高度重视接续奋斗，保持长期投入

脱贫攻坚和乡村振兴始终是国家的重大战略。经济学院也始终将帮扶工作作为学院承担社会责任的首要任务来抓。在脱贫攻坚帮扶时期的2017年，时任经济学院院长孙祁祥教授带队到苴力镇调研。孙祁祥教授到农户家中看望当地贫困学生，受到激励的学生后来写信到北京大学，孙祁祥教授回信再次勉励。如今那位学生已经顺利考上大学，成为一段佳话。同行的央企中航资本也为五台村卫生室捐赠了15万元的特殊党费。2021年10月，经济学院副院长张亚光受学校和学院委派，担任了苴力镇栗子园村的“名誉村长”，继续为苴力镇和弥渡县的乡村振兴工作服务，将北大与弥渡的情谊延续传递下去。

## 二、建立健全工作机制，明确工作责任

在进入乡村振兴的帮扶阶段之后，经济学院十分珍视“名誉村长”的荣誉和责任，学院党政联席会专门讨论该项议题，崔建华书记和董志勇院长特别强调：“名誉村长”是职务称号、职务行为，“名誉村长”不是某一

个人的工作，而是经济学院全体师生的工作，不管是谁担任“名誉村长”，不要有任何负担，学院将调动一切能够调动的资源来支持这项工作。在统一认识的基础上，经济学院明确了由党委书记挂帅、分管国内合作副院长主要负责、国内合作战略发展办公室主任具体落实的三级领导机制。党委书记代表学院总体布置，统筹调度；分管副院长担任“名誉村长”，建立与栗子园村和苴力镇的日常工作渠道；国内合作战略发展办公室主任负责落实各项帮扶任务。

## 三、积极动员全院师生，激发帮扶热情

借助派出“名誉村长”的契机，经济学院对帮扶工作进行了广泛的宣传动员。每次全院大会都向全体老师报告帮扶的进展和信息，每年年末的“北京大学经济学院十大新闻”也将该事件列为其中之一隆重报道。财政系的袁诚教授带领师生专程赴弥渡开展“财童计划”帮扶活动。国际经济与贸易系的薛旭教授利用到云南出差间隙，抽出时间到弥渡授课并调研座谈。经济学院团委、学生会也充分调动青年学生的积极性，安排学生有组织地到弥渡帮扶。2022 年寒假期间，经济学院有 5 位云南籍贯的本科学生利用假期时间到弥渡支教，其中有 3 位是大一新生。一方面体现了他们对家乡的热爱，另一方面也说明经济学院全院师生在帮扶工作上形成了共识，大家都能够积极主动地参与到相关工作中来。

## 四、充分利用校友资源，形成各方合力

经济学院有 100 多年的悠久历史，杰出校友遍布各行各业。经济学院意识到，对弥渡的帮扶工作仅仅凭借学院内部的资源力量有限，学院应当成为一个平台，通过多方努力将社会资源汇集到这个平台上，再导向弥渡。在这一点上，经济学院的帮扶工作取得了较为显著的成效。例如，在政策扶持方面，通过财政部和农业农村部的校友，帮助协调推动弥渡县在 2022 年获批国家农业现代化示范区。在支教助学方面，2022 年暑假经济学院组

织了“北大经院公E行弥渡站”活动。E是EDP（高级管理教育）的E，参与活动的成员都是来自全国各地的经济学院继续教育高端培训校友。他们为栗子园完全小学捐赠了数万元的学习用品，为栗子园村捐赠了数百套工作防护服。除了校友资源，经济学院还凭借学科专业的行业影响力，促动多家业界金融机构到弥渡进行联合党建活动，除中航资本外，还有华能信托等多家央企通过经济学院参与弥渡组织调研等活动。

## 五、发挥北大自身优势，关注文化教育

扶贫的关键是扶智，扶智的根本是扶志。智慧要靠良好的教育实现，而志向则是由更长远的文化积累决定的。经济学院主动作为，积极引导，侧重教育和文化事业层面的工作。在脱贫攻坚时期，多次无偿组织苴力镇的领导干部到北大来接受经济管理等方面的高端培训，提升领导能力和综合素养。2022年，经济学院师生与华能信托高层领导一同到栗子园村调研，为栗子园完全小学捐赠了全套的健身运动器材，并且联系国内知名文艺界团体开展了为栗子园村募捐智慧教室的活动。更值得一提的是，华能信托邀请了专业作家，多次从北京飞到弥渡，走访栗子园村和苴力镇的群众，结合与经济学院师生的交流探讨，正在撰写长篇帮扶报告，成书后将为弥渡的文化事业做出新的贡献。

总体而言，对于弥渡的帮扶工作，经济学院定位明确，有较为清晰的规划和工作方案，每年几项重点工作都有提前的思考、设计和部署。当然，经济学院所做的这些工作，离县、镇、村各级领导和广大群众的期待还有很大的差距。特别是由于疫情的影响，有不少规划好的活动没有能够顺利推进和落实，部分校友也由于经济形势的变化没有提供更多的资金支持。经济学院将继续凝心聚力，将帮扶工作作为今后社会责任的首要事项去推动，为弥渡经济社会的高质量发展提供助力。

经济学院向苴力镇栗子园完全小学捐赠学习用品

经济学院师生考察当地农业龙头企业

作者：北京大学经济学院

# 弘扬北大家国情怀，助力弥渡振兴发展

自2013年起，北京大学承担定点帮扶云南省大理白族自治州弥渡县工作，北京大学国家发展研究院（以下简称“北大国发院”）定点帮扶弥渡县牛街彝族乡，是北京大学定点帮扶工作的重要组成部分。在北京大学的坚强领导下，北大国发院认真学习贯彻习近平总书记关于扶贫工作的重要论述，响应党中央、国务院决策部署，落实北京大学定点帮扶工作安排，强化使命担当，狠抓责任落实，始终奋战在助力弥渡脱贫攻坚事业的第一线，将北大人的家国情怀生动地谱写在滇西大地上。

多年来，北大国发院充分利用学科优势，站在高处，想在远处，干在实处，扎实推进精准扶贫和乡村振兴。北大国发院注重动员师生、校友力量，在智力帮扶、产业帮扶、教育帮扶、政策帮扶等多个方面积极探索，制定了具体帮扶方案，探索出了一套独具特色的高校扶贫模式。截至2023年，北大国发院累计开展实地调研32次，组织开展各类培训活动18次，各类捐助533万余元，协助解决扶贫贷款1.18亿元，联合校友企业为集体经济组织获得土地出让收益1.2915亿元。2020年5月16日，云南省人民政府发布通知，正式批准弥渡县退出贫困县序列，各项事业发展迈上了崭新的台阶。2021年2月25日，全国脱贫攻坚总结表彰大会在人民大会堂隆重举行，北大国发院作为北京大学脱贫攻坚的杰出代表，获评“全国脱贫攻坚先进集体”。

## 一、抓好智力帮扶，提升扶贫人才交流培养水平，打造脱贫攻坚主体力量

北大国发院多次组织学院教授专程赴弥渡县授课，传经送宝、服务到

县。北大博雅资深教授、北大国发院前院长周其仁老师多次自费赴弥渡县指导乡村扶贫工作，其讲授的《经济增长离不开两种能力》课程相关文章发表在国发院智库简报，被多家主流媒体争相转载。中组部“千人计划”张晓波教授讲授《如何打造地方特色产业》，针对地方不同的贫困类型提出了不同的政策扶持和根治办法。时任北大国发院党委书记、长江学者特聘教授余淼杰教授在“北京大学弥渡讲坛”讲授《中美贸易摩擦与中国经济发展》。时任中国人民银行货币政策咨询委员会委员的黄益平教授讲授《党的十九大之后的中国经济金融形势》。为学习贯彻党的十九届五中全会精神，北大国发院副院长徐晋涛教授在弥渡县作了题为《中国经济的低碳绿色转型》的讲座。北大国发院党委委员、长聘副教授王敏为弥渡县学习贯彻党的二十大精神开设专题培训班授课，题目为《城乡融合与乡村振兴》。这些顶尖学者的高质量讲座帮助基层干部开阔了视野、提升了能力，深受好评。

北大国发院举办“北京大学智力帮扶国家级贫困地区市县领导干部学习班”，旨在提升扶贫一线干部的综合水平。参加培训的学员不仅有弥渡县地方领导 40 人，还包括兰考县等其他贫困县的 11 位县委书记。北大国发院组织多名专家、教授授课解惑，前北大国发院党委书记、北大“李大钊”奖获得者胡大源教授为培训干部讲授《决策者的判断与调查研究》。研修班还举办了县委书记论坛，组织了实地调研等内容，帮助学员们进一步打开视野，拓宽思维，提升认识。通过参观太极股份等高科技企业，研修班学员了解到智慧城市、电子政务方面的发展前沿状况，也开始思考贫困县市如何在信息产业等方面迎头赶上。通过实地了解峪口禽业等现代化农业发展，学员们学习了如何用股金、薪金、租金、利金来提升农民收益，增加当地就业岗位，促进产业升级。“北京大学智力帮扶国家级贫困地区市县领导干部研修班”被评为 2018 年度北京大学继续教育精品项目。

2021 年起，北大国发院公益委员会联合北大社会行动与创新实验室，创立了专业的乡村发展带头人交流研修平台——“村长工作坊”项目。来自全国各地 61 个村庄的优秀学员参与项目共创并受益其中，其间邀请了弥渡县李向国、李彩雄、杨正斌、鲁海荣等村干部参加。该项目依托北京大学教授、相关行业专家以及北大国发院校友资源，为乡村发展带头人搭建了专业、前沿的交流研修平台。立足村庄发展实际情况，以多元视角赋能乡村发展带头人，推动与企业、社会组织、高校等建立研学社群，以“共创”的方式来进行理论和政策解读，通过典型案例剖析和实地考察与研讨，探索乡村发展的挑战与机遇，拓宽宏观视野，助力乡村发展带头人实现知识和能力提升。项目第三期活动于2023年9月至2024年9月开展，继续邀请弥渡县的乡村带头人参加，助力弥渡乡村振兴事业的推进。

## 二、抓好产业帮扶，培育贫困地区发展内生动力，强化弥渡“造血”能力

近年来，北大国发院在对口帮扶弥渡的过程中，高度重视、大力推动产业扶贫。发起了“心田耕耘”项目，项目通过引入资金更新了大帅茶场的生产设备，并对当地茶农开展技术培训。通过创建可持续盈利的商业运营平台，提高茶叶单价，努力做到产销“无缝”衔接。项目结合弥渡在地方野生茶的农业特色，制订了5年发展计划，以产业化改造提升了茶叶品质，促进茶产业发展提质增效。同时，北大国发院EMBA 2020级校友组织班级对口帮扶木掌村的茶叶和核桃加工、销售，2022年采购5 000斤（1斤=500克）茶叶，总计销售金额约20万元。投资520万元的茶厂建设已投入使用，带动茶农增收110余万元。

此外，北大国发院还邀请县域经济发展领域专家赴弥渡指导县域教育以及乡村经济发展。2019年8月，协助组织100余名弥渡县乡镇、村干部赴成都开展现场教学学习，把课堂搬到一线农村、社区、企业。2020年3月，北大国发院组织的“县域乡村振兴、城乡融合协同共生平台”启动会在弥渡县召开，以协同共生平台来推进弥渡县乡村振兴、城乡融合发展，探索县域经济发展新模式，从传统的“政府主导”转向“政府主导+平台合作”，探索发展新动能，为进一步扩大内需提供保障。

2020年11月，北大国发院组织党委副书记邢惠清，副院长黄益平、徐晋涛，及宜信公司相关负责人等一行来到弥渡县开展调研和帮扶工作，宣

讲了党的十九届五中全会精神，密集调研了大理嘉益生物有限公司、大理春沐源农业科技有限公司及大核桃箐村等5个村庄，详细了解各公司的经营、管理、收益、融资情况，现代农业的标准制定、质量管理、安全监管情况，乡村的党建引领、多元共治、强社富村情况，并针对品牌建立、销售渠道、市场推广等方面存在的困难给予了指导。2021年7月，北大国发院院长姚洋、党委副书记邢惠清、金光讲席教授卢锋、助理院长陆静斐及拼多多公司副总裁侯凯迪等相关负责人等来到弥渡县开展调研和帮扶工作，与弥渡县各职能部门召开了座谈会，听取了农业、商务、电商中心等部门工作情况汇报，在品牌建设、品牌定位、品牌设计路径和策略方面给予了指导。

## 三、抓好教育帮扶，大力改善基础教育水平，阻断贫困在弥渡的代际传递

经由北大国发院联络对接，上海真爱梦想公益基金会与弥渡县结缘，签署战略合作协议，多途径推进弥渡教育发展。北大国发院和基金会在弥渡县共同推进建设“梦想中心”累计32间，极大改善了开展素质教育的硬件条件；开展“去远方”专项项目，弥渡县累计40所学校、210名教师参与，16 400人次学生参与课程学习，170名学生实现去远方梦想。领队鲁丽华老师说：“一座座大山遮住了孩子们看这个世界的眼睛，感谢每一个帮助山区孩子们的人，是你们的帮助让孩子们在14岁就能走出大山，看到外面的世界。人一辈子会去很多地方，看到很多景色，遇到很多人，但是美丽的14岁只有一次！”在北大国发院和基金会的支持下，弥渡县教师干部有更多机会外出参与培训交流。为支持提升弥渡县中小学教师英语能力，北大国发院协助组织了当地83名英语教师参加了全封闭英语师资培训。为巩固培训成果，北大国发院出资委托中国对外人才开发咨询公司项目专家帮助制订弥渡县英语教师专业发展和督导两年计划，为英语教师和教研员提供巩固性、跟踪性的实地培训和指导。截至2023年，已完成3期培训，有老师在接受培训后反馈：“为什么没有能够早一点知道这样的英语教学方

法！当我的教学理念有了改变，教学方法有了改变，我所带的班级成绩很快成为区域的第一名。”

在弥渡县牛街彝族乡团结村康郎完全小学，北大国发院校友出资 20 万元为学校打造了“美好成长·百县互联网少儿美术教室”项目。项目解决了山区缺少美术教师的问题，此后孩子们每周都有了美术课，享受到了和大城市的孩子同样的教师资源。捐赠当天，孩子们现场体验了一堂互联网在线美术课程，他们在北京的专业美术教师远程指导下，完成了一幅各具特色的美术作品。

为切实保障牛街彝族乡幼儿毛入园率达 90% 以上指标要求，提高乡学前教育发展的规模、质量和效益，努力办好人民满意的教育，结合乡情，按照“安全、够用、实用”的原则，牛街彝族乡规划新建一所牛街彝族乡中心幼儿园。北大国发院余淼杰教授联系中国人民银行征信中心，为牛街彝族乡中心幼儿园先后捐赠 200 万元配套设备建设资金。2021 年 9 月，幼儿园如期开园。2023 年 9 月新学年开学之际，学前教育再创新高——牛街彝族乡中心幼儿园首次申报就被评定为“二级二等”幼儿园。

2020 年疫情暴发之后，北大国发院师生一直牵挂着弥渡的情况。在疫情之初物资采购非常困难的时期，有多位老师主动为牛街彝族乡的学校寄去口罩、额温枪等物资，雪中送炭，为初三毕业班同学返校解了燃眉之急。为更全面地帮助牛街彝族乡的中小学复学，更多的北大国发院同人加入到帮扶活动中，短短一周时间之内，不仅有 91 位教职工爱心捐款 4 万余元，而且迅速完成了物资的采买和寄送，为牛街彝族乡民族中学和 10 所小学的复学提供助力。因尝试小学高年级段集中办学，牛街彝族乡民族中学包含六、七、八、九共 4 个年级，学生身高差异大。根据学生健康成长相关要求，学校计划采购一批学生升降课桌椅，但缺乏资金。北大国发院卢锋教授了解到这个情况后，他和研究团队成员共同捐款 10 万元，用于帮扶牛街彝族乡民族中学采购学生升降课桌椅。

北大国发院开展了“我在深山有远亲，一班帮一村”助学公益活动。北大国发院 E17 慈善公益基金会和学院部分老师出资分别对大学、高中、初中学生进行一对一帮扶，其中资助大学生 10 000 元/年，高中生 5 000 元/

年，初中生 1 000 元/年。2023 年是此项目开展的第五年，共计捐助 50 多万元。在 2023 年 9 月牛街彝族乡政府的来信中提到：牛街彝族乡教育成绩再创新高，牛街彝族乡民族中学中考成绩有新的突破，初升高成绩超全县平均分近 33 分，升入州级重点高中 17 人，625 分以上 18 人；同时，有一名女大学生毕业后考取了云南师范大学研究生。在为贫困学子捐资提供上学机会的同时，北大国发院主动联系校友企业、校办企业等为这些贫困学子提供实习机会，从经济资助到社会历练全面帮扶，帮助他们更快地融入社会，更好地立足社会，实现人生梦想。

## 四、抓好政策帮扶，充分发挥金融扶贫作用，打好“市场+政策”组合拳

北大国发院发挥学科和资源优势，在金融政策方面创新举措帮扶弥渡县。北大国发院黄益平教授联系中国人民财产保险股份有限公司，帮助弥渡县落地授信 1 亿元。委托中和农信的扶贫贷款项目去弥渡调研，将小额贷款项目落位。中和农信专门负责管理和实施全资组建，提供 1 千元到 5 万元低利息的小额贷款，对有需要的农户上门服务，并不收取任何手续费。2022 年，黄益平教授再次牵头，捐款 100 万元，提供金融担保，为弥渡产业发展提供贷款基金，其中产业发展担保基金项目涉及受贷农户 62 户，贷款金额 1 880 万元。北大国发院党委副书记邢惠清老师更是多次到弥渡协调促进方案落实，以实际行动助力脱贫工作和乡村振兴。在多方努力下，贫困户和需要帮助的非贫困户都能申请到相应的小额贷款，实现了金融扶贫全覆盖。

北大国发院还组织南南合作与发展学院教研团队、脱贫问题研究专家多次赴弥渡调研考察，形成政策支撑报告。团队撰写的《弥渡县牛街彝族乡目前扶贫工作的挑战和建议》分析了牛街彝族乡发展面临的挑战，并提出教育扶贫、产业扶贫、政府救助 3 个方面的相关具体建议；《“精准扶贫”结束之后乡村振兴之路：关于弥渡县脱贫与发展模式困境》指出了弥渡县发展瓶颈并提出相应政策建议。北大国发院前院长周其仁教授多次深入牛街彝族乡调研，强调弥渡的发展要靠“智力+大合作”，这为牛街彝族乡主

动响应市场需求，坚持开放，利用市场指明了发展方向。

由北大国发院党委书记雷晓燕教授和副院长徐晋涛教授分别带队，北大国发院连续两年组织本科生赴弥渡开展社会实践和思政实践调研活动，在牛街彝族乡挂牌成立学院第一个思想政治实践课教育基地。学生实践团从经济、政治、文化、社会、生态文明等多个角度进行选题，深入弥渡农村，运用自身的专业知识背景，以费孝通先生的《乡土中国》为范式，以牛街彝族乡的发展脉络为线索完成了调研报告。《云南省弥渡县牛街调研报告》一书于 2023 年 5 月出版，详尽讲述了以牛街村和康郎村为代表的中国典型村落的发展现状与其背后的经济学逻辑，为助力弥渡乡村振兴发展提供了案例支撑和人才支持，为中国农村的进一步发展贡献了绵薄之力。社会实践调研活动团队获评北京大学 2021 年度“力行计划”优秀实践团队银奖。

在北大国发院全体师生和社会各界春潮带雨般的关心支持下，牛街彝族乡经济社会各项事业如旭日腾云，蒸蒸日上，人民安居乐业。牛街彝族乡党委、乡政府在来信中对北大国发院师生、校友表达了深深的感激之情。“民族要复兴，乡村必振兴。”习近平总书记在党的二十大上强调，全面推进乡村振兴，坚持农业农村优先发展，加快建设农业强国，扎实推动乡村产业、人才、文化、生态、组织振兴，巩固拓展脱贫攻坚成果。在多年的扶贫和乡村振兴工作中，北大国发院全体师生与弥渡县人民建立了深厚的友谊，在参与国家脱贫攻坚伟大事业中致力于学术与现实的结合，不遗余力地推动中国进步。下一步，北大国发院将继续发挥自身的专业优势、人才优势和资源整合优势，在助推弥渡建设、服务国家发展的伟大实践中发挥北大人应有的作用和价值。

作者：北京大学国家发展研究院

# 联动、赋能、提质：多元化帮扶助推弥渡发展

北京大学国际关系学院高度重视定点帮扶工作，坚决按照学校部署要求，贯彻落实北大“1+8+$N$”帮扶机制，把关心帮扶弥渡县、巩固稳定脱贫攻坚成果、实现乡村振兴作为一项政治任务，持续加强资源规划统筹，努力协调多方资源，结合学院特色，做好“桥梁”作用、加强互动交流，切实解决农村教育等各类帮扶难题，用心、用情、用力推动弥渡县脱贫攻坚及各项事业发展。

## 一、全院联动，统筹帮扶

党委重视，统筹推进。国际关系学院党委高度重视，精心组织，认真学习贯彻习近平总书记关于脱贫攻坚的重要论述，切实抓住助力乡村振兴这一服务国家战略、增进民生福祉的重要契机，坚定帮扶力度不减、责任不变，提高帮扶工作的精准性、长效性。自学院定点帮扶以来，学院党委领导干部先后多次深入弥渡一线调研，走访企业、中小学、农业基地等多个单位，因地制宜制定扶贫方案，确保帮扶工作有序进行。同时，学院党委多次专题讨论弥渡县定点扶贫工作，设立专项扶贫工作小组，定期回访帮扶工作进展，及时调整部署下一阶段工作重点与方向。

“名誉村长”，上下一心。2021 年 10 月 21 日，在北京大学定点帮扶弥渡工作调研座谈会暨“名誉村长”受聘仪式上，国际关系学院院长唐士其受聘成为德苴乡新和村“名誉村长”，成为“一对一”结对帮扶工作首批 10 名“名誉村长”之一。自上任起，唐士其教授不断协调师生、院友及社会力量等多方资源，认真履行“名誉村长”所担负的熟悉村情、帮助规划、

发展产业、强化教育、美化村容、加强协作等多项帮扶职责，带领学院全体师生为推进定点帮扶、乡村振兴做出贡献。学院上下一心，通过爱心捐赠、调研、支教、暑期思政实践等丰富形式，与新和村保持经常联系，就结对帮扶工作落实具体规划和措施，深入乡村一线，支持乡村发展。2023年5月，为帮助地处山区的德苴乡应对连年大旱，解决水源严重不足、制约农业产业发展的困境，学院在院内资金紧张的情况下，各方筹措、鼎力相助，向弥渡德苴乡提供8万元抗旱资金，购买保邑水库原水水资源以支持引水、用水调度工作，确保人畜饮水及烤烟整个生育期的生产用水，促进农作物顺利种植、生长，助力农民增收，将帮扶落到实处、送温暖深入人心。

## 二、科教赋能，文化帮扶

立足长远，以文铸魂。国际关系学院充分利用“北京大学弥渡讲坛”这一平台，拓宽干部视野，提高队伍素质和水平，以文化“铸魂”，为弥渡更美好的明天“赋能”，助力弥渡县巩固脱贫攻坚成果，高质量有效衔接乡村振兴。就如何加强乡村治理工作，国际关系学院潘维教授围绕党的十九大报告，理论联系实际，以《党的建设与人民美好生活的需求》为题，与弥渡县各级干部进行座谈。通过座谈，与会人员对党的十九大中关于把党的政治建设摆在首位的部署、加强党的基层组织建设和提升组织力的工作思路有了更深层次的了解；对乡村振兴战略、坚决打赢脱贫攻坚战、推进绿色发展等人民群众对美好生活的需要有了更深切的认识。就国际格局深刻变革下的形势，贾庆国教授以《中美关系的热点问题》为题在“北京大学弥渡讲坛”做讲座，围绕中美贸易问题、南海问题、台湾问题、发展方式问题、中国“锐实力”以及中美是否会走向“修昔底德陷阱”6个方面展开深入分析。副院长归泳涛紧密结合时事，围绕经济、安全与大国关系展开讲座，以翔实生动的案例阐释经济全球化背景下经济与安全的关系，并以美国对华脱钩政策下美日中的关系演变为例阐释大国关系，进而提出对全球经济发展趋势及前景预测。通过与教授学者的近距离交流，弥渡县党员领导干部进一步加深了对国际形势的了解，开阔了国际视野，提升了政治理论素养，同时紧跟国家发展脚步，深入思考脱贫谋发展的治理之道，提升履职能力，增强履职使命感和责任感。

师生齐心，扶贫扶志。2017 年，针对弥渡县红岩镇清水沟村完全小学教学环境艰苦、电脑设备欠缺等情况，国际关系学院通过教师募款方式为小学购买并捐赠电脑，设立爱心助学金，以鼓励学生勤奋学习，继续接受初中教育。国际关系学院学生程浩然赴弥渡一中支教，不断创新教学方法，通过建设广播台、读书角等方式，激发学生们的学习兴趣，引导他们树立远大理想。2018 年，学院党委副书记祝诣博带领北大学生及日本、韩国、意大利等国的留学生赴弥渡县红岩镇调研，就乡村旅游、产业培植、教育工作和人才培养进行考察调研，并与当地中学生展开深入交流。2022 年 7 月 30 日至 8 月 2 日，由学院副院长归泳涛带领的实践团一行围绕“扶贫成果调研”这一主线开展实践活动，深入弥渡县脱贫示范村、龙头企业、学校等，探索当地巩固脱贫攻坚成果、发展乡村振兴战略的典型经验。实践团师生来到弥渡二中，与弥渡二中的师生们进行了深入交流，实践团的同学走上讲台，与弥渡二中的同学们分享高中学习经验与大学生活经历。通过组织互动，实践团拉近了与弥渡二中同学的距离，鼓励同学们坚定理想、努力学习，脚踏实地地步入大学门槛。

## 三、融通院友，协同帮扶

国际关系学院汇聚校友资源，内外融通，创新帮扶形式，拓展帮扶主体和资源，持续凝聚帮扶工作合力。

立足长远，幼有所育。2018 年 6 月 19 日，弥渡县政府和国际关系学院院友企业在红岩镇初级中学签订了精准扶贫协议，院友企业资助红岩镇初级中学 50 万元（含课程），用于建设多媒体教室、网络课程，进行教师培训和健康教育等，助力扶贫事业，推动教育公平。2022 年 8 月 23 日，学院院友、江河源控股有限公司执行总裁杨润东联合多家企业组团考察弥渡县，就弥渡县教育基础设施、乡村振兴及新能源产业布局等领域深入交流，与弥渡县在弥渡一中搬迁项目、幼儿园建设及管理提升等方面合作开发、互联互动，推动教育发展。

产业赋能，拉动增长。2017 年 7 月 7 日，在院友杨润东积极推动下，弥渡县政府与中利集团“贫困村光伏农场包县脱贫项目”成功签约，2020 年投资 1.23 亿元的“贫困村光伏农场包县脱贫项目”已成为弥渡县新的产业增长点。

商业向善，老有所依。2023 年 4 月 11 日，在院友牵线下，泰康溢彩公益基金会“溢彩千家”项目捐助挂牌仪式在云南省大理白族自治州弥渡县弥城镇中心敬老院举行。依托泰康溢彩公益基金会，针对弥渡县老年人口规模大，留守老人、失能老人多，养老机构设施设备单一简陋，机构照料护理能力不足等严峻现实，项目助力服务设施改善和服务水平提升，为推动构建“养老、孝老、敬老”的保障体系和社会环境贡献力量。

未来，国际关系学院全体师生、院友将初心不改、力度不减、脚步不停，与弥渡人民一道，为实现脱贫攻坚与乡村振兴的有效衔接、建设“幸福弥渡”“美丽乡村”做出积极贡献。

作者：北京大学国际关系学院

# 把脉深耕文艺振兴　文旅融合一路同行

2015年开始，北京大学艺术学院按照学校关于定点扶贫和乡村振兴工作的相关部署和要求，由学院党委书记、院长牵头，领导班子总负责，分管领导具体负责，充分调动全体师生、校友的积极性全面开展工作。过去8年，艺术学院发挥学科专业、人才培养和社会资源等方面优势，围绕“文艺振兴”，在专家咨询、干部培训、美育教育、艺术实践等方面，充分发挥艺术文化对地方脱贫和乡村振兴的实地带动作用，对密祉镇进行帮扶。经过几年的发展建设，密祉镇成为弥渡县最早完成脱贫的乡镇之一。近年来，密祉镇打出了文艺振兴的文旅融合发展牌，中华优秀传统文化在此得到传承和发扬；传统产业与现代科技相互借力，电商助农增收，科技为农产品赋能，第一、三产业不断融合发展，走出了一条绿色发展之路。

## 一、把脉剖析——以文艺振兴提升顶层设计

艺术学院发挥在文化产业理论和应用方面的研究特色与资源优势，把脉问诊、剖析短板，发展优势、强化特色，积极为密祉镇的发展规划建言献策。

2017年初，艺术学院就密祉镇申报特色小镇项目进行专家通信咨询，共收集7位专家的反馈意见，为将密祉镇打造成为国家级特色小镇提供了一定的智力支持和理论支撑。专家们围绕着打造国家级特色小镇这一核心，就花灯文旅产业概念、创意创业发展模式、投融资模式、产业内容策划、旅游基础设施、“小河淌水”作为第一标志物的文化元素设计方案、主题文化小镇开发思路等方面提出了自己的见解和建议。

密祉特色小镇的规划很有意义。经过艺术学院两年多时间的调查研究，

以向勇教授为代表的一些老师认为：特色小镇之所以“特”，最重要也最宝贵的就是其特色。只有抓住小镇独有的特色文化资源，形成核心竞争优势，才能构建出一镇一品、一村一品的全产业链发展模式。密祉镇的品牌特色还需要进一步聚焦，花灯特色的定位支撑不住小镇的产业布局，缺乏市场吸引力，仍需要进一步提取；产业体系需要进一步优化，要围绕核心产业、重点产业、培育产业等不同层次，构建特色农业、特色加工业、文化旅游、节庆会展、工艺品业、体育休闲、创意设计、数字内容、人居环境营造等产业发展体系，发展特色产业；规划中的传统项目太多，基础设施投入大，需要培养新经济业态的核心要素，打造以知识产权为载体的密祉 IP 创智平台，改变“硬资产投入”模式，推动“轻资产驱动”模式。同时值得注意的是，扶持措施要改变招商引资的传统开发区建设模式，应推动创意氛围、创意机制、创意集聚的形成，侧重孵化平台、营商环境、社会服务等软环境的培育。“软硬兼施”，对于密祉特色小镇的长远规划和发展具有重要意义。

随后，艺术学院协助密祉镇进一步完善弥渡县密祉特色小镇规划，对《弥渡县密祉特色小镇规划修编》《密祉镇文盛街中国历史文化名村保护详细规划》《传统村落保护规划》等密祉长远发展规划的编制给出了专业建议和意见，并积极联络文化和旅游部等资源，推动了密祉旅游小镇的打造。

## 二、走深落实——以文艺振兴深耕特色帮扶

艺术学院党政领导班子中每年都会有人前往密祉镇考察调研，随同北京大学校领导与当地座谈交流，商议帮扶工作落实方案，不断推进各项帮扶工作深入落实。密祉镇有着深厚的历史文化，花灯文化源远流长，自然环境优美，为学院提供了艺术创作源泉。学院把密祉镇列为教学实践基地，在密祉镇开展音乐、美术、舞蹈、戏剧等艺术教学实践活动，做好宣传、推介工作，提高密祉镇的知名度，助推密祉镇发展文化旅游业，抓好脱贫攻坚工作。同时，带动密祉镇发展艺术教育和美育，培养艺术和文旅人才。多年来，艺术学院全体师生在学院党委的领导下，积极参与到弥渡县密祉镇的扶贫和乡村振兴工作中来。

### （一）人才扶贫，干部轮训

2015年帮扶伊始，艺术学院就派出了团委书记高翔赴弥渡挂职，担任弥渡县副县长，这是北大派出的首位挂职干部。两年后，为了拓展弥渡县密祉镇干部视野，服务脱贫和乡村振兴战略，艺术学院联合继续教育学院开设了密祉干部专题培训班。2017年1月，继续教育学院与艺术学院共同签署《北京大学继续教育学院与北京大学艺术学院战略合作框架协议书》，并针对实际扶贫工作需要，从密祉镇经济结构、文化特色、人才培养等方面出发，设计了“北京大学—云南省弥渡县密祉镇综合能力提升研修班”的相关课程。2017年3月，首期“北京大学—云南省弥渡县密祉镇综合能力提升研修班”在北大如期举办，密祉镇的20名干部在时任密祉镇党委书记张丽娟和镇党委副书记、镇长朱韬的带领下参加为期5天的培训学习。依托于北京大学完备的教育体系、优质的教育资源和师资力量，加之继续教育学院先进的培训理念和成熟的经验，本期研修班顺利举办，对密祉镇党委、镇政府在国家政策理解、依法行政、公共关系处理等方面产生了积极的引导作用，在优化产业链、文化传播、人才培养等方面产生了有效的推动作用，对促进该地区未来的整体发展具有实际、深远的意义。

此后每年，艺术学院都在开展继续教育的培训项目，如由艺术学院为各地培训文旅中高层管理人员的研修班，免费向密祉镇干部开放，邀请密祉镇干部来轮训、学习。通过这些免费培训，密祉镇的干部们不仅能听到北大老师讲授的课程，还能与全国各地的干部一起交流、一起到企业参观访问，不断拓宽资源的同时，也能受到启发。

### （二）调研实践，艺术创作

密祉镇是花灯文化的集中展示地，花灯文化的传承、传习是特色旅游小镇建设的重要内容。然而许多花灯艺人正在逐渐老去，年轻一辈外出务工，花灯文化正处于青黄不接的节点上。为使密祉镇的花灯文化得以进一步传承，并在传承中有创新、有提高，艺术学院在花灯文化传承和推广方面给予了支持和帮助。

2016 年 2 月，艺术学院师生代表深入弥渡县密祉镇，就如何整合相关文化资源用以发展旅游业以及文化产业，开展了一系列实地走访和专题交流。学院师生还与密祉花灯、密祉民歌的国家非物质文化遗产传承人进行了互动和交流。学生合唱团的团员们共记录了 10 余首当地传统民歌，并收集了大量曲谱手稿；学生舞蹈团的团员们向老艺人学习了单扇花灯舞的基本动作和要领，并对花灯节节目的编排提出了意见。

艺术学院师生在密祉采风、收集创作素材

2017 年 5 月，北京大学学生舞蹈团将取材于密祉花灯戏的舞蹈《娉娉然》搬上了首届北京市大学生舞蹈节的舞台。这部作品的全部创意来自 2016 年师生们在密祉镇进行的艺术采风。这部全部由非特长生排演的舞蹈作品，最终荣获了舞蹈节银奖。舞蹈独特的灵感来源和展现形式，得到了评委专家、兄弟院校师生以及观众的认可。自此，《娉娉然》得以多次演出，不断为弥渡、密祉的文化传播贡献力量。

北京大学学生舞蹈团获奖作品《娉娉然》

2017年，艺术学院组织指导全院各专业同学，分两期前往密祉镇进行暑期专业社会实践。通过调研了解密祉镇的实际情况，同学们在行走中思考当地如何发展文化产业，并为当地拍摄了一系列文化宣传片，在文化推广和文化产业发展策划上提出规划建议，设计整体标识。

第一期实践调研中，同学们结合当地花灯文化和小河淌水的艺术故事背景，为当地拍摄主题宣传微电影《密祉·遇见》；走访调研当地富有价值的文化传统，拍摄系列介绍短片《系列采访视频之花灯手艺人》《系列采访视频之花灯舞蹈传承人》《系列采访视频之书香世家》《系列采访视频之小学教师》《系列采访视频之挂职干部》以及《美食特辑》《旅游特色概览》等视频，对密祉的全方位介绍推广起到了积极的作用，吸引了较多关注。

第二期实践调研中，同学们侧重对于当地文化符号的挖掘，积极与当地政府、小学等互动。与密祉镇政府相关负责人开展座谈，围绕着密祉文化旅游开发情况和需求进一步互动交流；与当地小学积极互动，不仅为小学捐献精心挑选的图书，在书上写满祝福与建议，还积极组织开展了创意训练课程，调动小学生的无限创造力，共同为密祉镇设计构思小镇形象logo，在密祉镇申请全国特色小镇的过程中发挥了作用。

中国·密祉

山水抽象的M、Z两个字母，
山间飘出的音符

中国·密祉

弯月，音符，山水抽象的M、Z两个字母，
将小河淌水与密祉的山清水秀紧密联结

中国·密祉
CHINA · MIZHI

学生设计的密祉镇旅游形象 **logo**

## （三）传经送宝，提升美育

密祉镇于2014年完成了密祉花灯广场提质改造项目，然而按规划设计的墙体彩绘、人物塑像等内容尚未实施。艺术学院对广场的公共艺术环境改造设计与装饰给予了指导和实际的创作帮助，进一步完成了密祉花灯广场的文化氛围渲染。学院发挥校友资源优势，积极联络采访、报道扶贫相关系列活动，2016年11月，《小河淌水故人来——北大倾情帮扶云南弥渡》发表在《中国扶贫》杂志上。2018年，学院通过协助策划“小河淌水”国际音乐节、专题片和微电影等，加强对外宣传密祉。学院党委捐赠5万元党费支持密祉镇基层党建工作。

时任艺术学院党委书记邹惠、翁剑青教授和高译教授代表学院向密祉中学捐赠图书

学院在密祉镇设立了“北京大学艺术学院师生艺术创作教学实践基地”，组织美术、影视、戏剧等不同专业的师生前往密祉镇进行采风、创作、写生。学院组织中国画导师工作室研修班师生到弥渡县进行中国画写生创作，并于2016年6月18日在北京大学艺术学院举办“从燕园到弥渡”中国画写生作品展与捐赠仪式，将其中12幅捐赠给弥渡县政府收藏。

学院借开展书法名家进校园活动，实现乡镇全覆盖。学院在教育部语言文字司的支持下，在北京大学国内合作委员会办公室的具体指导下，联合北京大学书法艺术研究所，于2017年12月继续组织名师团队赴弥渡县开展“书法名家进校园”系列活动，引导书法家深入基层服务师生，帮助乡村贫困地区学校重视和加强汉字书写教育、提高贫困地区师生语言文字应用能力。活动覆盖弥城镇、苴力镇、德苴乡、牛街彝族乡4个乡镇。自2016年7月起开展的系列活动实现弥渡县乡镇全覆盖，惠及师生500余人。

艺术学院高译教授在弥城三小举办书法文化讲座

学院还向密祉镇中小学校赠送了一批书法字帖，用于密祉镇中小学生的书法教学活动。学院一直以来高度重视书法艺术在继承弘扬中华优秀传统文化中的重要作用，致力于拓展“文化书法”的理论内涵，通过走进密祉镇的校园，与师生面对面地交流，让师生感受到书法艺术教育的魅力，促进师生积极主动地参与到书法活动中来，获得了良好的实践效果。

中国标准草书学社专职书法家在苴力中学为学生做现场示范

2017 年 12 月，应弥渡县委、县政府的请求，学院作为支持单位参加了 12 月 1—3 日举办的“弥渡县纪念《小河淌水》整理改编 70 周年研讨会”，并邀请了国内民族音乐界专家学者参与主题研讨。

弥渡县纪念《小河淌水》整理改编 70 周年研讨会现场

专家学者们济济一堂，围绕《小河淌水》的创作感受、艺术价值、创作手法、艺术作品的可延伸性、小河淌水故乡文化土壤的影响力等方面积极建言献策，为弥渡县文化繁荣兴盛提出了许多珍贵的真知灼见。

密祉镇位于弥渡县西南部，距离县城 30 千米，下辖 6 个行政村、40 个村民小组，面积 140 平方千米。截至 2018 年末，全镇共有 4 871 户、16 470 人。2013 年建档立卡时，密祉镇识别为贫困乡镇，兴隆村、八士村、永和村、石麟村识别为贫困村，全镇贫困发生率 41. 34%。2013—2018 年累计脱贫 1 495 户、5 983 人。实现了 2016 年密祉镇退出贫困乡镇，兴隆村、八士村、永和村退出贫困村，2018 年深度贫困行政村石麟村退出贫困村的目标。截至 2018 年底，贫困发生率降至 2. 01%。

## 三、兴旺发展——以文艺振兴赋能乡村振兴

经过数年的努力，密祉镇的发展思想和规划方向统一为以文艺赋能乡村振兴。艺术学院也将帮扶工作推向深入，在提质增效、内涵式发展上提出建议，并具体落实。学院主要领导率先垂范，身先士卒。2021 年，学院

党委书记雷虹出任永和村“名誉村长”，学院在弥渡建立乡村振兴美育专家工作站，学院院长彭锋出任首席专家。

2022 年 3 月，高校教育帮扶联盟“乡村振兴大讲堂”开讲，院长彭锋教授以北京大学弥渡县乡村振兴美育专家工作站首席专家的身份进行了第 1 讲。彭锋结合实际，以“艺术介入社会：从批评到建设”为主题授课。他分析了超然艺术、介入艺术、批判性的介入、建设性的介入的内容，通过书店的故事、艺术家的故事、乡村党建以及城市雕塑等鲜活的案例，向弥渡及其他地区的乡村干部介绍了乡建美学，让大家了解如何从艺术的角度挖掘当地文化资源，放大当地特色，以乡建美学带动产业经济。高校教育帮扶联盟“乡村振兴大讲堂”第 1 讲主题突出、观点鲜明，具有很强的思想性、启发性和针对性，最高同时在线达 1 100 余人，累计获 4 200 余次点赞，在观众中反响热烈。

学院依托在弥渡设立的乡村振兴美育专家工作站，帮助当地打造了弥渡县小河淌水少年合唱团，以美润心，加强了弥渡的美育。从 2021 年起，学院领导班子经过实地考察调研，与北大挂职干部在弥渡、北京两地进行了多轮讨论，决定以学生音乐教育与合唱团建设为抓手，探索传统民歌现代演绎方式，实施非物质文化遗产创新传承与美育发展项目，以建设一批培养基地学校、培养一批骨干教师、训练一批优秀学生为目标。2021 年底，依托两位挂职干部先期开展对乡村音乐教育情况及音乐教师配备的摸底调研，2022 年 1 月，遴选弥渡县 110 名中小学生、15 名音乐教师开展合唱教育与训练实践。学院院长彭锋、马清等 4 位老师现场或远程指导。在弥渡县的支持与两位挂职干部的努力下，小河淌水少年合唱团在 2022 年正式成立了，基本具备表演地方特色声乐作品的能力，中小学音乐教师的钢琴水平在学院教师的专业指导下也有了明显的提升。2022 年 10 月 4 日，学院联系资源策划推出了一期宣传弥渡的特别报道，以“共祝祖国好 同唱一首歌 弥渡县小河淌水合唱团与北大支教团共唱《我和我的祖国》”为题，以视频的形式呈现了合唱团及其背后的故事，在中央电视台《晚间新闻》播出。此次在中央电视台的亮相，展现了以美润心的初步成果，扩大了弥渡的影响力，提升了美誉度。

艺术学院坚持"道"（人文内涵）与"技"（艺术技能）并重、理论性与应用性并重、素质教育与专业教育并重的总体方针，这些年在学科建设、素质教育以及教师队伍建设等方面取得了显著的成果。这些成果在持续不断地为北京大学对口支援弥渡县精准帮扶工作注入新动能。

**2023 年 10 月，密祉镇党委书记罗莉陪同艺术学院 Blake 教授和刘彦玲教授考察文盛街**

发展至今，密祉镇的定位愈发清晰，它是国家级非物质文化遗产花灯民歌的发源地和聚集区之一，是"中国花灯艺术之乡"，是世界名曲《小河淌水》创作发源地，是国家级非物质文化遗产弥渡民歌的摇篮。密祉镇经过多年的努力，对非物质文化遗产、历史文化资源的保护开发和利用有了扎实的积累，文物保护意识和文艺振兴意识逐渐强化，文化建设的积极性和主动性也愈发强烈。2017 年，文盛街村获评省级汉族文化生态保护区；2018 年，兴隆村获评第五批中国传统村落；2020 年，密祉镇获评云南省旅游扶贫示范镇；2020 年，陶器制作技艺（密祉土陶）、豆腐宴制作技艺获评大理白族自治州第五批非物质文化遗产；2021 年，密祉镇成为云南省旅游名镇，永和村成为云南省旅游名村；同年，小河淌水 · 密祉景区成功申报为国家 AAA 级旅游景区；同年，密祉镇永和村委会文盛街村获评省级美丽村庄；2022 年，密祉元宵灯会获评第五批省级非物质文化遗产；2023 年 9 月，永和村的银桂树入选上海大世界基尼斯之最。经过多年的打造，截至 2023 年密祉有各类博物馆、展览馆共 9 个，定期开展各类非物质文化遗产活动，打造了一批非物质文化遗产精品节目，摄制了一批非物质文化遗产视频，专项编制了一批关于保护历史文化资源的规划。

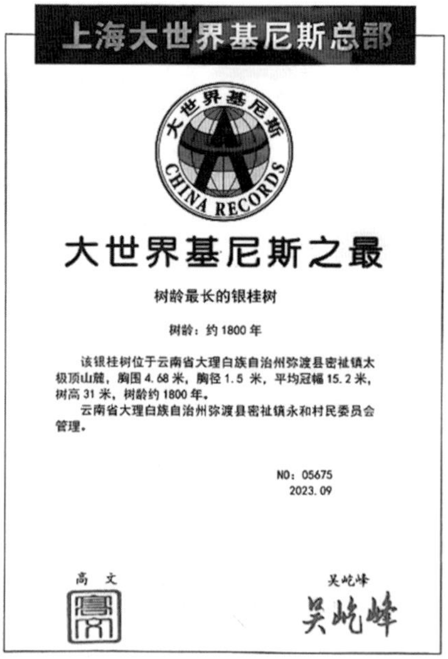

上海大世界基尼斯总部

大世界基尼斯之最

树龄最长的银桂树

树龄：约 1800 年

该银桂树位于云南省大理白族自治州弥渡县密祉镇太极顶山麓，胸围 4.68 米，胸径 1.5 米，平均冠幅 15.2 米，树高 31 米，树龄约 1800 年。

云南省大理白族自治州弥渡县密祉镇永和村民委员会管理。

NO：05675

2023.09

高文　　吴屹峰

**2023 年 9 月，永和村的银桂树入选上海大世界基尼斯之最**

如今，密祉镇正积极发掘、发挥好文化资源优势，文艺在这里已经成为促进乡村振兴的新引擎。随风潜入夜，润物细无声。艺术学院为密祉送来了艺术和文化的理论与方法、蓝图与规划、人才与资源，与密祉镇一路携手、并肩同行，风雨不改地支持与帮扶，可谓硕果累累。当前，党的二十大围绕“推进文化自信自强，铸就社会主义文化新辉煌”做出重大部署，在新的起点上继续推动文化繁荣、建设文化强国、建设中华民族现代文明，是新时代新的文化使命。未来，艺术学院将秉承文艺振兴的发展思想，继续支持和帮扶密祉镇，打造“小河淌水”特色文化小镇，构建产业链发展模式，让密祉与“小河淌水”一起成为重要的文化符号，蜚声国际，以文艺振兴乡村建设，走出独特的高质量发展道路。

作者：北京大学艺术学院

# 法治赋能助力基层治理现代化

自参与学校定点帮扶云南省大理白族自治州弥渡县工作任务以来，法学院深入学习贯彻习近平总书记关于精准扶贫和乡村振兴工作的重要论述，在上级部门的统筹指导下，切实推进定点帮扶。法学院紧扣当地在推进全面依法治国和治理能力现代化进程中的重点难点问题，立足法学专业优势，赋能基层治理能力现代化，开展了一系列精准帮扶的探索与实践，扶贫工作不断取得新进展，助推弥渡县在2020年5月正式退出贫困县序列，并通过一系列卓有成效的工作，巩固拓展脱贫攻坚成果，同乡村振兴有效衔接。

## 科学规划定帮扶航向

社会服务是大学的核心职能之一，定点帮扶是党中央交给北大的一项光荣政治任务。作为校内较早直接承担定点帮扶具体工作任务的院系之一，法学院高度重视，系统谋划，精心组织。党政联席会将定点帮扶作为重要议题持续开展常态化研讨，结合学院工作实际选优配强定点帮扶联络协调工作团队，广泛动员全体师生、校友和社会合作单位，统筹资源积极参与定点帮扶任务。历任党政班子成员20余次赴弥渡县实地调研、落实定点帮扶具体项目，组织师生校友百余人次到弥城镇等乡镇一线考察调研精准扶贫工作进展、对接具体帮扶需求，累计吸引投入帮扶资金近百万元，专项集中培训基层干部逾30人次，定向购买及帮助销售当地农产品逾30万元。法学院注重发挥学科特点和专业优势，基于弥渡当地经济发展和社会治理客观现实，围绕乡镇一线的急难愁盼问题，引进定点资源开展精准帮扶，做到定点帮扶顶层设计与底层逻辑的有机统一、宏观部署与微观落地的协同畅通，为当地基层治理现代化和脱贫攻坚、乡村振兴目标的实现带去看得见、摸得着、留得住、用得久的切实成效。

时任院长潘剑锋在弥城镇组织召开帮扶需求对接座谈会

现任院长郭雳走访慰问当地脱贫攻坚重点帮扶家庭

## 智力扶贫谋精准突破

扶智是扶贫长效机制的必要支撑，也是弥渡脱贫攻坚的内生动力。为落实北京大学“1+8+*N*”定点结对帮扶机制，进一步提高弥渡县弥城镇领导班子成员科学发展、和谐发展、跨越发展的能力，拓宽视野，增长见识，造就一支堪当富民强镇重任、经得起各种风浪考验、对待事业有激情、对待工作有思路、对待困难有韧劲、坚持原则、敢抓敢管、敢于担当、对群众感情深厚、清正廉洁的高素质党政领导班子，法学院于 2016 年、2017 年邀请弥城镇党政干部先后两批次来到法学院参加跟班培训学习。培训班邀请朱苏力、湛中乐、王锡锌、沈岿等资深学者授课，课程安排深入浅出、紧贴时事，为当地干部充实理论知识、提高管理素养、增强交流沟通提供了重要平台。

**2016 年，法学院党政干部法律知识提升研修班留影**

**2017 年，法学院党政干部法律知识提升研修班留影**

同时，法学院教授积极承担“北京大学弥渡讲坛”教学任务，湛中乐等多位教授多次赴弥渡授课。

法学院湛中乐教授在弥渡授课

2021 年 10 月，法学院党委副书记路姜男受聘担任弥城镇张迁村“名誉村长”。按照张迁村有关需求，致力于帮助解决张迁股份农业公司的农产品营销问题，对张迁股份农业公司的发展机制、村民流转土地的相关政策进行指导，谋划辖区内串户道路硬化、生活垃圾和污水“两污”治理、停车场建设和村庄美化建设，帮助村民进一步提升人居环境。

图书资料是人类进步的阶梯，也是智力扶贫的重要组成部分。2018 年以来，法学院平均每年向弥渡县捐赠普法手册逾 1 000 册。2021 年，法学院向弥渡县司法局捐赠 1 000 册法治素养教育图书，包括部分法学院教师著作，《中外法学》《金融法苑》等刊物，以及文学、历史类书籍，有力充实了弥渡县各级各类学校、公共服务机构的藏书资源。

法学院向弥渡县司法局捐赠书籍

法学院向弥渡县捐赠普法手册

## 教育扶贫助“补钙壮骨”

法学院着眼教育扶贫，组织学院学生赴弥渡开展支教、社会实践等活动，切实为当地教育发展贡献力量，助力弥渡阻断贫穷的代际传递。

2013 年以来，法学院学生杨婉仪、彭燕、李鑫、卢梦婕、梅玮凌、赵仙凤、杨舒森、龙奕昕等以北京大学研究生支教团成员身份赴弥渡任教，并定期组织志愿者前往弥渡回访，形成关心关爱当地中学生、助力中学生成长成才的长效机制。

**2018年，法学院硕士研究生杨婉仪等志愿者回访弥渡**

此外，北京大学法律援助协会与弥渡县中小学建立常态化、个性化的普法机制，十年来共完成以“正确使用国旗、国徽、国歌”“反对校园暴力”“正确处理家庭暴力”“预防网络诈骗”等为主题的普法讲座及心理健康讲座20余场，每年制作、赠送相关普法手册约1 000册，帮助当地中小学生树立法治意识，正确认识自我、悦纳自我，成长为身心健康、遵纪守法的新时代青少年。

**法学院志愿者在弥渡县中小学开展普法讲座（1）**

法学院志愿者在弥渡县中小学开展普法讲座（2）

法学院实践团成员在弥渡县中小学开展心理健康教育讲座

法学院利用法定节假日和寒暑假组织多支实践团赴弥渡开展实践调研，实践团成员深入田野地头、工厂企业，调研“贫困户住新房”项目、乡村民营企业建设、乡镇卫生所发展、农村电商经济等经济发展和社会民生方面的情况，身体力行感知弥渡扶贫工作的进展。

法学院实践团成员调研“贫困户住新房”项目落地情况

法学院实践团成员前往红星村卫生所调研

法学院实践团成员调研乡村基础设施建设情况

法学院实践团成员向当地农户了解农业发展情况

法学院实践团成员与弥渡民营企业甜咪咪公司探讨发展困境与破解之道

## 产业扶贫聚发展动能

稳定推进产业扶贫，是弥渡长远发展的坚实基础。法学院依托校友会、全球高端法商人才“未来领袖”计划等平台充分调动企业家校友的力量，根据弥渡发展需要、资源禀赋、劳动力现状等情况，帮助引进前景好、效益高、发展持久的产业。

为更好地汇聚社会资源，激发弥渡经济发展动能，法学院“未来领袖”计划调研团队于2018年12月深入弥渡县红岩镇、弥城镇等部分乡镇开展扶贫考察调研。

法学院“未来领袖”计划调研团队在弥渡

调研团队深入了解弥渡农作物种植情况和产业发展现状，并召开调研结果分享会，与当地企业深入探讨如何将“公司+基地+农户”模式推广开来，帮助当地居民实现在家门口就业，切实带动周边农户增收致富，进一步助力全县现代化农业建设。调研团队先后参访了文盛街、铁柱庙等文化景观，探索如何深度挖掘弥渡县各类文化资源，统一规划发展，做大做强弥渡特色，推动当地旅游文化产业的繁荣兴盛。

法学院“未来领袖”计划调研团队参访当地产业

法学院“未来领袖”计划调研团队召开座谈会

调研团队还入户走访危房改造项目。他们详细询问了村民目前的生产、生活情况，听取了政府在改造过程中积极克服困难的所作所为，看到简陋的危房旁边政府资助建立的宽敞新住房，感受到政府“一户一案”的责任感，期待村民通过努力创造未来美好的生活。

法学院“未来领袖”计划调研团队入户走访

调研期间，法学院校友王益为、傅建省、樊荣向弥城镇捐赠资助建立3家“爱心超市”，让友善真情在弥渡县浇灌出脱贫攻坚和乡村振兴的时代硕果。

法学院校友捐资建设“爱心超市”

加大消费扶贫力度，力争满足师生购买绿色农产品需要和直接增加弥渡贫困户收益的双赢，是脱贫攻坚应有之义。法学院积极对接中国银行电商平台，创建“大爱超市”消费扶贫品牌项目，促进弥渡农产品走向全国市场，精准对接产销环节，帮助贫困户获得更大收益。

## 文化扶贫拓品牌阵地

弥渡具有丰厚的优秀传统文化和非物质文化遗产的挖掘潜质和保护需要，扶贫应当坚持物质发展和精神进步协调推进。法学院针对“弥渡花灯”“小河淌水”等具有重要影响力的知名品牌，开展全方位、多层次、多角度的宣传推广，推动弥渡县特色旅游产业发展，帮助弥渡发掘传统文化的多重效益，拓宽发展阵地。

2018 年 11 月，法学院组织邀请中央电视台、中国网络日报、新浪网、中国廉政网、中国银行“公益中国”等多家主流媒体和公益组织前往弥渡调研考察，对弥渡精准扶贫、脱贫攻坚工作成果经验进行典型宣传报道。媒体代表在弥渡采访了雾本冬桃节、生猪养殖基地、中药材种植基地，以及脱贫攻坚危房改造、交通基础设施建设项目，对“小河淌水”非物质文化遗产、弥渡花灯进校园计划进行了深入调研。调研成果共形成新闻报道 19 篇次，分别发表在中国网络日报、今日头条、网易、新浪、中国廉政网等多家主流媒体。中央电视台《乡土》栏目“小河淌水、美丽弥渡”系列专题节目于 2019 年在 CCTV-7 播出。

中央电视台《乡土》栏目《小河淌水淌出来的美食》专题节目

**截至 2018 年末，扶贫工作宣传情况跟进记录**

| 序号 | 时间 | 媒体名称 | 题目 |
| --- | --- | --- | --- |
| 1 | 2018 年 11 月 14 日 | 中国网络日报 | 冬桃熟了——云南弥渡苴力冬桃丰收季开幕 |
| 2 | 2018 年 11 月 14 日 | 中国网络日报 | 云南大理弥渡勠力脱贫攻坚冲刺脱贫摘帽 |
| 3 | 2018 年 11 月 15 日 | 今日头条 | 冬桃熟了——云南弥渡苴力冬桃丰收季开幕 |

（续表）

| 序号 | 时　间 | 媒体名称 | 题　目 |
|---|---|---|---|
| 4 | 2018 年 11 月 15 日 | 华夏时讯 | 冬桃熟了——云南弥渡苴力冬桃丰收季开幕 |
| 5 | 2018 年 11 月 15 日 | 百家号 | 冬桃熟了——云南弥渡苴力冬桃丰收季开幕 |
| 6 | 2018 年 11 月 15 日 | 一点资讯 | 冬桃熟了——云南弥渡苴力冬桃丰收季开幕 |
| 7 | 2018 年 11 月 15 日 | 巅峰财经 | 冬桃熟了——云南弥渡苴力冬桃丰收季开幕 |
| 8 | 2018 年 11 月 15 日 | 腾讯 | 冬桃熟了——云南弥渡苴力冬桃丰收季开幕 |
| 9 | 2018 年 11 月 15 日 | 网易 | 冬桃熟了——云南弥渡苴力冬桃丰收季开幕 |
| 10 | 2018 年 11 月 22 日 | 中国网络日报 | “1+4” 产业扶贫模式助推云南弥渡县脱贫攻坚 |
| 11 | 2018 年 11 月 22 日 | 中国廉政网 | “1+4” 产业扶贫模式助推云南弥渡县脱贫攻坚 |
| 12 | 2018 年 12 月 6 日 | 中国网络日报 | “要想富、先修路”——弥渡县全面推进村组扶贫公路建设 |
| 13 | 2018 年 12 月 6 日 | 中国廉政网 | “要想富、先修路”——弥渡县全面推进村组扶贫公路建设 |
| 14 | 2018 年 12 月 6 日 | 新浪 | 爱心美德超市——农行助力弥渡县脱贫 |
| 15 | 2018 年 12 月 6 日 | 新浪 | “1+4” 产业扶贫模式助推云南弥渡县脱贫攻坚 |
| 16 | 2018 年 12 月 11 日 | 中国网络日报 | 弥渡脱贫人物志（上篇）：单腿战贫困 自力更生拔穷根——毕怀忠 |
| 17 | 2018 年 12 月 11 日 | 中国廉政网 | 弥渡脱贫人物志（上篇）：单腿战贫困 自力更生拔穷根——毕怀忠 |
| 18 | 2018 年 12 月 11 日 | 中国网络日报 | 弥渡脱贫人物志（下篇）：扎根大山做“茶人”——李迎春 |
| 19 | 2018 年 12 月 11 日 | 中国廉政网 | 弥渡脱贫人物志（下篇）：扎根大山做“茶人”——李迎春 |
| 20 | 2018 年 12 月 12 日 | 新浪 | 壮大集体经济：为弥渡县决战脱贫攻坚注入源动力 |

法学院团委筹划了关于弥渡县弥城镇的风物介绍的微信推送，通过“法律人”微信公众号平台发布，累计阅读量逾万，让法学院的每一位师生、校友了解弥城，走进弥城。

小河淌水的故乡——云南省弥渡县弥城镇

法律人 2016-04-13 15:09

一提到云南，耳畔总会响起这样的曲调：“月亮出来亮汪汪，亮汪汪/想起我的阿哥在深山/哥像月亮天上走，天上走/哥啊哥啊哥啊/山下小河淌水，清悠悠……”而弥渡，正是这首被誉为“东方小夜曲”的《小河流水》的故乡。

弥城镇，位于大理州东南弥渡县北部，是弥渡县的政治、经济、文化中心。素有“十睑沃野，南诏咽喉”之称。弥城山区在古代是崇拜火的彝族人的聚居地。在彝族语中，“弥”意为“火”，弥城由此得名。地处亚热带季风气候区，弥城镇四季如春，温和多雨。经历了唐、宋、元、明的兴衰，走过了清朝、民国的烟灭，受过了长期战乱的磨难，汉、彝、回、白、傈僳、苗、纳西、傣等22个民族在这里和谐相处。不同于云南其他早已被商业过度包装的古镇，弥城依然保有着她的宁静与质朴。弥渡的天空澄澈明亮，就算你初来乍到，还来不及细细打量这座城，但只要你从车里抬头望天空，就会觉得每一朵游离的云仿佛都有故事。

弥渡是南诏王国腹心之地。天宝战争和两伐南诏留下的10多万中原将士和商贾游民，不仅给这片丰腴的土地带来了农商技术，也给这块多情的地方传播了黄河文化；到了明朝洪武年间，连绵不断的军屯、民屯、商屯和开疆移民活动，又给这里带来了缠绵婉转的长江文化。于是，南北人流的涌入、古驿站里的“南腔北调”、怀揣各地文化人群的落藉，使弥渡的民间民俗、语言、民间艺术在历史的沧桑中，在弥渡各民族文化与祖国南北文化相互交流、渗透、融合中，形成了自己独特的、灿烂多姿的优秀传统文化。

图一 弥渡花灯

山川交错的地貌，多民族文化的交汇，让弥渡花灯文化繁荣发展。“十个弥渡人，九个会唱灯，才到红岩坡，处处闻声”。

弥渡风情（二）| 行者迷津处，驻足为“弥渡”

法律人 2016-04-17 21:07

行者迷津处，驻足为“弥渡”

摇橹，只为行船。

彩云之南，浩瀚的水乡泽国、红河源头毗雄江从北向南，毗雄江从西向东在盘山脚下交汇，在坝子尾锁云渡被堵。行者易迷津，故名“迷渡”。水面的薄雾是渐渐起的，岸边是杜鹃花开得烂漫，却不似朱自清，俞平伯所写秦淮河的浆声灯影，情景朦胧而滋味羞涩。

**“法律人”微信公众号平台推送**

小河淌水留乡愁，缘法同行十载情。当前，弥渡县正处于推动拓展脱贫攻坚成果同乡村振兴有效衔接高质量发展的关键阶段，法学院将继续贯彻落实习近平总书记系列重要讲话精神与党中央战略部署，利用好既往工作获得的宝贵经验与成果，持续为弥渡县经济发展、社会治理提供智力支撑和有力保障，促进传统治理资源和方式与现代治理理念对接，力争让脱贫基础更加稳固、成效更可持续，为全面推进乡村振兴、加快建设农业强国添砖加瓦。

作者：北京大学法学院

# 倾心倾力，脱贫不脱钩

2012年11月，国务院扶贫办和中组部、教育部等八部门联合印发了《关于做好新一轮中央、国家机关和有关单位定点扶贫工作的通知》，共安排了310家单位定点帮扶598个国家扶贫开发工作重点县。其中，安排指定由北京大学承担定点帮扶云南省大理白族自治州弥渡县的工作任务。弥渡县是全国598个、云南省73个贫困县之一，属于全国集中连片扶贫开发的滇西边境片区重点县。

弥渡县，隶属于云南省大理白族自治州，地处云南高原西部、大理白族自治州东南部，东与祥云县、南华县接壤，南与景东彝族自治县、南涧彝族自治县毗邻，西靠巍山彝族回族自治县，北连大理市。东距省会昆明320千米，北离州府下关61千米，南距漫湾水电站144千米。面积1 523平方千米，其中，坝区面积132平方千米，占8.66%。总人口32.79万人，下辖6镇、2乡。根据第七次全国人口普查数据，截至2020年11月1日零时，弥渡县常住人口为261 205人。

定点帮扶弥渡县脱贫，既是党中央交给北大的光荣政治任务，又为北大参与国家战略，服务社会和人民提供了重要契机。定点扶贫工作启动以来，学校各级领导高度重视定点扶贫工作，成立了党委书记、校长亲自挂帅，学校30个职能部门及基层院系负责人作为成员的对口帮扶工作领导小组。2013年10月24日，在北京大学帮助下，弥渡县57名党政干部赴北大参加高级研修班。当天，北京大学与弥渡县正式签订对口帮扶协议，并将定点扶贫工作纳入学校“十三五”规划和“甘霖计划”，开通“人、财、物”绿色通道，安排对口帮扶专项经费。探索启动了“1+8+N”帮扶工作新模式，即：“1”代表全校统筹；“8”是指8个院系对口帮扶8个乡镇；

“*N*”是结合实际需要，不断增加其他资源及帮扶主体，实施精准扶贫。

信息科学技术学院接到对口弥渡县寅街镇的帮扶工作后，学院领导班子高度重视，成立了由党委书记牵头、骨干教师和管理干部组成的帮扶工作小组，认真研究落实帮扶工作，力争充分发挥优势，配合学校一起创新扶贫方式，实施精准对口扶贫，切实改善贫困地区经济社会发展水平，全面提升该地区经济、社会、教育、科技发展水平，以保证如期实现脱贫目标。

2020 年 5 月，弥渡县 52 个贫困村达标脱贫，弥渡县正式退出贫困县序列，全县实现高质量脱贫。在党中央近年的定点扶贫成效考核中，北京大学多次被评价为最高等次“好”。2021 年 1 月，教育部脱贫攻坚工作领导小组办公室专门致函表彰北京大学定点扶贫工作，称赞北京大学“走出了一条特色鲜明、成效显著的扶贫路子”。信息科学技术学院的帮扶工作也在其中发挥了积极重要的作用。

根据党中央进一步的要求，结合乡村振兴战略，北京大学继续开展“脱贫不脱钩，帮扶不松劲”的工作，新成立的信息科学技术学院（本科生学院）继承老信科的责任，肩负起这一光荣而神圣的使命。

这十年来，学院围绕对口帮扶工作，结合学院特点、发挥当地资源优势，分两个阶段开展了帮扶工作。

## 第一阶段：倾心倾力，帮扶弥渡县寅街镇脱贫攻坚

信息科学技术学院定点结对帮扶弥渡县寅街镇。寅街镇位于弥渡县中部，面积 207 平方千米，人口约 4.6 万人，辖寅街、武邑、东风、河东、栗树、高营、永丰、大庄、勤劳、朵祜、瓦哲 11 个行政村，其中农业人口 45 638 人，非农业人口 1 421 人，少数民族 2 662 人，以彝族人口居多，主要聚居于朵祜、瓦哲两个高寒山区村。人口自然增长率 3.56‰，镇域面积覆盖山区、半山区和坝区，人口密度为每平方千米 208 人，全镇共有耕地面积 26 333 亩，农业人口平均耕地面积 0.56 亩。

接到学校分配的扶贫任务后，学院工作组迅速行动，党委书记魏中鹏

还担任了弥渡县寅街镇勤劳村的“名誉村长”。学院从思维理念到技术资金，源源不断地投入心力与物力，播撒脱贫的希望。在2022年5月弥渡县脱贫前，学院主要完成了以下工作。

## （一）开展干部专题教育培训，开阔眼界转变观念

通过交流了解，弥渡县对乡镇领导干部、村组干部的能力提升有需求。学院把扶贫与扶智相结合，充分发挥北京大学和信息科学技术学院的教育资源优势，积极开展对口乡镇党政领导干部、基层村干部的教育培训，帮助转变观念，从思想上脱贫，以适应经济社会发展新常态，更好地发挥村组干部在脱贫攻坚和乡村振兴中的引领作用。学院主要的工作有：

学院在2017年至2018年，根据寅街镇提出的实际需求，利用学院继续教育培训课程，分别组织三批共17人次对口乡镇干部骨干到学院参加专题培训。培训课程包括“一带一路”倡议与中国政治经济新常态、政务礼仪与人际交往、资本运作与投融资管理、区域经济发展与产业转型升级、危机管理与媒体策略、开发区经营工作探索与思考、“互联网+”、我国反腐败形势及治理政策、新型城镇化建设、当前宏观经济形势分析与供给侧结构性改革、老城区经济转型升级、特朗普上任对我国周边安全环境的影响、在新起点上依法行政和推进法治政府建设、领导者行为语言艺术与沟通技巧等。每次培训结束后，学院党委书记魏中鹏都会与参加培训的干部座谈，交流培训的内容和收获，听取意见和建议。从培训干部反馈的信息来看，干部们通过培训，开阔了视野，增长了见识，改变了一些观念，收获颇丰。

2018年12月，学院领导赴寅街镇，为新落成的新时代农民讲习所揭牌，启动“博雅耕读乡社”村组干部专项培育计划。该计划由学院捐资34.6万元，联合寅街镇党委、镇政府，针对寅街镇下属11个村委会及168个村民小组的干部制订。该计划采取线上学习为主、线下培训为辅和异地学习考察的方式，计划为期一年。该计划围绕基层党建、产业技术、乡村治理、视野开阔、文化培育等方面开展。该计划举办了多期讲座，培训人

员100多名。学院邀请了京东农村电商生态中心副主任王志刚作了第一期报告，对弥渡电商推广工作起到了积极作用。

### （二）围绕当地资源优势，帮扶特色产品推广

学院充分发挥信息面广、渠道丰富的优势和现代信息网络作用，重点围绕当地资源优势，以市场为导向，为对口乡镇提供市场资源和政策咨询。帮助加快发展特色优势产业，帮助扶持特色产业培育，提升对口乡镇现代农业发展水平。重点关注弥渡县山货、玫瑰花深加工产业，蔬菜种植业。主要工作有：

2016年7月，学院邀请北京大学校友，山东省寿光市委常委、副市长高翔到弥渡县考察调研，参观鲁滇蔬菜基地建设，并为包括寅街、新街等在内的多个乡镇的干部现场讲解农村电商推广工作，介绍寿光市在蔬菜种植和电商推广工作中的成功经验。此外，学院帮助对口乡镇搭建就业创业平台，提供就业创业咨询服务，发展农业电商经济，等等。

学院在2016年至2019年，通过寅街镇政府和北大挂职干部的帮助联系，以组织教职工团购、慰问离退休老同志的方式，将弥渡的特色产品介绍给老师们这一举措既可以直接帮扶对口乡镇的特色产品推广，又可以让教职工买到最质优价廉的弥渡特色产品。2018年和2019年学院累计采购农产品4万余元。

### （三）捐资捐款重点帮扶，落实精准帮扶方面

为解决对口乡镇实际的困难，学院针对乡镇亟须帮扶的项目，重点进行捐资捐款活动。除前文提到的捐资34.6万元支持寅街镇设立“博雅耕读乡社”计划外，其他主要工作有：2018年11月28日，学院党政班子成员捐赠3万元用于帮助寅街中学的10名贫困家庭同学；捐赠10万元党费帮助勤劳村启动建设党群服务中心，该党群服务中心提供村民办事窗口、行政村会议室、“爱心超市”等功能；2019年10月17日（国家“扶贫日”），党政班子成员捐赠2.4万元支持寅街镇募集扶贫捐款活动。

## 第二阶段：脱贫不脱钩，帮扶弥渡县寅街镇乡村振兴

2020 年 5 月，弥渡县 52 个贫困村达标脱贫，弥渡县正式退出贫困县序列。按照党中央乡村振兴战略的部署和北京大学继续开展“脱贫不脱钩，帮扶不松劲”要求，新成立的信息科学技术学院（本科生学院）承接对弥渡县寅街镇的对口帮扶工作。新学院党政班子对帮扶工作高度重视，学院新任党委书记严敏杰担任了寅街镇永丰村“名誉村长”，并多次在学院党委会和党政联席会上把帮扶工作作为专题讨论。学院通过提供培训、捐资捐款、建立思政实习基地等方式继续开展帮扶活动。为建立长效的帮扶机制，学院还制定了 2023 年《帮扶弥渡县寅街镇乡村文化振兴方案建议提纲》。2022—2023 年学院主要的帮扶工作有：

### （一）学院与云南弥渡联合开展学习贯彻党的二十大精神主题交流会

党的二十大报告指出，全面建设社会主义现代化国家，最艰巨最繁重的任务仍然在农村。大力推进乡村振兴战略，是实现中国式现代化的内在要求和必由之路。为深入学习领会党的二十大精神，深入理解乡村振兴战略的重要地位，进一步发挥高校对乡村振兴战略的服务促进作用，加强校地间沟通互鉴，2022 年 11 月 6 日，信息科学技术学院和云南省弥渡县寅街镇勤劳村党总支联合开展“乡村振兴新面貌，人才强国‘信’征程”学习贯彻党的二十大精神主题交流会。

由于疫情原因，主题交流会以线上交流形式举行。弥渡县委常委、宣传部部长白枝云，北京大学马克思主义学院副院长宋朝龙，信息科学技术学院党委书记严敏杰、党委副书记贾方健，以及云南省弥渡县寅街镇领导及勤劳村党总支党员，信息科学技术学院党支部、团支部成员参与此次主题交流会。

这次主题交流会是双方加深理解党的二十大精神，加强村级党组织建设，推进乡村组织振兴的重要举措，也是校地进一步加强交流、增进团结的一次有意义的尝试，将有力助推校地帮扶合作再结硕果，共同书写弥渡

发展新篇章。

会后，为助力弥渡县教育事业发展，学院又为弥渡县中小学捐赠了近8万元，用于中小学书籍、文教用品、体育用品的购买。

## （二）建立帮扶长效机制，扶志与扶智并举，助力乡镇文化振兴

通过学院对寅街镇的脱贫帮扶经验，根据《中共中央 国务院关于做好2023年全面推进乡村振兴重点工作的意见》，结合北京大学及信息科学技术学院教育单位的性质，学院讨论决定，对寅街镇乡村振兴的帮扶重点落在“文化振兴”上，并起草了《2023年帮扶弥渡县寅街镇乡村文化振兴方案建议提纲》。该建议提纲从“加强与寅街镇永丰村的交流合作，全方位助力乡村振兴”“对弥渡县及寅街镇干部进行轮流培训”“组织教授到弥渡县宣讲”和“建立学生思政实践教育基地”4个方面进行帮扶。该方案是一个可长期执行的方案，使得学院的帮扶工作更有针对性、长效性，真正长期助力对口乡镇发展。该方案得到了弥渡县政府和寅街镇政府的认可。2023年6月7日，学院在弥渡县委党校举行了思政实践基地建设及干部培训交流签约仪式。仪式上，学院与弥渡县签订了共建思政实践教育基地合作协议，与寅街镇签订了干部培训交流合作协议。

2023年8月，学院34名同学在学院副院长王润声教授和学院团委教师的带领下，到钟灵毓秀的云南弥渡，开展思政实践课程。

同学们参观了学院对口帮扶的勤劳村，并在村委会聆听了正在弥渡县挂职的两位北京大学教师陈贵兵和田定方介绍乡村脱贫攻坚成果，以及全面推进乡村振兴所面临的困难与挑战。同学们深刻体会到推进组织振兴、文化振兴、生态振兴、人才振兴、产业振兴的不易与艰辛。弥渡人民“没条件也要创造条件上”的奋斗精神深深打动了每位同学。

同学们还探访了弥渡的特色产业，参观了数字农业产业园，调研了数字农业、电商产业发展，了解了当地的民风、民俗、民情和历史文化，并与从2019年起就扎根弥渡农村基层，为乡村振兴奉献的北大1989级校友马岳进行了座谈。同学们在马老师坚守“为村民振兴，由村民振兴”的信念与奉献基层的行动中感受到北大人的家国情怀与责任担当。

实践团还前往弥渡一中进行了交流活动。王润声老师为全县数学、物理和信息科学相关方向的教师，作了以《信息领域科技创新现状与集成电路制造业体系》为题的讲座。实践团的同学们则与弥渡一中的高三学生们展开交流活动，与中学生们互动畅谈，交流彼此的学习经验和方法，分享生活故事和社会见闻。

思政实践课程不仅让北大学生感受到了弥渡的变化，还令他们亲身感受了党在脱贫攻坚、乡村振兴中取得的巨大成就，激发了学生的爱国情怀。同时，与北大学生的交流，也给当地的学生带去了新的学习经验、学习方法和信息，给学生们打开了另一扇窗。这对激励当地学生努力学习，鼓励他们将来用所学的知识回报家乡与社会也起到了积极推进作用。这是脱贫攻坚后，在思想上帮扶的一个双赢举措。

作者：北京大学信息科学技术学院

# 名校引领助发展　精准帮扶促提升

2012年，根据《关于做好新一轮中央、国家机关和有关单位定点扶贫工作的通知》，北京大学承担了定点帮扶云南省大理白族自治州弥渡县的工作任务。2013年10月，北大与弥渡县正式签署了对口帮扶协议。其中，北京大学工学院与弥渡县新街镇结成帮扶对子，针对新街镇的扶贫难点，依托学院特色与优势，多年来在智力帮扶、产业帮扶、教育帮扶、政策帮扶等方面提供援助；充分利用北京大学的智力优势，引导教育、科技、人才、文化、医疗等各类扶贫资源优化配置，充分发挥科技知识与优秀人才对脱贫致富的核心拉动作用。

## 一、提高认识，切实加强对接帮扶工作

北京大学始终以强烈的家国情怀，充分发挥资源优势，创新实施“1+8+*N*”帮扶工作模式，学校在宏观层面统筹指导帮扶工作，全校一盘棋，以“全校动员、统筹资源、院系对口、智力帮扶”为原则，引导学校的教育、科技、人才、文化、医疗等各类扶贫资源优化配置，充分发挥科技知识与优秀人才对地方发展的核心拉动作用。北京大学成立由校党委书记、校长担任组长的定点帮扶工作领导小组，强化校级宏观安排和战略部署，使顶层设计和基层探索实现良性互动与深度融合。建立8个院系与弥渡县8个乡镇定点结对帮扶机制，实现帮扶工作全县覆盖，切实增强帮扶工作的精准性和有效性。

工学院与新街镇结成对子后，工学院领导班子与相关人员多次针对新街镇帮扶项目展开调研与讨论工作，针对新街镇实际情况，制订详细、周

密的帮扶计划。

2017年5月9日至11日，工学院党委书记、副院长孙智利一行深入新街镇调研，先后到金刚村、新街中学、六一完全小学、红阳土杂鸡养殖场、绿之源蔬菜产销农民专业合作社、建林生态庄园、十字路大蒜交易市场、嘉益生物科技有限公司等地，对该镇脱贫攻坚、教育教学、产业发展等工作进行详细了解。孙智利一行表示，将全力支持新街镇各项工作发展，同时呼吁更多的企业、社会爱心人士为新街镇教育及其他事业的发展做贡献，帮助新街镇打赢脱贫攻坚战。2017年，工学院助理院长李咏梅老师撰写了一篇论文《TEF精准扶贫模式探讨——基于北京大学对云南弥渡实施精准扶贫的思考》，发表在刊物《发展研究》（2017年第1期85—87页）上。

2021年10月，工学院党委书记孙智利被聘为新街镇董和村“名誉村长”，以熟悉村情、帮助规划、发展产业、强化教育、美化村容、加强协作六大工作职责进行精准帮扶，从基层党建、干部教育、外出考察、农民培训、乡村规划、农旅融合、招商引资、村史（志）撰写、项目争取、教育发展等方面制订精准帮扶计划，为村子的发展、为新街镇乡村振兴、为在高质量发展当中促进共同富裕，做出最大的贡献。

## 二、强化产业智力帮扶，提升干群综合素质

工学院在与新街镇结对帮扶过程中，聚焦乡村人才和产业振兴，注重在促进现代农业发展的关键环节发力。聚焦各类生产要素，立足现有工作条件，在农业生产各方面加强沟通对接，不断提升人才素质和技能，推动现代农业长远发展，切实增强弥渡发展各项事业的内生动力。

2016年5月，工学院党委书记、副院长孙智利，工学院能源与资源工程系王东老师，工学院助理院长李咏梅老师，北京大学工学院院友会常务理事、北京益智厚德教育科技有限公司董事长杨润东一行到弥渡县新街镇深入调研脱贫攻坚工作。在调研中，他们积极寻找精准扶贫切入点，并竭力促成弥渡县政府与中利集团的合作。双方合作因地制宜，前景可期，此次成功签约的“贫困村光伏农场包县脱贫项目”，成为弥渡县新的产业增长点，有力加快弥渡县脱贫步伐。同时，在得知弥渡县医疗资源匮乏的情况

后，杨润东决定帮助弥渡县提升医疗卫生技术水平，计划将中国人民解放军总医院（301医院）的优质医疗资源引荐到弥渡县。此外，杨润东还特地从深圳请来相关专家，深入位于新街镇的嘉益生物科技有限公司，为该公司“问诊把脉”，从产品包装、宣传、销售等方面为其注入一系列新思路、新理念，对该公司提升软实力起到了极大的推动作用。

2017年12月，弥渡县党政领导干部党的十九大精神学习培训班在北大开班，50名领导干部参加培训，工学院参与组织本次培训班。培训班采取专题讲授、现场教学等多种方式，教学内容涵盖了政治理论、政策研读、综合素养与能力提升等方面。北大通过扶知识、扶技术、扶思路，提升干部群众脱贫致富的综合素质，将“输血”变为“造血”，促进了脱贫攻坚工作深入推进。

2022年7月，工学院院友、北京大学校友会副会长兼秘书长李文胜率队，与众多校友企业家一道赴弥渡县考察调研，助推学校定点帮扶工作。此次考察进一步深化了弥渡与北京大学校友企业家们的合作，为弥渡的投资兴业，推进产、学、研有机结合贡献力量。

## 三、情系教育帮扶，助推/赋能乡村振兴

经由北大联络对接，上海真爱梦想公益基金会与弥渡县结缘，签署战略合作协议，工学院积极参与推进在弥渡县建设“梦想中心”，进行教室的捐助，极大改善了教育的硬件条件。

2016年暑假，工学院李曼老师带领爱心社到新街中学开展了为期15天的“爱心万里行”义务支教活动，了解学校基础设施建设、学校管理、教育教学等情况，走访慰问5户贫困户家庭和留守儿童家庭，对教育信息化“三通两平台”建设情况进行调研，并走进班级旁听教师授课，走上讲台为学生讲学，与当地教师开展教学讨论与调研，针对学生们提出的问题给出了自己的学习经验和建议，让不少学生深受鼓舞，同时给予新街中学资金帮扶22 148元。

2018年7月24日，工学院助理院长李咏梅老师赴弥渡县与新街镇党委书记李聪和镇长罗永强会面，交流了扶贫工作进展情况，并受王启宁老师

的嘱托，与镇领导一同前往勤劳村，替王老师向即将升入新年级的李家小女儿送去了一笔助学金，希望能以微薄之力帮助这个家庭减少后顾之忧，扶助小姑娘读书学习、顺利成长。在整个对接帮扶过程中，工学院楼雨博士及其同学自发走访贫困家庭，开展支教工作，并与其导师王启宁老师一同资助本地儿童，帮助其完成学业。“让贫困地区每一个孩子都能接受良好的教育，让他们与其他孩子站在同一条起跑线上，向着美好生活奋力奔跑。”这是楼雨博士的心愿。

2019 年 6 月 21 日，工学院党委副书记张婧带领 2018 级博士三班党支部师生一行来到新街镇陶营完全小学开展社会实践活动。针对小学阶段的特点，结合自身学习成长中积累的经验，精心挑选了《傅雷家书》《小王子》《格林童话》等一批好书赠予陶营完全小学的学生。博士三班党支部学生逐一介绍了各自带来的书籍，分享了自己从书中得到的收获和启示，为陶营完全小学 30 名品学兼优的学生送上一本本承载着期望和梦想的好书，希望他们和书籍做朋友，在书籍的指引下更加健康快乐地成长。博士生们还为陶营完全小学的学生讲授了《大国真有样》讲座，组织开展了纸桥承重大赛。

2020 年 5 月 25 日，工学院党委书记孙智利、党委副书记张婧及 2018 级博士三班党支部联合团支部共同组织开展“学习抗疫精神，弘扬五四精神，争做圆梦新一代”学生党团日联合主题教育活动，邀请新街镇党政领导和脱贫攻坚一线的驻村干部代表分享脱贫攻坚的励志故事和宝贵经验。

2023 年 4 月，工学院党委书记宋洁组织工学院捐赠文学类、科技类、少儿类、学生教辅资料、生活类等图书 2 万余册。通过扶知识、扶技术、扶思路，提升干群的综合素质，将“输血”变为“造血”。

在多年扶贫和乡村振兴工作中，工学院全体师生与新街镇人民建立了深厚的友谊，引导广大师生以强烈的家国情怀、人民情怀参与到全面推进乡村振兴工作中。下一步，工学院将继续发挥自身的专业优势、人才优势和资源整合优势，在文化、产业、智库、教育等各领域给予新街镇更多的关注、帮助和支持，全力推进弥渡县巩固拓展脱贫攻坚成果同乡村振兴有效衔接的各项工作走深走实，促进弥渡县经济社会实现高质量赶超发展。

作者：北京大学工学院

# 挖掘文化遗产价值，助力弥渡乡村振兴

2021年10月，考古文博学院被北京大学确定为承担定点帮扶弥渡任务的单位，党委书记陈建立教授被弥渡县聘为红岩镇大营村“名誉村长”。弥渡县期待考古文博学院在弥渡深厚历史文化资源的发掘上给予关注、帮助和支持。自承担帮扶任务以来，考古文博学院始终围绕帮扶工作目标，积极探索利用自身优势，持续开展历史文献梳理、田野考古调查和相关研讨交流，努力探索通过挖掘文化遗产价值助力乡村振兴的工作模式，相关工作已经取得重要进展，主要有以下几个方面。

## 一、深入挖掘历史文化遗产价值

位于红岩镇大营村的古城村，相传是南诏国、大理国的前朝——白子国的故都，但如何将传说确定为信史，则需要考古的实物证据。2017年，在考古文博学院院友，时任北京大学继续教育部副部长、教育部第五批赴滇西挂职干部大理组组长、挂职弥渡县副县长的杨学祥同志的推动下，云南省文物考古研究所联合大理白族自治州文物管理所、弥渡县文物管理所对白崖城遗址开展了调查勘探工作。据该项目负责人何金龙研究员介绍，本次发现的白崖旧城，确定其年代可到南诏之前的唐代前期，推测应为白崖诏的王城。白崖旧城的发现为聚讼难决的白子国研究和南诏不同地位性质城址的异同研究，深化对太和城遗址及其他南诏城址的研究等提供了最新的考古资料。为继续深入认识白崖城的性质，考古文博学院组织力量再次对有关历史文献进行系统梳理、研究，在弥渡县博物馆毕通馆长的带领下考察白崖城及弥渡县内其他相关遗址，并邀请北京大学孙华教授、南京信息工程大学李晓岑教授和云南省文物考古研究所闵锐研究员等共同探讨白子国的历史和考古研究情况，商定下一步工作方案，积极开展白崖城遗址的考古发掘工作。

除古城村白崖城遗址工作之外，考古文博学院还重点开展了冶金遗址调查与研究工作。弥渡合家山遗址出土的石范、陶范数量和种类较多，保存状况良好，在云南尚属首例，对于云南冶金史研究具有重大学术价值。为了解其金属产地，学院开展了初步的冶金遗址田野调查，如重点关注了距合家山遗址不远的九顶山这一很早就开发铜矿的地区，也重点调查了其西北方向的昆弥岭山麓这一滇池、洱海之间的必经要道，其中2022年在弥渡调查并新发现了多处古代冶炼遗址，采集的部分冶炼遗物样品已完成检测分析，为深入认识弥渡的冶金技术发展史提供了科学资料。

## 二、举办冶金实验考古暑期课程

2022年8月，在“北京大学研究生教育创新计划”的支持下，考古文博学院与弥渡县人民政府、马岳工作室联合举办了为期7天的北京大学冶金实验考古暑期课程，来自国内外30多所高校、考古单位以及文化爱好者共计70多名师生参加。该课程围绕当地具有丰富历史文化内涵的矿冶特色资源开展活动，深入贫困村、脱贫示范村等，探索考古助力乡村振兴的有效模式。课程期间，来自弥渡县直属部门和乡镇的百余位领导干部参加理论学习，有的还到现场参与活动。

在理论学习阶段，云南省文物考古研究所闵锐研究员、南京信息工程大学李晓岑教授、北京大学考古文博学院孙华教授和陈建立教授，系统介绍了大理地区的重要考古发现及其意义，并提出对南诏大理系列遗产的保护和利用的建议。

在田野调查和踏查阶段，学员们在陈建立教授等授课老师的带领下，先后赴弥渡县博物馆、铁柱庙、白崖城遗址、密祉古城和黄矿厂遗址进行观摩、学习和现场调查，深度体验、宣传弥渡的优秀传统文化。

在实验考古阶段，本次课程选在弥渡县彭家庄移民新村篮球场旁进行青铜冶铸及铁还原法炼铅冶金实验考古。陈建立教授亲自带领学员们浇注铜器，大多数学员的铜器浇注顺利，其中不乏优秀的作品。令人印象深刻的是，实验考古工作得到当地村民的大力支持，也吸引了众多当地小朋友热心参与，让老百姓了解历史文化遗产的价值并增加他们保护历史文化遗产的自觉性。

在结业仪式上，来自马岳工作室的北京大学考古文博学院院友邱璐老师为学员们介绍了马岳工作室在弥渡县三合村设立乡村图书馆的始末。邱璐从自己毕业后参与图书编辑工作开始，讲到在汶川大地震后建立帐篷图书馆。那时她意识到要打碎自己融入使命，从而投身于公益活动中，来到乡村开设儿童图书馆。邱璐还与学员分享图书馆的设计理念及图书馆举办的相关活动，学员们深受触动。

本次冶金实验考古暑期课程为弥渡抓好考古和文物保护提供了新思路，为弥渡文化事业发展提供了强有力的智力支持，为弥渡乡村振兴发展注入新的动力。

北京大学冶金实验考古暑期课程留影

## 三、以文化遗产助力弥渡乡村振兴工作思路

根据承担帮扶任务以来的工作实践，考古文博学院总结工作经验与收获，反思存在的问题与不足，更加坚定了以文化遗产助力弥渡乡村振兴工

作思路，期待构建更加有效的工作机制和创新模式。

充分发挥北京大学与云南省、大理白族自治州、弥渡县等相关单位的组织和研究优势，继续搜集与弥渡历史文化遗产有关的史料、档案、文学作品、传说、地理资料、地质矿产资料等各类文献，考察弥渡历史文化遗产资源，做好弥渡历史文化遗产研究、保护、传承和利用工作。

整合研究力量，组建合作团队，推动白崖城遗址田野考古调查与发掘，开展以白崖城遗址价值挖掘为中心的综合研究，与相关单位合作召开学术研讨会，重点研讨白崖城遗址的历史定位问题。

继续开展弥渡矿冶文化遗产资源研究，深入推进黄矿厂遗址、南诏铁柱等冶金类遗存遗物研究；加强与马岳工作室的合作，将实验考古暑期课程教学体系标准化、持续化，打造文化遗产游学基地，探讨考古助力乡村振兴工作模式。

作者：北京大学考古文博学院

# 从实求知，志在富民

社会学是一门实践的学科，从事社会学研究的研究者，不是高高在上、冷静理性的旁观者，而是参与其中、投身其中的实干家。费孝通先生曾强调："社会学者要有'从实求知'的科学态度。一切从实际出发。这里的'实'就是实际生活，就是人民发展生产、提高生活的实践。从'实'当中求到了'知'之后，应当再回到人民当中去。从哪里得到的营养，应当让营养再回去发挥作用。中国人讲'知恩图报'，我图的'报'就是志在富民。"秉承着"从实求知"的学科精神气质，北京大学社会学系连续3年与云南省弥渡县三合村对接帮扶，积极运用学科知识扎根当地、深入调查研究社会民情的研究方法，从中国人生命意义之所系的家庭出发，细致梳理三合村的产业基础薄弱、村落社会治理、人才人口外流、教育资源服务均等化等议题，联合中规院（北京）规划设计有限公司（以下简称"中规院"）找寻村落产业发展、村庄治理有效、教育资源合理布局的突破口，把握并深刻理解三合村在巩固脱贫攻坚成果同乡村振兴有效衔接中所面临的困境与问题，为三合村迈向乡村振兴与共同富裕承担北京大学社会学的应有之义。

三合村位于弥渡县勤劳行政村内，由三合上村、三合下村及维新村这3个自然村所构成，是社会学系在勤劳村内调研的主要村落。全村家庭户共299户，总计1 161人，村民经济水平低，人均纯收入在6 500元左右。由于三合村人均耕地面积少，土地质量不高，农业收入在村民收入中的占比普遍低，外出务工是村民主要收入来源。当地村民以玉米和冬小麦为主要种植作物，这些粮食作物管理难度低、所需人力少，这为村民外出务工提供了便利。从全村的情况上看，超过一半的村民为了家庭生计奔波在外。

外出务工地点有远有近，有的年轻村民前往江苏、浙江、广东等省份的服装厂和电子厂当工人，过年才能回到村里，年后又匆匆重回工厂；有的年纪较大的村民则就近在昆明市、普洱市以及弥渡县城内从事建筑行业等辛苦工作，但这些工作往往不稳定，这导致他们为了照顾孙辈和看顾家中耕地，在务工地点与三合村间“潮汐”式迁移。三合村村民们经济生活水平低、外出务工多也是当地在脱贫攻坚的过程中所不得不面对的现实情况。

2021 年 10 月，在校地合作的基础上，社会学系主任周飞舟教授担任三合村“名誉村长”，主要负责三合村的乡村振兴工作。自担任“名誉村长”以来，周飞舟教授基于社会学系的资源优势以及课题组的研究专长，重点聚焦勤劳村的产业发展、基础教育、基层治理与乡村规划设计等经济社会议题，倡导先期摸底实地调研，而后总结发现问题的研究思路。为此，2022 年 3—4 月，周飞舟教授、卢晖临教授联合中规院的曹璐工程师、中国社会科学院的付伟副研究员，带领社会学系课题组的 6 位博士生到弥渡县和三合村进行实地调查，全面了解弥渡县第一、二、三产业融合发展以及基础教育、医疗、养老等公共服务均等化建设等情况。深入三合村，对三合村三甲完全小学的校长和教师，以及勤劳村下辖的自然村三合上村、三合下村和维新村的村组干部、小农户、新型农业经营主体等共计 25 人进行访谈，收集整理村落基本信息数据，结合县域县情形成对三合村的总体把握，并制定以家庭作为基础抓手的扶贫对接方案。随后，2022 年 5 月，社会学系联合中规院驻村规划师刘琳、张楚苑、郭秋晨前往弥渡县，对勤劳村下辖的河口村、龙山村、太极村、三甲村、三合上村、三合下村、维新村、天目山村、小纪罗、彭家庄 10 个自然村组进行深度调研。这次调研主要围绕“人、文、地、产、景” 5 个方面，通过访谈自然村组干部和村内能人，获取勤劳村在空间、文化、产业、可用资源和人才方面的资料信息。

2022 年 7 月 16—26 日，在前期调查的基础上，周飞舟教授再次带领社会学系课题组第四次进入弥渡县勤劳村调研。课题组深度访谈了三合上村、三合下村、维新村约 50 户农户，对他们的家庭成员的个人生命历程、家庭生命周期、家庭生计体系、乡村礼俗等进行了深度访谈。课题组重点考察了家庭成员在面临教育、就业、结婚、生育、买房、医疗、养老等重大事项时的基本处理方式、应对过程以及基本心态，以期找到农民城乡流动的代际差异与行动机制。调研期间，周飞舟教授还代表社会学系向弥渡县各级领导干部作了题为《乡村振兴与城乡融合发展》的专题讲座，贡献了脱贫攻坚与乡村振兴的社会学判断主张。

经过上述四轮社会调查，社会学系试图在城乡关系、国家与农民关系的视角下，以家庭生命周期作为理论关照，通过深度访谈、参与观察与问卷调查的基本研究方法，对三合村村域范围内的农民个人生命历程、外出务工史、家庭成员基本概况、家庭生计体系、家庭生活及村落关系礼俗等内容进行重点考察。并在此基础上分析自改革开放以来，农民及其家庭的代际流动差异，形成对家庭生命周期的基本理解。社会学系课题组借助三合村村民个人成长及受教育过程、外出流动年龄、流入地变迁、从事行业、收入情况以及彩礼结婚、盖房买房、子女教育、养老医疗等具体生命事件，重点研究家庭伦理是如何影响乡村振兴背景下三合村农民城乡流动的代际特点形成的，总结农民家庭伦理作用的一般规律。最后，通过对农民城乡流动的代际差异、家庭生命周期与家庭伦理作用的考察，提炼了农民城乡流动的新内涵，理解城乡之间地带、人群、生活方式和价值理念具有特殊的意义，并超越城乡二元对立观念，探索具有中国特色的“城市性”（urbanism），实现“家庭伦理”的创造性转化和创新性发展，并为解决从脱贫攻坚迈向乡村振兴的教育、养老、医疗、产业发展等现实议题找到可能的对策。

家庭是中国人生命意义之所系，在脱贫攻坚阶段，家庭是激发贫困户内生动力的源泉。在乡村振兴阶段，家风建设依然是巩固脱贫成果的重要抓手。如社会学系课题组发现在当前城乡关系的背景之下，大量农民外出务工，农民家庭大部分呈现出“天各一方”的破碎状态，但越是处于这样的城乡关系格局之下，越能凸显出家庭的重要性。在家庭生命周期的各阶段，结婚生子、抚育儿女、儿女婚嫁、赡养老人等都成为家庭任务，需要一定物质和经济条件来满足家庭成员各阶段的需求。如果家庭主要劳动力能够将自己的劳动与家庭伦理责任联系起来，在上承祖荫、下继子嗣的世代绵延中定位人生的超越性意义，便会在完成家庭任务的过程中获得充沛的意义感和价值感，如此便可激发农民家庭脱贫致富的内在动力。乡村振兴中乡风文明建设的关键在于如何在具体措施中突出孝亲慈幼这一主题，在村庄中形成重视“家”的价值的氛围。而对于家庭伦理中“孝”的提倡，恰恰是应对“社会性贫困”的重要措施。对于中国人来说，子女是自己生命的延续，是奋斗的希望所在。因此，围绕“家庭”这一切中农民情感要害的主题，更容易把村外的务工人员同村内的留守人员关联起来，也会相应地带动家庭之间的来往关切，形成守望相助、彼此照应的村庄共同体关系。在当前的脱贫攻坚实践中可以看到三合村举办了一系列孝亲敬老活动，并且取得了良好的效果。在接下来的乡村振兴阶段，应继续以家庭为核心提出一套既切中农民内在情感、又抓准村庄共同体建设纽带的家风行动伦理。

在上述调查研究基础上的调研以农户家庭外出务工史为核心线索，重点描绘村民们的求学、务工、盖房等个人生命历程与包括婚育、赡养在内的家庭生命周期的各个重要阶段之间的复杂关系，进一步探求中国农民的基本“心态”及中国家庭的气质与特点。所有研究成果已形成一批家庭档案，并最终整理成册出版，截至 2023 年社会学系已完成首批家庭档案的撰写和整理工作，预计未来将出版有关弥渡县三合村的家庭档案。除此之外，社会学系的 1 名博士研究生、1 名硕士研究生也在三合村的调研基础上完成了自己的毕业论文，并为三合村的产业发展、乡村治理提出了合理的政策建议。

前期对弥渡县村落的社会调查与摸排，使社会学系深入了解了弥渡县的地理区位与风土民情。在工业基础薄弱，人才、人口流失较严重的县情下，为乡村注入有生力量，将社会学专业调查实践、深度参与、发现问题、提出对策的思路利用到弥渡县巩固脱贫攻坚成果同实现乡村振兴有效衔接中来，是社会学系对接帮扶的基本目标。为了保证这一工作的持续性，持续记录三合村的时代变迁，发挥社会学田野调查“从实求知”的工作方法，同时也为使本系的师生进一步下沉到弥渡基层，2023 年 7 月 19 日，社会学系与弥渡县政府合作设立“北京大学—弥渡县乡村振兴研究与实践基地”“吾土乡村振兴工作站”。

实践基地的建设和工作站的入驻，以社会学系为后盾，以服务基层社区和实践教学为目标，发挥了社会学系学科资源和人才智力集聚优势，通过整合本系所能链接的资源，每年派驻社会学、社会工作、人类学、社会政策4个专业的教授及专家学者、博士研究生、硕士研究生、本科生若干人，进行长短时段相结合、深入地方的社会调查。针对脱贫攻坚后的相对贫困，开展“造血式”智力帮扶，以提升受援对象自我发展能力，探索社会学学科助力巩固脱贫攻坚成果的工作机制。同时更聚焦于弥渡县的乡村振兴、农业农村现代化实际需求，探索弥渡县各村落乡村治理、乡村发展、乡村建设等方面的前沿理论与实践路径。尤其是以三合村为案例村，开展以打造“生活共同体”为目标的乡村振兴试点工作，将举办面向全国高校的乡村振兴论坛，试图为弥渡乡村振兴战略实施提供理论支撑和保障。

“北京大学—弥渡县乡村振兴研究与实践基地”“吾土乡村振兴工作站”揭牌仪式

在前期以三合村为弥渡县典型村驻点调查研究的基础上，社会学系总结出弥渡县目前所面临的公共服务、基础设施投入不足以及产业发展基础羸弱、规划欠缺的基本问题，并试图在产业发展、乡村教育、人才培育等板块找到合适的突破口。所谓思深方益远，谋定而后动，规划则先行。社会学系联合中规院，对弥渡县三合村及其附近区域开展进一步的规划设计，重点推动公益旅行、全域旅游规划、城乡教育3个板块的规划，以期为三合村乃至弥渡县的乡村振兴找到合适的突破口。

其一，社会学系联合中规院设计三合村“三甲完全小学—垛祜村”旅游线路。弥渡县人才、人口外流比重较大，再加上先天的工业基础薄弱，人口外出流动更为频繁。如何利用现有资源，促使本地人才、劳动力返乡，吸引外地人才、劳动力扎根，成为摆在弥渡县眼前的问题。碍于“三区三线”的掣肘，弥渡县虽然拥有一定的旅游资源，但由于投入不足、基础设施建设有限，旅游产业发展较为一般，尚未形成自身独特的旅游目的地。为此，社会学系联合中规院提出，整合弥渡松散的旅游资源，发展设计三合村“三甲完全小学—垛祜村”旅游线路。这一旅游路线为“公益旅游”与“打工旅行”模式，其中前者又叫“义工旅行”，主张旅行者在弥渡县旅游中承担一些社会责任，如参与保护野生动植物，或者帮助目的地改善卫生、教育、文化状况；后者是在国外（以澳大利亚和新西兰为代表地）比较普遍的一种旅行方式。国内外的年轻人在毕业后利用几个月到一年的时间以此方式在弥渡县游历，通过低消费、长驻扎、志愿申请的方式来增加弥渡县的区域竞合力，以吸引人才、劳动力的回流与扎根。

其二，社会学系联合中规院提出打造牛街村作为弥渡县全域化乡村旅游产品突破口，以实现第一、二、三产业融合发展。前期调查发现，在弥渡县“一个中心、三个片区”的旅游发展总体布局下，牛街彝族乡是作为一个历史文化旅游片区规划的。牛街彝族乡地处“三州四县”接合部，受地理区位的影响，牛街村成为周边文化相互融合和渗透的调和地区，这样的地区往往能孕育出与周边地区截然不同的文化形式。同时，牛街彝族乡也是弥渡县主要的小水电基地，是以发展矿冶、烤烟、水电和农牧业为主导产业的农业型小集镇。因此，牛街彝族乡的乡村支柱产业可概括为“一支烟，一头猪，一把核桃”。特色产业则以茶叶种植、青花椒种植、养蜂、中草药种植等为主。秉承着人无我有、人有我优的原则，再加上“一山分四季，十里不同天”，这样立体的自然环境与多样的人文景观，应是牛街村最为独特的旅游资源。因此，相较于现有的产业发展，牛街彝族乡未来实现突破式增长的方向应该是乡村旅游，通过“连村成链、聚链成片”来实现各村落文旅优势互补，发展全域旅游。这是社会学系为弥渡县乡村振兴实现“绿水青山就是金山银山”的产业振兴理念所做出的努力。

其三，乡村振兴其中之一是人才振兴，人才的成长靠教育，而教育则离不开基础设施投入。在扶贫的各个阶段中，农村基本公共服务均等化既是实施产业扶贫的基础与前提，又是基础设施建设的巩固与提升。农村基本公共服务均等化目标与深度贫困地区脱贫需求密切相关。为提升弥渡县基础教育的服务质量，社会学系在前期的实地调查中发现弥渡县在撤点并校中已逐步实现教学资源的集中化与合理布局，但因受教育儿童多为留守儿童，学校也多半采取寄宿制，学校不但是这些学生的学习之地，也是生活之处。虽然各乡镇中心小学已有一定的生活、学习规划布局，但仍存在不合理之处，如活动与环境的冲突以及活动与活动的冲突。为优化学校内部的功能布局，社会学系联合中规院以弥渡县新街小学为样板，对其进行了空间布局与功能补全的规划设计。新街小学位于弥渡县新街镇，距弥渡县城约 6 千米，车行需要 15 分钟。小学现状交通条件较好，S214 国道（果河公路）与城红公路南北分列两侧。小学现状占地面积约为 7 500 平方米，总体可分为教学区与运动区。教学区现有新旧教学楼各一幢，教师办公室一处，餐厅一处，建筑面积共 2 300 平方米。运动区现有 200 米运动场一处，标准篮球场一处，其余运动设施若干。小学周边现状功能排布较为简单，主要为教育、居住功能。此外，受空间限制，孩子们只能在篮球场上踢足球，另一个篮球场地面仍是水泥地面，运动损伤较大，甚至有时足球与篮球训练同时进行，两项活动互有干扰冲突。运动区边界东西约为 75 米，南北约为 45 米，空间尺度并不允许改造成为标准 7 人制足球场（72 米×47 米），这是活动场地的问题之处。小学内部的一些休息座椅的设置并未与周边环境较好地融合，教学区与运动区之间的过渡空间由于各种构筑物的阻碍，其空间使用变得消极。为此，社会学系联合中规院提出通过将操场现有篮球场移出，剩余空间构建完整标准 5 人制足球场，采用精细化的人性化设计应对校园内各类消极空间，提高空间使用效率与舒适性。而校园内各类健身器材、娱乐设施可结合儿童喜好采取趣味性设计等诸如此类的方法，试图更好地进行学习与生活的合理布局，以使求学阶段的乡村留守儿童有最佳的学习、生活空间体验。

回望来路，在巩固脱贫攻坚成果与迈向乡村振兴的过程中，社会学系一直秉承着“没有调查，就没有发言权”的调查研究精神，充分发挥社会学专业从实践中来到实践中去的“从实求知”精神，直面弥渡县三合村脱贫攻坚与乡村振兴衔接的实际问题，在先期多次深入实地调查、整体把握村落民情的基础上，因地制宜地提出以家庭为核心的解决思路。而后与当地村落对接成立了“北京大学—弥渡县乡村振兴研究与实践基地”和“吾土乡村振兴工作站”两个研究基地，以搭建多元主体参与、多专业协同的巩固脱贫攻坚与衔接乡村振兴平台。在此基础上与中规院、中国社会科学院合作对三合村的产业发展、乡村旅游以及教育空间设计进行合理规划，在乡村教育、产业发展和人才培育等板块拟定了勤劳村乡村振兴规划初步方案，将以公益旅行、共享农场、城乡教育等事件和活动策划推动项目落地。可以说在三合村迈向乡村振兴的关键阶段，社会学系通过上述努力提供智力支持、技术咨询、人才培养、产业培育、资源链接平台，持续助力三合村的乡村振兴事业。而在此过程中，社会学系也形成了以村“两委”、乡村能人为中间媒介，社会学系协同社会组织直接与村民沟通互动的工作机制。这套工作机制既通过前期入户调查、实地摸排发现问题，提出对策，又通过赋能乡村能人及村“两委”组织带动村民，以实现在尊重农民主体性的前提下激发村民发展产业、建设美丽乡村的内在动力。未来社会学系将持续通过这套工作机制关注三合村的村落治理，进一步赋能乡村能人，探索村社统筹的有效治理模式，以期为三合村的乡村振兴之路找到合适的担纲者、领路人。

作者：北京大学社会学系

# 创新机制、精准施策帮助弥渡乡村振兴

在乡村振兴帮扶工作中，现代农学院注重机制创新和精准施策，主要围绕如何让种植端老百姓增收、产品加工端企业提质增效、地方政府引入高科技农业等方面来帮扶。本文以弥渡县高营养水稻种植为例。

为掌握全面准确的需求，学院领导一行多次带队深入基层，了解弥渡县农民最迫切的需求，真正解决他们所面临的问题。学院给当地带去了最新的品种、最适合当地农业种植的农业技术，改变了传统的种植模式，帮助农民实现增收。

现代农学院教师代表与云南省大理白族自治州人民政府进行座谈

在水稻新品种种植方面，学院选择了为当地引入高营养水稻新品种，采用订单式种植的模式。首先选定种植地域，对所在地块土壤进行检测，确保土壤安全性。为种植方提供高营养水稻原种，在种植过程中，相关指导老师与种植方保持密切联系，根据不同地区的特点，采取针对性的种植技术指导，全程由种植方进行田间管理。稻谷成熟后，由相关企业全部高价回收。传统水稻品种种植，平均亩产 1 200～1 300 斤，市场收购价格为每斤 1.2～1.3 元，种植成本 1 000～1 200 元，亩产收益为 1 500 元左右，每亩纯收益 500 元左右。高营养水稻新品种种植，平均亩产 750～850 斤，回收价格每斤 3 元，确保每亩收益 2 000 元以上，实现种植端在水稻种植上增收 50%～100%，解决了水稻种植“低收益”的问题。后续，学院还会引入其他主粮和瓜果蔬菜的新品种，同样会通过集中订单式种植、标准化生产加工、统一销售等模式，提高农产品品质，提高农产品附加值，助力乡村振兴。

现代农学院师生在弥渡县高营养水稻新品种种植地进行实地考察

在深耕农产品初加工方面，学院非常注重提升农产品的附加值，通过引进先进的加工技术和设备，助力将农产品加工成多种形态、更高价值的产品，满足市场需求。同时，学院结合当地政府的实际需求，依托学院食品安全与营养健康系，拟协助相关产业成立产品研发加工中心，结合乡村振兴战略，启动“一地一品牌”区域公共品牌战略，实现种植在当地、生产加工在当地、产品销售税收在当地，真正实现第一、二、三产业融合，提高农产品附加值，增加种植端收入。

在延长农业产业链方面，学院致力于推动农业产业链的延伸和升级。

学院加强与农业企业和农产品销售商的合作，推动农产品从生产到销售的全程跟踪和管理，确保产品质量和安全。通过延长农业产业链，为农民提供更多的就业机会和增收渠道。

虽然过去的工作在多个地区取得了一定的成功，但这项工作是长期的、持续性的，地区的发展需要各方资源共同助力。未来，学院将继续积极探索和推广这些经验，为乡村产业的发展做出更大的贡献。

作者：北京大学现代农学院

# 发挥校友会资源优势，汇聚校友帮扶力量

十年来，北京大学校友会、北京大学校友工作办公室（以下简称“校友办”）始终紧密围绕北京大学帮扶工作决策部署，精准布局、统筹谋划，充分发挥校友会资源优势，汇聚校友帮扶力量，推动“校友帮扶”创新试点，搭建校友组织、校友企业帮扶的稳定渠道和优质平台，真正做到真心真情的帮扶、全方位的帮扶、创新的帮扶。组织、引导、鼓励校友组织、校友企业、校友群体在弥渡县扎实开展了教育、医疗、人才、产业、党建、消费等多个领域的校友帮扶项目，助推北京大学定点帮扶工作，助力弥渡县高质量打赢脱贫攻坚战，为推动国家乡村振兴事业发展做出北大校友应有的积极贡献。

## 一、整合资源，倾力帮扶

近年来，校友会、校友办高度重视学校定点帮扶工作，在校友工作研讨会等重要会议上多次专题研讨该项工作，并协同云南省北京大学校友会（以下简称“云南校友会”）主持召开校友会定点帮扶弥渡县工作交流会。校友会主要领导先后多次带队深入弥渡县调研，看望北大挂职干部，助推北京大学定点帮扶工作。

2022年7月5日，北京大学校友会副会长兼秘书长、校友办主任李文胜率队邀请10余位校友企业家赴弥渡县考察调研，召开专题座谈会，积极为弥渡经济发展建言献策。同年8月，校友会再度组织20余位校友企业家奔赴弥渡，举行弥渡县乡村振兴产业发展顾问聘任仪式，3位校友企业家被聘任为弥渡乡村振兴产业发展顾问，为弥渡县经济发展、产业规划、招商

**2022 年 7 月，北京大学校友会组织校友企业赴弥渡调研，大理白族自治州委书记杨国宗会见校友会一行**

引资、招才引智积极建言献策，为弥渡乡村振兴高质量、跨越式发展注入强劲动力。

**2022 年 7—8 月，校友会先后两次组织校友企业家赴弥渡调研，并召开座谈会**

校友会、校友办积极发挥社会资源整合能力，引导和鼓励校友组织、校友群体、校友个人共同参与帮扶工作，通过多重宣传渠道，持续发布助农信息，向广大校友大力推介弥渡农特产品，助力弥渡县电商经济发展。2020年4月，北京大学校友会联合北京大学工会、共青团北京大学委员会、北京大学国内合作委员会办公室，面向全校师生以及海内外校友发起“爱心农产品”弥渡扶贫接力倡议，向弥渡贫困乡亲奉献爱心。

## 二、因地制宜，对口帮扶

校友会、校友办认真学习贯彻党中央、国务院关于实现巩固拓展脱贫攻坚成果同乡村振兴有效衔接的决策部署，以北京大学“党委统筹、全校参与，打造品牌、创造经验”原则为指引，擦亮底色、彰显本色。多年来，在校友办的统筹协调下，校友会持续动员、引导各类校友组织的人力、科技、文化、医疗等扶贫资源优化配置，充分发挥校友资源优势对地方发展的核心拉动作用，形成了独具校友工作特色的帮扶思路和举措。云南校友会积极发挥地缘优势，充分调动、整合当地校友及社会资源，从金融、产业、教育、医疗、文化等方面对帮扶县进行全方位的精准帮扶，切实增强校友帮扶工作的精准性和有效性。

## 三、教育帮扶，培养人才

充分调动校友资源，引入多个帮扶主体，多管齐下开展教育帮扶工作。2014年7月，校友会主办“小北大人”夏令营活动，走进弥渡，落实学校教育帮扶责任，组织校友子女与当地中小学生深入交流，共同开展暑期实践。早在1999年，云南校友会会长马军就出资25万元在弥渡县牛街镇创办一所希望小学，资助贫困学生完成学业，现已扩充、改建为梅红小学。2018年起，云南校友会先后多次组织校友赴梅红小学及当地贫困生家庭调研，制订教育帮扶计划，组织开展弥渡爱心消费帮扶活动、“关爱弥渡留守儿童”爱心公益行、考古游学营、游学体验周等主题公益活动。多个院系校友组织及校友群体以年级、班级、个人为单位自发组织形式多样的公益助学活动，为教育帮扶工作注入新活力、新动能。

**2021 年 7 月 11 日，云南校友会弥渡公益行活动在弥渡县牛街彝族乡举行**

## 四、医疗帮扶，济世惠民

充分发挥云南省内外医学界校友资源优势，主动承担社会责任，创造性地提出“校友企业+校友医师”医疗帮扶新模式，结合弥渡县实际需求，精准开展一系列医疗领域帮扶工作。一是加强业务指导。自 2022 年起，云南校友会医学分会先后组织 10 余批共计 80 余名医生赴弥渡县义诊、会诊，为群众免费诊疗千余人次，结合具体病例开展专题讲座，指导医疗科室建

**2022 年 2 月 12—13 日，云南校友会医学分会组织 15 位医学界校友赴弥渡考察，与弥渡县人民医院、县中医院、县妇幼保健院签订帮扶协议，并开展义诊活动**

设工作，更好地为当地群众提供诊疗服务。二是汇聚医疗资源，培养医疗人才。2023年2月，在云南校友会医学分会会长王迎松的组织促进下，北京医学奖励基金会手足医学联盟大会暨“手足情”公益项目在弥渡县中医院举行，多位医学领域专家义务为当地手足畸形贫困患者免费实施手术。两位校友医师先后在弥渡县人民医院建立专家工作站，定期出诊，联合省级医院共同培养专业医学队伍。

## 五、文化帮扶，凝心聚力

北大对口帮扶弥渡县以来，校友会、校友办充分挖掘校友群体在文化艺术领域的优势，大力开展文化帮扶，帮助弥渡打造品牌动力。一是深度融合，探索校友帮扶新路径。2020年，在当地政府、校友会、北大挂职干部等多方努力和支持下，北京大学1989级校友马岳、邱璐夫妇选择在弥渡设立马岳工作室，正式成为在弥渡定居的第一个北大家庭和三合村“新村民”。他们创办的乡村图书馆“快乐小陶子”童书馆，聚焦乡村儿童教育，设立非物质文化遗产传习班，开展形式多样的课外实践课程，成为弥渡县三合村的一张文化名片。与此同时，他们还在当地开展有机种植试点，建立现代有机生态农庄，带领当地村民探索出了一条农文旅融合发展的致富

校友马岳和当地孩子在一起

新路径。二是汇聚校友优质资源，为文化产业发展出谋划策。校友会、校友办先后组织文化相关产业校友多次赴弥渡开展调研，就如何整合文化资源、如何进行文化产业开发、如何打造特色旅游小镇、如何结合文化产业推动脱贫等组织专题交流，提出了具体的思路和建议。

**“快乐小陶子”童书馆组织孩子们户外露营，第二排中间为校友马岳、邱璐的女儿马语心，从美国留学归来后也加入公益项目，成为三合村“新村民”**

当前正处于全力脱贫攻坚转向全面推进乡村振兴的新阶段，校友会、校友办将进一步提升站位、加深认识，把深化定点帮扶、助力乡村振兴融入新时代校友工作高质量发展新局面。深刻认识到定点帮扶工作是坚决拥护“两个确立”、自觉增强“四个意识”、坚定“四个自信”、做到“两个维护”的具体行动；深刻认识到实现乡村振兴是以中国式现代化全面推进中华民族伟大复兴的主战场；深刻认识到深化定点帮扶、助力乡村振兴是北京大学扎根中国、建设世界一流大学不可缺少的重要内容。校友会、校友办将继续发挥校友会资源优势，汇聚校友帮扶力量，支持学校定点帮扶工作，努力创造新阶段校友帮扶工作新模式、新机制。

作者：北京大学校友会、校友工作办公室

# 第二章

# 林梢百丈泉：『名誉村长』及帮扶教师的亲历与见证

# 初心弥坚，经世渡民

2021 年 10 月 21 日下午，我在弥渡县政府会议室中接过了“名誉村长”的聘书。22 日，到苴力镇栗子园村“两委”正式就任。两年多的时间转瞬即逝。虽然后来由于疫情影响和工作原因只去过两次，但彩云之南的那片土地和栗子园村村民们的热情、朴实，我一直牵挂在心底。

“从博雅塔到苴力镇，从未名湖到栗子园村，跨过城镇与乡野，穿越古老与现代。初心弥坚，经世渡民。‘名誉村长’不只是一份荣誉，更是沉甸甸的信任和责任。从今以后，栗子园村的每一项工作都是经济学院的工作，经济学院的全体师生都是栗子园村的‘名誉村民’。接续乡村振兴，推动共同富裕，如小河淌水，不怕曲折蜿蜒，进一寸有一寸的欢喜。栗子园村的未来，是云贵高原的未来，是中国乡村的未来，必将如村头坝子上漫山遍野的万寿菊，绚烂开放。”这段文字是北京大学官方微信推送的任职感言。在正式发布之后，我接到了许多校友、朋友的来信，他们有的是祝贺，更多的是表达对我和经济学院工作的支持。大家说得最多的一句话就是：“‘村长’，下次去带上我，看看能为村里做些什么。”在感动之余，我也意识到，帮扶工作不但是国家层面制定的重大战略，还是每一个善良的中国人的共识。有了这样的民心民意，就没有克服不了的困难和完成不了的目标。

实际上，早在 2017 年的秋天，我就陪同时任经济学院院长孙祁祥教授来过弥渡。印象最深的是去五台村的访问。五台村在大山的高处和深处，盘山公路绕了一圈又一圈，同行的老师开始晕车。当司机师傅将车停在路边休息的时候，放眼望去，山在云中，云又在山中，淡蓝的天空下是满眼的绿色，点缀着一个一个泛黄的小坝子。不禁感慨，彩云之南，果真是名不虚传。然而，真正触动心灵的是到了五台村之后。车还没到村里，远处就传来了响亮的民歌和民族乐器的声音。原来是五台村的彝族百姓得知我们要来的消息，准备了盛大的欢迎仪式，当地叫做“打歌”。村民们围成圈，欢快地跳舞歌唱，还拉起客人一起加入进去。鲜艳的服装，通红的笑脸，澄净的眼神，给每位客人都留下了难忘的回忆。村里有个小学，正在读书的小朋友们也都出来参加活动。因为孙院长这次来，还带着校友企业的爱心捐赠，小朋友们有个任务——要给我们这些客人戴上红领巾表示感谢。就在孩子们列队等待的时候，我用手机给他们拍了一张照片，几个孩子好奇地看着我的手机，眼睛大大的，无比透亮，那是从心灵底处发出的光芒。我在微信里给照片配了两句话：“彩云以南，五台之巅，愿每个懵懂的心灵，未来都不平凡。”

那次弥渡之行，还为北大在弥渡的帮扶工作留下了一段佳话。我们在走访到一家贫困户时，被破旧到近乎原始的屋子所震撼，然而抬头却看到黑黢黢的墙上挂满了孩子在学校获得的各种奖状。这家的孩子叫刘财红，就读于苴力镇初级中学。孙祁祥教授在宾馆里给刘财红写下一封信：“我希望你学好本领、孝敬父母、回馈家乡、报效祖国。”几天之后，刘财红同学面对全校同学，宣读了她的回信：“尊敬的孙教授，我一定不会辜负您的期望，好好学习，孝敬父母，为弟弟做一个好榜样……”6 年过去了，一切都像电视剧的情节那样美好。就在 2023 年夏天，刘财红同学考取了昆明医科大学的本科，这几天正在参加军训。相信她在不远的未来，就可以孝敬父母、回馈家乡和报效祖国。刘财红同学用自己的努力，实现了和孙祁祥教授的约定。

也许是巧合，也许是注定的缘分。从弥渡回到北京之后，我担任了学院分管国内合作工作的副院长。2020 年 5 月，云南省人民政府正式批准弥渡县退出贫困县序列。为进一步做好巩固拓展脱贫攻坚成果同乡村振兴衔接的各项工作，北京大学在对弥渡定点帮扶的基础上，聚焦重点，聘任了 10 位“名誉村长”，助力弥渡县乡村振兴事业创新发展。我从学院的前辈手中举起接力棒，接续起了北京大学与弥渡、经济学院与苴力镇的情谊。

上任之初，我跟栗子园村的村“两委”座谈，商定围绕基层党建、干部教育、外出考察、农民培训、乡村规划、农旅融合、招商引资、村史（志）撰写、项目争取、教育发展等重点方向展开工作。栗子园村的党总支书记、村委会主任杨正斌对我给予了极大的信任和支持，带我深入田间地头，了解栗子园村的基本面貌、资源禀赋和产业优势。现在回想起自己的这份“职务”，颇有些愧疚。当初的雄心壮志，由于各种因素的影响，大概只完成了三分之一。有的工作做了些尝试，效果还不是特别好。例如招商引资，考察决策周期较长，还没能显现出真正的成绩。

值得一提的是，2022 年的暑假，学院组织了来自全国各地的近 20 位 EDP 企业家校友，在弥渡开启了“北大经院公 E 行”的首站活动。活动校友团队中有国内领先的农业公司董事长，有从事文化扶贫的女企业家，还特别邀请了华能贵诚信托的领导同行助力。校友们为栗子园完全小学捐赠了篮球、书包、体育器材等物资。唐雪婷同学作为小学代表发言道：“我们一定会存一颗感恩的心，把你们的大爱传承，在你们的关爱下，我们一定会发奋学习，努力成长，将来为社会做贡献。”校友们共同祝愿，唐雪婷同学和她的小伙伴们，能够像刘财红同学那样，在未来考上理想的大学，改变自己的命运，帮助栗子园村、苴力镇、弥渡县变得更加美丽富饶。

五台村完全小学的同学们

本文作者张亚光（左四）与北大挂职副县长陈贵兵（右四）参加栗子园村农产品展销中心开业典礼

本文作者张亚光（左）与栗子园村党总支书记、村委会主任杨正斌交流工作

作者：张亚光，北京大学经济学院副院长、苴力镇栗子园村“名誉村长”

# 真情帮扶的“种子”在彝族乡“开花结果”

2023年4月在跟随北京大学领导前往弥渡县调研期间，我有幸被聘任为弥渡县牛街彝族乡木掌村“名誉村长”。在如今全面推进乡村振兴新征程的关键战略期受命这一重要职务，我深感光荣，更倍觉责任重大。虽然上任“名誉村长”的时间短，但其实我和许多北京大学国家发展研究院（以下简称“国发院”）的师生、校友一样，早就把自己当成了牛街彝族乡的一员，也早就把那里脱贫致富的每一项工作当成自己的工作。

牛街彝族乡地处弥渡县最南端，距离弥城镇70千米，与三州四县交界，是全县唯一的少数民族乡，曾集老少边穷为一体。自2013年起，国发院开始对口帮扶牛街彝族乡，转眼之间已经到了第十个年头。千山万水阻隔不了真情传递，从脱贫攻坚到乡村振兴，即使遭遇自然灾害，国发人到访弥渡的脚步也从未中断，帮扶牛街彝族乡的热忱始终在传递。

2021年，国发院作为北京大学参与弥渡帮扶的单位代表，在全国脱贫攻坚总结表彰大会上荣获“全国脱贫攻坚先进集体”，自此这一成绩成为国发人最爱提起、最为之骄傲的荣誉。而这份珍视不但来源于“全国先进”“北大唯一”这些名头本身，还源自我们亲眼见到自己的努力给牛街彝族乡人民的生活带来了变化的成就感。

当前全球正在经历百年未有之大变局，国家的发展越来越依靠技术进步，依靠人才，依靠教育。发展教育，是乡村振兴重要的解题思路。对于乡村地区的青少年来讲，来自高校的帮扶，传播的是爱心和希望；而对于高校来讲，弘扬的是责任和担当。这种双向互动形成的是薪火相传、文明接力的链条，彰显的是中国共产党领导下中国特色社会主义制度的优越性。在国发院师生校友帮扶弥渡的众多行动中，有不少与教育有关。因为我们都认为要精准帮扶、要经济持续增长，教育的投入产出效果是比较好的，播下的“种子”终有一日能够“开花结果”，而我们在牛街彝族乡真切地见证了这一过程。

## 用情浇灌，呵护梦想种子发芽

我国早已实现义务教育普及，“上不起学”成为历史，但种种问题也逐渐浮现，比如应试教育千篇一律，城乡之间教育质量存在巨大差距。我国的城乡差距确实很大，但并不意味着乡村孩子的潜力差，只要为他们的梦想插上翅膀，他们就有可能自由飞翔。为此，国发院将“真爱梦想”等多个项目引进弥渡，开展不一样的教育帮扶，着力培养孩子们敢于“造梦”、勇于“追梦”。

2016 年，周其仁教授推动并带头捐款，国发院 EMBA 2008 级校友集体出资，联动上海真爱梦想公益基金会，在国发院对口帮扶的牛街彝族乡民族中学建设了弥渡县第一所“梦想中心”。后续几年时间里，“梦想中心”在弥渡的中小学如雨后春笋般普及开来，至今已建成了 45 所，共计投资近 900 万元。在“梦想中心”，桌椅是灵活移动的，可以进行各种搭配组合；互联网和图书是开放的，孩子们能够围在一起探索未知的世界；演讲台是鲜艳且低矮的，每一个孩子被鼓励面对听众侃侃而谈。这些理念和设施在乡村的学校都难能可贵，成为当地教育的一道靓丽风景线。正如周其仁教授所言：“这个新的教育方式非常适合孩子的童心、天性，这样切进去，哪怕加一次课也很可能会给他们整个人生观、世界观、求学的方式带来很大的变化。我觉得‘真爱梦想’是‘我们这个时代是最好的时代’的一个证据。”此外“真爱梦想”的品牌课程“去远方”还帮助孩子们走出校门，自主探索广阔未知世界。薛兆丰教授出资 100 万元，专门用于支持弥渡县的孩子们参与“去远方”活动。2020 年起，百余位同学经由这个活动利用假期分组前往长沙、杭州、遵义、丽江等多个城市研学。一座座大山遮住了孩子们看这个世界的眼睛，而“去远方”活动让孩子们有机会尽早地走出大山，去拓展视野、激发潜能、创造不一样的未来。

与引进“真爱梦想”项目异曲同工，国发院还致力于推动弥渡青少年美育、心理健康教育的发展以及接受高等教育。2019 年国发院 EMBA 2014 级两位校友共同出资 20 万元在牛街彝族乡康郎完全小学打造了一间“美好成长 · 百县互联网少儿美术教室”。美术教室焕然一新，拥有亮丽且充满童趣的桌椅布置，还有超大的电子屏幕，孩子们每周可以在这里体验一堂互联网在线美术课程，他们在北京的专业美术教师的远程指导下，完成了许多各具特色的美术作品，充分施展了想象力和创造力。2020 年国发院 DPS 2019 级校友出资 20 万元，在牛街彝族乡马安完全小学发起“苔花计划”，修建心理咨询室、开设德育心智课程，帮助乡村的老师和家长了解如何正确对待青少年心理健康问题，也帮助孩子们身心健康成长。从 2019 年起，国发院 EMBA 2017 级校友发起“我在深山有远亲，一班帮一村”帮扶牛街彝族乡依多么村爱心助学活动，每年为当地贫困高中生和考取大学的学生们提供 15 万元左右的助学金。该活动已连续开展了 5 年，已有受资助学生大学毕业并考取研究生，资助未来还将继续进行，承诺至少做满 10 年！

## 润物无声，希望的沃土上开花结果

我从来不认为国发院在帮扶牛街彝族乡这件事情上仅仅是付出的一方，“送人玫瑰，手有余香”，我们在这片希望的沃土上也收获了很多，它成为国发院师生走进“真实世界”，将所研究的经济学理论付诸实践的重要基地。

我第一次去到弥渡就是带着国发院的 30 位大一本科生进行思政实践。实践周期不长，但足以给这些大多生活在城市的孩子带来些变化。一开始，同学们对这里“颠簸到想吐”的交通条件、吃饭时“苍蝇飞来飞去”、过于简陋的住宿环境以及完全听不懂的方言颇不适应，甚至是略显“嫌弃”。但是通过深入村户开展调研，了解到国发院的老师和校友在这里做过的事情，听着村民讲述“国发院是我们的恩人，这里以前……”同学们逐渐能够融入，神色越来越放松。在吃着乡党委书记亲手煮的面条，看到村民为了迎接大家的到来杀猪宰羊、载歌载舞，听着这里的大学生作为志愿者提供的方言翻译，同学们也深刻地感受到这里的淳朴民风。就像同学们在聊天时说的，“没想到国发院的老师们在做科研之外，还做了这么多实事”“这里的干部真是能上能下，太接地气了”。

《什么是教育》一书中写道：“真正的教育是一棵树摇动另一棵树，一朵云推动另一朵云，一个灵魂唤醒另一个灵魂。”我想弥渡的实践就是这样的一种教育。同学们未来会成为国发院的校友，相信其中不少人会从事学术研究和教书育人事业，他们在这里见到国发院老师、校友做了这么多工作，“那么未来我也可以做”将成为一种自然而然的愿望。而这也是中国特色的脱贫攻坚和乡村振兴定向帮扶机制所独有的育人作用。

国发院的同学们在牛街彝族乡民族中学听说了卢锋老师捐出自己的奖金为孩子们换上新的桌椅时非常感动，转头看到孩子们手工制作的充满民族风情的作品时立刻想到返校可以开展爱心义卖，回去后马上就将想法付诸行动。虽然募集到的资金不多，但也是同学们学着用自己的力量去帮扶弥渡的良好开端。同学们也通过调研对各种经济现象和问题进行了深入分析，将学到的经济学理论和实践相结合，将所思所得在更广的范围进行应用。

在老一辈资深教授的带动下，全院师生校友形成了投入脱贫攻坚和乡村振兴的共识，将政策任务转化为了自觉行动和行为习惯，共同用心、用情、用力地帮扶弥渡牛街彝族乡，时时想着他们需要什么，我们能做什么，坚持“不以善小而不为”，不求搞惊天动地的大工程，但求能够事事落地。我想这是国发人精神的一种生动写照。

为了进一步做好巩固拓展脱贫攻坚成果同乡村振兴的有效衔接，弥渡县选拔了一批行政村作为乡村振兴示范村，我担任“名誉村长”的木掌村即是其中之一。木掌村位于牛街彝族乡的最南部，也是整个弥渡县的最南部，这里虽因地理位置限制交通不便，但盛产古茶树，近年来发展出了“木掌茶叶”品牌。自 2022 年起，国发院 EMBA 2020 级校友到访这里，他们继续发扬“一班帮一村”的传统，决定以“产业帮扶”为重点，助力木掌村茶产业的深加工和销售。正如木掌村党总支最近寄来的信中所写，“路远有亲、道阻有情”，未来我将进一步协调师生、校友及社会力量，号召大家带着问题、带着想法经常进村转转，也把更多的资源、把有效的帮扶举措带过去。

作者：雷晓燕，北京大学国家发展研究院党委书记、牛街彝族乡木掌村“名誉村长”

# 北大情　弥渡缘

收到北京大学国内合作委员会办公室的邀约，要写些什么，我有点为难了。于是开始翻找移动硬盘里留存的十年前零星的扶贫工作文件，也与当时国内合作委员会办公室具体负责扶贫和对口支援工作的副主任孙基男一起回忆、再现了往日的种种，决定还是记录些北大与弥渡结缘伊始的人和事，就算是对这段“姻缘”的一个补充说明吧。

## 初识弥渡——结缘

2012 年 11 月，国务院扶贫办和中组部、教育部等 8 部门联合印发了《关于做好新一轮中央、国家机关和有关单位定点扶贫工作的通知》，教育部确定由北京大学定点帮扶云南省大理白族自治州弥渡县，学校把日常联系和协调定点扶贫工作交给了国内合作委员会办公室。我和周围的同事谁也没去过弥渡，也不认识当地人，只知道著名的民歌《小河淌水》原来来自弥渡。对于北大要做什么，能做什么，我们有点茫然。所以当时要做的第一件事情，就是如何尽快先与弥渡县建立起联系。2013 年 4 月的一天我接到了一个来自弥渡的电话，电话那头是弥渡县时任县长沙伟风。电话里沙县长礼貌但略有些拘谨，说想来北京，和我探讨一下双方如何开展工作。令沙县长没想到的是，他到来时分管国内合作的常务副校长吴志攀老师热情地接待了他，相约待吴老师亲自去弥渡考察了解情况后，双方再确定工作方案。自此，北大与弥渡的十年结缘开始了。

2013 年 6 月，我和孙基男陪着吴老师奔赴“神秘”的弥渡。那时北京到大理还没有直航，我们一行飞到昆明再坐 3 个小时的车才到了弥渡。我们考察了中小学和幼儿园教育状况，了解了两家主要医院的医疗需求，参观了农业项目和当时唯一盈利的一家规模不大的酸腌菜企业。记忆深刻的是看望几家贫困户的情景，吴老师把自己的钱包掏空了。尽管一路上我责令孙基男“看好吴老师的包”，怎奈还是没扛过一贯好脾气的吴老师那略带生气的眼神，吴老师跟我们急了……

## “1+8”帮扶——北大精神

从弥渡回来，在吴老师的指导下，国内合作委员会办公室推动学校成立了扶贫工作领导小组，组长由党委书记、校长担任，同时组织协调校内16个职能部门，组成扶贫工作组，建立统筹协调平台，专人负责、特事特办，为定点扶贫工作开辟绿色通道。记得在向工作组组长、时任北大党委书记朱善璐同志汇报工作进展时，他大概是这么指示的：“扶贫是国家任务，北大义不容辞，而且一定要将工作落到实处，弥渡8个乡镇，你们找8个院系结对子帮扶。”于是，当天下午我和孙基男坐在办公室，大眼瞪小眼地犯愁，找哪些院系呢？院系领导会搭理我俩吗？工作得推进，先完成第一步吧。我俩把8个乡镇按贫困程度排序写在纸上，再翻开北大电话本，从经济实力和院友资源、可能的技术支持、潜在的文化资源等标准寻找对应院系，讨论、权衡、修改、连线，差不多2个小时，8个我俩认为比较合适的院系跃然纸上，连线上了8个乡镇。当然，给院系领导打电话试深的任务自然由我去做。令我激动又感动的是，8个院系的党委书记或院长没一人有异议，电话中都接受了“任务”，他们有的说扶贫是国家大事，北大应该承担；有的说学院经济实力有限，但会努力联系资源；还有的说虽然还不知道能做些什么，但一定尽力。一通通简短的电话，体现了北大精神，体现了北大人的责任和担当！半天之内，8家对子就这样结成了！其实，到现在我还记得当时那8位院领导，在这里就不一一提他们的名字了，对他们心存感动和钦佩！

高校如何搞好扶贫，并无先例可循。国内合作委员会办公室牵头成立工作组，包括多个部门和8个院系，先后走访了弥渡县中小学校、幼儿园、企业、医院等近20个单位，深入山区特困村农户家庭实地调研，掌握第一手资料，同时还邀请了校内专家反复调研论证，最终制定了《北京大学定点扶贫工作规划（2013—2020）》，启动“甘霖计划”（我和孙基男琢磨的此名称）。北大是第一家制定扶贫规划并纳入学校“十三五”规划的高校，学校开通“人、财、物”绿色通道，安排对口帮扶专项经费。《北京大学定点扶贫工作规划（2013—2020）》为北大后续分批实施扶贫项目指明了方向，奠定了基础，并以正式文件向全校发布。“1+8”帮扶工作模式的“1”是指在宏观层面，由学校统一领导、统筹协调，引导教育、科技、人才、文化、医疗等各类扶贫资源优化配置；在微观层面，由8个院系与弥渡县8个贫困乡镇分别建立定点结对帮扶机制，实现扶贫工作全县覆盖的同时，力求做到“对症下药、精准滴灌、靶向治疗”。这期间，朱善璐、柯杨、王杰、叶静漪、姜保国、戴谷音等多位领导多次到弥渡调研，8个院系的负责老师也是多次往返弥渡，带专家、带资源、想办法扶助“亲家”乡镇。若按次数排名，国家发展研究院的邢惠清老师和光华管理学院的李琦老师绝对位列前两位，胜于我和孙基男。

## 发挥优势——扶智

高校扶贫，优势在于教育和人才培养，扶贫先扶智。2013年10月，我们斗胆邀请了时任校长王恩哥院士、常务副校长吴志攀教授、常务副校长刘伟教授、校长助理黄桂田教授以及来自哲学系、法学院等院系的知名专家学者，在北大为弥渡县委书记和县长带团的县科级以上干部进行义务授课，讲授“转变经济发展方式的法制保障”“十八大后中国经济形势分析”“地方政府如何扶持中小企业的发展”等研修课程，同时安排他们考察大企业，学习先进理念和管理经验，推动拓展弥渡县与先进地区和企业的联系。2015年12月，我们又为弥渡县45名乡镇干部远程开设了综合能力提升培训班，提高县公务员的政治素养、理论水平和工作作风。结合弥渡县县情需求，我们开设了“北京大学弥渡讲坛”，每月一讲，由8个对口院系轮流选派知名专家学者赴弥渡讲座、授课，内容涉及县域干部执政能力、城乡建设规划、媒体关系管理、文化产业发展、旅游资源开发、医院管理、教师能力建设、创业能力建设等。我们有个院系扶贫群，大家既交流工作，又不失欢快的气氛。每当我或孙基男“振臂呼喊”推荐专家时，大家都很快响应，遇到某个院系老师时间有困难，其他院系会主动帮忙补位。

教育是扶贫中的重头戏。随着扶贫工作的开展，北大附中也被我们“绑”了进来，我们把弥渡一中、二中的两批教师“包”给了北大附中。跟班学习，交流教案，帮助弥渡县教师更新教育理念，改进教学方法。记得在一次开会的路上，我碰到了时任团委书记阮草，问起学生到弥渡支教的可能。在他的积极努力和协调下，第二年团中央和共青团云南省委一致同意将北大在云南的支教计划调整到弥渡一中。光华管理学院在弥渡部分贫困学校建立一批“博雅图书室”，解决贫困学校学生看书难问题。国家发展研究院也借助院友资源，援建多间多媒体教室——“梦想教室”。2014 年国庆节前吴老师宴请到北大医院进修的 8 名弥渡县人民医院和县中医院的院长、副院长、骨干医生，席间有位骨干医生感慨道：“进修太有意义了！北大医院的大夫工作节奏太快，他们走路我得一溜小跑，我知道自己以后该怎样努力了，非常感谢北大！”由此我们更加确定北大的扶贫思路是正确的、有效的，坚持下去一定会有成效。

以教育培训为先导，干部挂职为关键，我们陆续推动各院系、职能部门和当时的校办企业，展开了医疗帮扶、产业扶贫、非物质文化遗产传承和文旅资源的推广，以及资金帮扶等工作。2018 年我因工作变动，由国内合作委员会办公室调至了艺术学院，但与弥渡的缘分并未就此止步。艺术学院是当年我“精挑细选”结缘的 8 个结对帮扶院系之一，我也于 2021 年担任密祉镇永和村的“名誉村长”。情缘绵长，使命光荣，我与弥渡的故事还会续写下去，冥冥中安排给自己的那份北大人的责任也将继续努力承担，希望北大与弥渡在携手推进新一轮乡村振兴事业的发展中结出更加美好的硕果。

作者：雷虹，北京大学艺术学院党委书记、密祉镇永和村“名誉村长”

# 缘法久为功，心怀弥渡情

自北京大学启动定点帮扶工作以来，我深度参与法学院的定点帮扶工作，动员师生校友力量，完善帮扶举措，创新帮扶形式。2021年10月，在弥渡县全面开启乡村振兴新征程的战略背景下我受命担任弥城镇张迁村“名誉村长”，以法律援助为抓手，为当地特色产业发展、乡村治理完善、人居环境提升等方面当“智囊”，做“帮手”，搭“桥梁”，与法学院师生校友一同关注弥渡、关心弥城、支持张迁，为当地乡村振兴事业的特色化发展积极贡献北大法律人的智慧和力量。在打赢脱贫攻坚战、赋能乡村振兴的定点帮扶工作中，我在实践中思悟，磨砺意志信仰，锻炼本领见识，收获满满。

## 法律赋能、久久为功：发挥法学专业特色，夯实乡村振兴的“地基桩”

根据学校统筹安排，法学院在定点扶贫中发挥学科专业优势，侧重法律援助供给，为弥渡加强法治建设提升法律素养水平、规范产业项目运营与企业良性发展、提升治理水平持续赋能护航。

欲筑室者，先治其基。为了帮助当地夯实法治建设的地基，同时牢固定点帮扶的机制基础，我在与多方沟通研讨中形成了在“智力支持”“教育宣传”“资源供给”等领域将发展帮扶工作与学院工作相结合的工作思路，协调学院国内合作、校友事务、学生工作、教学科研、信息资源等部门负责人组成工作专班，根据当地需求量身定制服务，按计划分批次逐步展开工作。

为了厚培基层法治土壤，教育引导乡村干部及群众自觉尊法学法守法用法，我们以党员干部、中小学生等重点群体为抓手，开展目标明确、内容针对性强、形式丰富多样的智力支持与法治教育工作。2016—2017 年，根据弥城镇实际需求，法学院举办专题党政干部法律知识提升研修班，组织弥城镇党政干部两批次十余人来到法学院跟班培训。2018 年，学院在“北京大学弥渡讲坛”中开设专题讲座。为此学院邀请朱苏力、湛中乐、王锡锌、沈岿等知名法学教授参与到为当地发展提供智力支持、建言献策的工作中。对于当地中小学生的教育帮扶，学院结合工作实际，探索形成了长期任教与短期支教相结合、教育扶贫与法律援助相融合的帮扶思路，和关心关爱当地学生、助力全面成长成才的帮扶目标。法学院重点关注支持赴弥渡任教的研究生支教团同学，多次组织学生志愿者前往弥渡开展面向中小学生与当地居民的法律咨询，将北大“青春船长 法治起航”特色普法系列讲座多次带到弥渡一中，引导弥渡学子们尊法、学法、守法、用法。2018 年以来，为了进一步提高宣教效果，结合当地需求，学院协调资源，分批陆续向弥渡县司法局、弥渡一中捐赠普法宣传册、教师著作、学术刊物、与日常生活相关的法律指南手册等法治素养教育图书逾 5 000 册。北大法学院“立德树人，德法兼修”的育人理念在弥渡逐渐生根发芽。

## 问题导向、深入调研：聚焦当地发展难题，寻找精准帮扶的“金钥匙”

习近平总书记指出，“调查研究是谋事之基、成事之道”。在全力打赢脱贫攻坚战以及巩固拓展脱贫攻坚成果同乡村振兴有效衔接的工作中，基层在通过变革性实践谋求突破性发展的过程中会产生大量的堵点、拐点、难点、盲点、痛点。作为弥渡发展的“智囊团”与“助推器”，法学院重视提高将智力支撑转化为当地发展优势的“转化率”，锚定精准帮扶目标，在开展定点帮扶工作时利用好调查研究这一“传家宝”，力争号准“贫脉”、切断“贫根”。

承担定点帮扶任务以来，法学院关注当地发展难题，力求察实情、出实招、求实效。除了通过上文“请进来”“走出去”等专题培训班形式为当地提高治理效能、“授人以渔”外，法学院组织师生校友多次以专项实践团形式开展实地调研。2018 年 11 月，我带领全球高端法商人才“未来领袖”计划学员一行 27 人前往弥渡调研交流，在红岩镇、弥城镇、密祉镇等地就农作物种植情况、产业发展模式、食品公司现代化建设、危房改造项目进展、文旅规划与资源挖掘、“爱心超市”项目运营情况与当地工作人员深入交流，为当地发展建言献策。

受聘张迁村“名誉村长”以来，针对当地提出的农产品销售问题、张迁村股份农业公司发展问题、村民流转土地的政策问题等，我积极联络各方专家、校友等渠道拓宽销售渠道，力图加强法律调研和智力支持，助力当地提升治理效能。受疫情影响，部分设想与措施的落实有所滞后，需要根据新情况做出调整，期待未来能够形成融资融智、把脉问诊的合作机制，一同将调查研究发扬光大，推动解决乡村振兴中的发展难题。

## 整合资源、开创新局：凝聚北大法学力量，打好长效帮扶的“组合拳”

法律赋能离不开资源支持，在充分发掘学院自身力量外，我结合校友工作资源，重视吸引、联络校友及社会力量，构思建立“学院搭台、校友唱戏、社会各界爱心人士捧场”的长效机制，多管齐下，在弥渡扶贫振兴事业发展中注入更广泛的北大法律人力量。

除了学院自筹资金经费支持当地发展外，我积极动员法学院校友前往当地参访考察，校友王益为、傅建省、樊荣等人向当地捐资建立 3 家“爱心超市”。弥渡花灯文化品牌、“小河流水”等当地特色品牌也在法学院校友间广泛宣传推广，助力当地特色旅游产业发展。除此之外，依托校友力量，学院积极对接中国银行以及部分电商平台，助力当地创建“大爱超市”消费扶贫品牌项目，促进农产品销售。学院联络邀请中央电视台、中国网络日报、新浪网、中国廉政网、中行公益中国等多家主流媒体和公益组织前往弥渡调研考察，对弥渡精准扶贫、脱贫攻坚工作成果经验进行典型宣传报道，对当地非物质文化遗产进行宣传推广，形成媒体宣传助推产业兴旺的舆论合力。

历经多年实践，法学院目前形成了“学院搭台有托底，校友轮番唱戏可循环，社会积极捧场有亮点”的长效帮扶机制，未来我们将继续沿着这一特色机制，不断整合资源，将学院工作与当地产业发展结合起来，实现定点帮扶渠道丰富、机制健康、长效可行。

## 赓续信仰、砥砺初心：立足乡村振兴征程，跑出真学实干的“加速度”

参与定点帮扶和“名誉村长”工作不仅推动助益弥渡和法学院的事业发展，也成为我个人思想淬炼、政治历练、实践锻炼、专业训练的“磨刀石”。在亲身参与打赢脱贫攻坚战的伟大实践中，我切身体验到脱贫地区的历史性巨变和当地人民群众享受到的巨大福祉，切实感受到中国特色社会主义制度的显著优势，悉心体悟到中国共产党领导和中国特色社会主义制度的政治优势，深刻领会到坚定拥护“两个确立”、增强“四个意识”、坚定“四个自信”、做到“两个维护”的重要性，进一步提高政治站位、淬炼党性修养、厚植人民情怀、坚定理想信念。

定点帮扶的实践历练让我深切地体会到习近平总书记要求党员干部“切实提高战略思维、辩证思维、系统思维、创新思维、历史思维、法治思维、底线思维能力”的重要意义。总结弥渡帮扶体会，人民情怀、精准理念、调研本领、系统思维成为我和学院在定点帮扶中收获的重要精神财富。

缘法久为功，心怀弥渡情。立足乡村振兴的新征程，我将继续站稳人民立场，担负关注弥渡、关心弥城、支持张迁的使命责任，永葆“眼底未名水、胸中黄河月”的北大情怀，赓续精神血脉、砥砺奋斗初心，在学校党委的领导与统一部署下坚决完成定点帮扶任务，在真学实干中继续跑出弥渡发展与法学院建设的“加速度”，让青春之花在弥渡乡村振兴的事业中绽放绚丽光彩！

作者：路姜男，北京大学法学院党委副书记、弥城镇张迁村“名誉村长”

# 办实事、惠民生，助力乡村振兴

自2012年党中央、国务院启动新一轮定点扶贫工作以来，北京大学高度重视扶贫工作，定点帮扶云南省大理白族自治州弥渡县，建立了院系—乡镇定点结对帮扶机制，安排8个院系与弥渡8个乡镇定点结对帮扶，实现了扶贫工作的全覆盖。

深化定点帮扶、助力乡村振兴是北大历来的光荣使命，信息科学技术学院在定点结对帮扶弥渡县寅街镇工作中深入贯彻落实校党委关于脱贫攻坚和乡村振兴的决策部署，发挥北大信息学科特色，全面做好产业、项目、教育、干部等各项帮扶，在协同发力、落实落细上下功夫。我作为学院党委书记有幸参与了北京大学对口帮扶云南弥渡脱贫攻坚的这场伟大战役，见证了这里的变化和发展，感慨颇多。在此，我想分享一下我的扶贫心得体会。

首先，在扶贫工作中要有“参谋员”的责任感，要关注实际问题，因地制宜、精准施策。信息科学技术学院引导和支持当地发展产业，引入优质外部资源，促进乡镇就业创业。2016年7月7—10日，学院特别邀请北京大学校友、弥渡县友好县市山东省寿光市委常委、副市长高翔到弥渡县考察调研，高翔为包括寅街、新街等在内的多个乡镇的干部现场讲解农村电商推广工作，介绍寿光市在蔬菜种植和电商推广工作中的成功经验，帮助对口乡镇搭建就业创业平台，提供咨询服务、就业培训。2018年12月16日，我作为信息科学技术学院党委书记带队赴寅街镇开展对口帮扶活动，为新落成的新时代农民讲习所揭牌，启动“博雅耕读乡社”村组干部专项培育计划，并邀请京东农村电商生态中心副主任王志刚为村组干部专项培育计划开讲第一课。学院大力帮助对口乡镇培育新型经营主体，发展农业电商经济，开发贫困地区人力资源，促进就业。

其次，在扶贫工作中要做好“策划员”的工作，围绕当地资源优势，帮扶特色产品推广。学院重点围绕当地资源优势，帮助对口乡镇做好产业发展规划和转型升级。以市场为导向，帮助对口乡镇加快发展特色优势产业。2017 年 1 月，在寅街镇政府协调下，学院直接对接寅街镇栗树村委会，出资 47 000 元采购当地土特产品 250 份，作为学院离退休老同志新春慰问品。此次采购由当地选择贫困种植农户，资金通过农民专业合作社直接支付给贫困种植农户，实现精准扶贫。栗树村质优价廉、原生态的农产品也得到学院离退休老同志的一致认可与好评。2017 年 3 月，在 1 月集中采购经验基础上，应学院离退休老同志要求，再次组织个人团购纸皮核桃 80 千克。学院通过不断组织教职工团购活动，既实现了直接帮扶对口乡镇的特色产品推广，扩大弥渡县和弥渡特产的知名度，又将弥渡特产介绍给学院教职工，让教职工买到质优价廉的弥渡特产，最终实现汇集帮扶资金、引进帮扶项目的目的。

再次，在扶贫工作中要谨记发挥北大教育资源优势，关注可持续发展。习近平总书记强调“扶贫必扶智”。脱贫攻坚不是一时之战，而是需要长期努力。在扶贫工作中，我们要关注可持续发展。信息科学技术学院在扶贫工作中坚持“扶贫与扶智”相结合。学院在 2018 年先后开展捐赠 10 万元党费修建“新时代农民讲习所”、捐赠 3 万元资助寅街镇 30 名建档立卡贫困户适龄学童。学院积极开展对口乡镇党政领导干部、基层村干部和教师队伍的教育培训，帮助乡镇干部紧跟时代发展步伐，提高履职能力，带领广大村民脱贫致富。2017 年至 2018 年，信息科学技术学院根据对口乡镇提出的实际需求，充分发挥北大教育资源优势，利用学院继续教育培训课程，通过继续教育课程班跟班学习的形式，先后组织寅街镇三批对口乡镇干部骨干到北大参加专题培训，每批干部培训 10 天左右。学院提供的继续教育培训课程内容丰富，包括县域经济社会发展、资源环境协调、新型城镇化建设、生态文明建设、社会矛盾问题等与乡镇发展密切相关的各个主题，旨在通过培训积极为地方政府发展规划和公共政策制定出谋划策，提供决策咨询服务。寅街镇非常重视这个专题培训，前来学习的三批干部分别由镇党委书记、镇纪委书记、镇长带队。各级干部报名踊跃，参加培训的干部表示在北大学习机会难得，效果良好，收获颇丰。

最后，扶贫工作要关注人的发展。信息科学技术学院开展定期志愿服务，帮助弥渡引进优秀人才。学院充分发挥工会、共青团和各类学生社团组织作用，积极组织教师和学生志愿者到对口乡镇开展支教支农、大学生暑期社会实践、“三下乡”等志愿服务。鼓励应届大学毕业生和在读研究生积极参与大学生志愿服务西部计划和大学生村官计划，到对口乡镇从事志愿服务工作，对当地的基础教育、农业科技和基层社会管理等工作开展帮扶。学院力争创造条件，探索开展长期志愿服务接力活动，努力形成长效志愿服务机制。

弥渡县顺利脱贫后，信息科学技术学院就寅街镇乡村全面振兴深入开展持续帮扶，初心不改、力度不减、脚步不停，继续为推动乡村振兴事业发展做出积极贡献。2021 年 10 月 21 日、22 日，我跟随北京大学党委常委、副校长张平文院士率队赴弥渡县考察调研，先后深入红岩镇古城村、新街镇大荒地村、弥渡一中实地调研，详细了解白子国文化研究情况、农业农村发展情况、“博雅自强班”教学开展情况，听取相关情况介绍，我深刻地感觉到了全县各项事业快速发展，人民生活水平大幅提高。10 月 22 日，我从弥渡县委书记舒进手中接过“名誉村长”的聘书，我感受到接过来的不仅是一份聘书，而且是一份沉甸甸的责任。作为“名誉村长”，我一定要以办实事、惠民生为己任，本着“有什么帮什么”“能帮什么帮什么”的原则，结合弥渡实际做出自己应有的贡献，有效提升帮扶村面貌。

在扶贫工作中，我深刻认识到了脱贫攻坚的重要性和紧迫性，体会到了扶贫工作是一项系统工程，要注重团队协作和沟通，需要各方面的力量共同参与。同时我们要加强团队协作，密切与其他扶贫干部、地方政府、社会组织等沟通和配合，形成合力，共同推进脱贫攻坚工作。

作者：魏中鹏，北京大学党委统战部常务副部长、寅街镇永丰村“名誉村长”

# 发挥高校科教优势，推动高质量扶贫帮困

科学教育对于减贫的根本作用在于提高贫困人口的可持续发展能力或综合素质，在于赋予贫困人口寻求幸福生活的可能性和可行性。发展科学教育、提高贫困人口的基本素质对减贫的意义不但在于促进就业、增加收入、改善物质生活，而且在于消除精神贫困，提升居民福祉水平，推动社会进步和经济高质量发展。北京大学工学院是我国工学人才培养教育的重要基地之一，工学院始终抱持科教兴国的理想，以国家发展需要为己任，高度重视科教扶贫工作，凭借深厚的教学资源和人才积淀，力争为脱贫攻坚做出高校的独特贡献。

2012 年，根据《关于做好新一轮中央、国家机关和有关单位定点扶贫工作的通知》，北京大学承担了定点帮扶云南省大理白族自治州弥渡县的工作任务。2013 年 10 月，北大与弥渡县正式签署了对口帮扶协议，新街镇与北京大学工学院结成帮扶对子。工学院针对新街镇的扶贫难点，依托学院特色与优势，多年来在滚动基金项目、教育基础设施建设与教育人员培训、卫生基础设施建设与医护人员培训等方面提供援助。充分利用北京大学的智力优势，引导教育、科技、人才、文化、医疗等各类扶贫资源优化配置，充分发挥科技知识与优秀人才对脱贫致富的核心拉动作用，助力弥渡实现高质量脱贫。

## 一、深入实际，调研先行，贴近帮扶对象需求开展工作

习近平总书记指出，“精准扶贫是打赢脱贫攻坚战的制胜法宝，开发式扶贫方针是中国特色减贫道路的鲜明特征”。新街镇隶属于云南省大理白族

自治州弥渡县，地处弥渡县北部，区域总面积124.6平方千米，经济方面以农业产业为主。工学院与新街镇结成对子后，学院领导多次针对弥渡帮扶项目展开调研与讨论工作，针对新街镇实际情况，制订详细、周密帮扶计划。

2016年暑假，北京大学爱心社到新街中学开展了为期15天的“爱心万里行”义务支教活动，了解学校基础设施建设、学校管理、教育教学等情况，走访慰问5户贫困户家庭和留守儿童家庭，对教育信息化“三通两平台”建设情况进行调研，并走进班级旁听教师授课，走上讲台为学生讲学，与当地教师开展教学讨论与调研，针对学生们提出的问题给出了自己的学习经验和建议，让不少学生深受鼓舞，同时赠予新街中学资金帮扶22 148元。

2017年5月，工学院领导带队组织调研团队，深入到新街镇调研脱贫攻坚工作。调研团队一行先后深入到金刚村、新街中学、六一完全小学、红阳土杂鸡养殖场、绿之源蔬菜产销农民专业合作社、建林生态庄园、十字路大蒜交易市场、嘉益生物科技有限公司等地，对该镇脱贫攻坚、教育教学、产业发展等工作进行详细了解，利用科学研究的优势资源，提出切实可行的脱贫建议，全力支持新街各项工作发展。同时，工学院利用校友资源，呼吁更多的企业、社会爱心人士为新街镇教育及其他事业的发展做贡献，帮助新街镇打赢脱贫攻坚战。

## 二、用心用情，科教发力，着重提高贫困人口科学文化素质

“让贫困地区每一个孩子都能接受良好的教育，让他们与其他孩子站在同一条起跑线上，向着美好生活奋力奔跑。”这是北京大学工学院全体师生的心愿。

2019年6月，北京大学工学院领导带领2018级博士三班党支部师生一行来到新街镇陶营完全小学开展社会实践活动。小学阶段是学习习惯养成的关键时期，养成良好的读书习惯有利于学生的全面发展，使学生形成正确的世界观、人生观、价值观。读书使人明理、长智，为了让陶营完全小

学的学生们多读书、读好书，工学院 2018 级博士三班党支部师生针对小学阶段的这一特性，结合自身学习成长中积累的经验，精心挑选了《傅雷家书》《小王子》《格林童话》等一批好书赠予陶营完全小学的学生。当天，工学院 2018 级博士三班党支部师生还为陶营完全小学的学生讲授了《大国真有样》讲座，组织开展了纸桥承重大赛等活动。

“文化兴国运兴，文化强民族强。”“一个国家、一个民族的强盛，总是以文化兴盛为支撑的，中华民族伟大复兴需要以中华文化发展繁荣为条件。”“建设文化强国”成为我国国家文化战略的集中表达，形成了对以往文化改革发展经验和未来发展目标的集成性概括。为促进弥渡县文化教育事业发展，工学院 2021 年分两批次捐赠了共计 10 余万元图书，图书种类繁多，囊括了农业种植、文学艺术、文化科教、社会科学等多方面内容，丰富了当地图书馆藏书和日常借阅等公共用途。

## 三、急人所急，务求实效，从源头巩固脱贫攻坚成果

“胜非其难也，持之者其难也。”习近平总书记指出：“我们要切实做好巩固拓展脱贫攻坚成果同乡村振兴有效衔接各项工作，让脱贫基础更加稳固、成效更可持续。”“对脱贫地区产业要长期培育和支持，促进内生可持续发展。”脱贫攻坚是一项长期性、系统性工程，需要持续发力、久久为功。

新街镇下辖的德苴乡地处弥渡县东南部，距弥渡县城 38.5 千米。德苴乡属于山区，无山箐水，地下泉水受季节影响变化较大，人畜饮水供水水质、水量不达标，供水区缺水较严重，是大理白族自治州最为干旱的 4 个乡镇之一。由于遭遇百年不遇的连续十年大旱，水源严重不足，供水保证率远远低于国家标准，严重制约着德苴乡农业产业发展。2023 年 5 月，为做好德苴乡应急抗旱工作，促进烤烟等农作物顺利种植、生长，确保农民收入，工学院捐资 5 万元，用于购买保邑水库原水水资源，解决辖区内农作物用水问题，从源头上为该地区巩固脱贫攻坚成果提供实质性帮助。

2023 年 4 月，我被聘任为云南省大理白族自治州弥渡县新街镇董和村

“名誉村长”。能够亲身参与扶贫工作，我深感荣幸，同时也深感肩上的责任重大。我既感谢组织对我的信任，同时又能深深体会到对口扶贫村民的殷切期待。董和村隶属弥渡县新街镇，地处新街镇西北部，比较适合发展种植业，但农业发展水平低，基础设施仍较落后，村里尚未安装路灯，有200多户还存在饮水困难或水质未达标，800多户尚居住于土木结构住房中。该村目前只建有1所小学，仅拥有教师10余人。在参与扶贫工作过程中，我深感科学教育对于高质量扶贫的重要意义。特别是对于减贫脱贫后的家庭来说，下一代人口持续改善物质生活条件和提高精神生活预期，都需要在知识水平和认知能力上有进一步的提升，科教活动在其中发挥着根本性的作用。

从巩固脱贫攻坚成果、进一步开展高质量扶贫的角度出发，应该将教育扶贫帮困作为今后工作的重点，把高校里的知识储备、人才储备与落后乡村地区基础教育需求紧密结合起来，根据不同地区特点，不仅要因材施教，也要因地施教、因需施教。工学院有大量的数字化科研人才，今后可以从乡村振兴的产业发展和新农村建设的基础设施建设角度出发，为贫困地区打牢脱贫基础、防止规模性返贫提供科技和知识指导，推动数字乡村建设，以数字化、信息化手段为农民脱贫致富提供帮助。也可以考虑推动科研创新，鼓励相关领域科研人才为当地开发具有地区特色的数字化产品，如利用直播带货、数字网络营销等方式，为当地特色农产品寻找销路和市场。同时，也可以考虑利用工学院丰富的校友资源和企业资源，主动为贫困地区产业发展牵线搭桥，创造更多脱贫致富的商机。

回首我们国家一路走来的脱贫攻坚道路，取得的成绩举世瞩目。为人民谋幸福，是中国共产党的初心使命；摆脱贫困，是中国共产党人庄严的承诺和担当。脱贫摘帽不是终点，而是新生活、新奋斗的起点。脱贫攻坚目标任务完成后，“三农”工作重心将转向全面推进乡村振兴。农为邦本，本固邦宁。所以，民族要复兴，乡村必振兴。没有乡村振兴，就没有全面小康，也就没有中国富强。虽然担任“名誉村长”的时间不长，但是我将为新街镇与董和村的持续发展继续努力奋斗。

在以后的工作中，我将进一步从熟悉村情、帮助规划、发展产业、强化教育、美化村容、加强协作六大工作职责进行精准帮扶。从基层党建、干部教育、外出考察、农民培训、乡村规划、农旅融合、招商引资、村史（志）撰写、项目争取、教育发展等方面制订精准帮扶计划。为村子的发展，为乡村振兴，为在高质量发展当中促进共同富裕，做出应有的贡献。

作者：宋洁，北京大学工学院党委书记、新街镇董和村“名誉村长”

# 考古如何惠及民生?

说来惭愧，自2021年10月受聘弥渡县红岩镇大营村“名誉村长”以来，到弥渡的次数屈指可数，总想着要做些扎扎实实的事情。经过很长时间的精心筹备，2022年8月在弥渡成功举办了北京大学冶金实验考古暑期课程，在此期间，与马岳、邱璐、陈贵兵、田定方、毕通等师友的沟通交流，愈发促使我深入思考考古如何惠及民生这一问题。这样，我每次想到舒进书记充满期待的眼光、陈贵兵和田定方两位北大在弥渡挂职干部多次到我实验室沟通如何做好弥渡工作的情景时，虽惴惴不安，但也有一份恬然。现结合实验考古工作谈谈自己的初步认识。

首先，让更多人欣赏、体验考古之美，从精神需求方面惠及民生。中国考古学是在20世纪初国家、民族和历史三重危机下出现的，一百多年研究的成果概括出中华文明的基本特征及其在人类文明中的独特贡献，展示出东方文明的智慧，这是考古的知识力量之美。近年来，考古学在利用现代科技揭示更多信息的同时，也提出很多需求以推动现代科技的发展，并为之提供丰富的研究素材，呈现出学科交叉、创新之美。当前，随着社会、经济的发展，人民素质的提高，考古工作条件越来越优越，愈发展现考古的生活之美。两年来，我4次到弥渡，这里的遗址遗物、湖光山色、风土人情等都深刻留在我的记忆里，与我以往在各地的农田草场、沙漠戈壁和海上考古调查与发掘时遭遇的危险、品尝的美食、欣赏的美景、收获的喜悦，共同成为我开展考古学研究的素材和考古生活的一部分。拥有一双善于发现考古之美的眼睛和一颗善于享受考古之美的心，考古才能变得好玩，考古才能真正走进自己的生活。把自己的这般体验与他人分享，通过冶金实验考古之类的课程和公众考古活动，让更多人通过考古学发现人与人、人与自然和谐之美，感受到城市、乡村的景色与生活之美，体验多学科交叉的创新之美，是考古学从精神需求角度惠及民生的必须做法。

其次，提出、宣传创新性思想，从知识层面惠及民生。考古学是能够为我们的生活提供意义，提供解释，提供体验多种生活方式的机会、找到生活乐趣的一门学科。为更好达到上述目标，需要我们扎根基层、扎根田野，做长期性、基础性工作，提出创新性思想，并让人们通过多种渠道掌握相关知识，从而让自己的人生更有意义。本次冶金实验考古的目的，就是与考古现象结合、在实践中思考，并以扎实的实践支撑理论的生长，其本质是创造新的知识。多年的冶金考古工作，让我深深感受到用从冶金技术研究获得的新知识来观察、研究中华文明进程的独特魅力。如中国的青铜冶铸技术和炼铁技术很可能与中亚和西亚有一定联系，但青铜冶铸技术和炼铁技术在中原地区均结合本地传统，完成了它们的本土化过程，形成了极具中国特色的冶金技术体系，在中华文化的形成与发展史上留下了浓墨重彩的一笔。冶金考古给我们最大的启示是，外来技术与文化在中国发展时，中华民族有足够的创造力赋予其新生力量，为我所用，回馈世界，这就是中华文明最为核心的特质和创造之美。冶金技术是中国古代众多技术创造性转化、创新性发展的代表之一，其代表的中华民族突出特性，需要我们宣传与弘扬。人们获得了这些创新性思想和新知识，可以坚定文化自信，帮助提高改造旧世界的能力，这样，从知识层面也就达到了惠及民生的效果。

最后，讲好考古故事，推动文化建设，从文化权益方面惠及民生。我看到自己和研究团队付出努力的考古遗址被陆续建成文化景点，有过贡献的博物馆成为重要的学习教育场所，备感欣喜、振奋。20 多年来，我有幸参与国内数百处矿冶遗址的调查研究。每当行走在田野寻觅矿冶遗址、遗迹、遗物之痕时，总会深深震撼于锦绣山河之壮美，激发起对复原历史场景的浓厚兴趣和强烈使命感。当埋头实验室沉浸于遗物的检测分析时，我对数据呈现的规律之美颇为着迷，深思考古学探索未知、揭示本源的理论与方法。而当徜徉博物馆，观摩精美文物时，我能更好地体会到古人的造物之美、中华文明的创造之美。这是现代考古学的魅力所在，也让我更加积极地通过学术研究和教学推广工作，讲好冶金考古故事，推动文化建设。2016年以来，我们先后在北京房山、陕西周原、湖南桂阳、福建安溪和云南弥渡做了多次冶金实验考古暑期课程，在实验操作和教学方式方面积累了大量经验，但如何建设长久性冶金实验考古研学基地，更有计划性地开展实验考古操作和教学活动，并将实验考古研学基地打造成地方文化设施，引起我的思考、促使我行动起来。其实，将学术研究成果转化为可服务当地文化旅游事业的资源，已经有了很好的案例，这样的转化工作越有成效，从文化权益方面惠及民生的力量就会越大，这是我一直期待的，需要共同而艰苦的努力！

当前，对处于黄金时代的中国考古学而言，扎实做好田野工作，提出解释中国历史发展的理论，是推动文化事业高质量发展、讲好中国故事、传播好中国声音也是考古惠及民生的必然要求。弥渡，这个历史文化遗产丰厚的地方，定能写好考古惠及民生这篇大文章。

作者：陈建立，北京大学考古文博学院党委书记、红岩镇大营村“名誉村长”

# 榜样的力量——马岳、邱璐三合村创业有感

2020年底，我从朋友处听说了考古文博学院1989级院友马岳、邱璐夫妇在弥渡县寅街镇勤劳村委会三合村定居、创办乡村书屋并带领群众共同致富的故事，深受感动，就萌发了去弥渡三合村拜访他们的想法。2021年3月12日，看到向晓英、许晓东和叶娜撰写的《北大考古院友马岳扎根弥渡投身脱贫攻坚》一文后，我立即安排考古文博学院团委在“考古团学”公众号上转载，向考古文博学院的同学们介绍马岳、邱璐夫妇扎根乡村、矢志奉献的事迹。2021年10月，我来到弥渡县，走进三合村，见到了马岳、邱璐夫妇，终于圆梦。一晃两年，随着对弥渡的了解越来越深，我对马岳、邱璐夫妇更加敬重，为有这样的优秀院友而倍感自豪。他们是我从事帮扶工作的榜样，特写此文，以表敬意。

马岳、邱璐是北京大学考古文博学院的优秀毕业生，马岳是土生土长的北京人，邱璐来自湖南，两人从北大毕业后，在北京都有很好的事业，并长期坚持做给边远地区学校捐赠图书的公益活动。如2008年汶川大地震后，邱璐志愿到汶川前线支援，深刻感受到在地震中痛失双亲的儿童心灵所受到的创伤，并一直思考如何让孩子们读好书的问题。2017年，马岳到三合村捐书，结识了北大派驻勤劳村委会的驻村扶贫第一书记魏培徵。之后，经过考察，并在魏老师的帮助下，马岳、邱璐决定举家从北京迁至三合村定居，成了三合村的新村民。据马岳讲，定居于此的原因是环境优美、气候适宜以及三合村一位老人煮的一碗鲜美鸡汤，但更深层次的原因是映入眼帘的贫困和对山区孩子教育问题的挂牵。定居三合村后，马岳、邱璐，还有他们的孩子马语心，改造民居、创办童书馆、开展研学活动、成立合作社，提出乡村振兴需要有“新的人、新的生活方式、新的事业和新的理

念”，完美体现了他们在理论研究和社会实践两方面的创新。

我第一次到三合村拜访马岳、邱璐时，首先映入眼帘的是三合村多处年久失修凋敝衰败的房子，充满凋零感，然而在马岳他们修整之后的院落里，则处处体现出现代与传统的融合，体现出传统民居复兴的希望，体现出马岳、邱璐夫妇从实践中践行文物保护理念的努力。2023 年，我再次来到三合村，则看到了这样的场景：多处老房得到修缮，道路更加通畅，环境更加优美，这是榜样的力量。马岳以及三合村村民在整修老房时，最大限度保留了乡村中的古建、古树及公共设施，是充分尊重本地文化、保护好乡村文化之根的优秀案例。

马岳、邱璐在三合村的家，也是“快乐小陶子”童书馆的馆址，成为三合村及附近村庄孩子们成长的乐园。因为有长期从事图书捐赠公益事业的经验，他们选择的图书非常适合孩子们阅读，但更为关键的是，马岳、邱璐和马语心他们一方面带领孩子们读书，另一方面也带领孩子们走入生活，自己做饭、煮咖啡、做手工；走入大自然，看天象，观流星，探索动物、植物和自然矿物的各种奥秘；走进博物馆，看恐龙化石，参观文化遗产，了解古今中外人类文明，学习古人智慧，探索未知世界；走向远方，与城市的孩子和专家学者交流学习。除了每个周末带村里的孩子们活动和上更生图书馆微课之外，他们还结合本地的历史、民俗和自然风光，吸引城里的孩子来乡村旅游、读书，促进了乡村文化和经济双丰收。这些活动处处展示出先进的教育理念，深深地影响着这些乡村的孩子们，也在某种程度上重新塑造着乡村的文化。

每个人心中都有一个世外桃源，它往往与乡村有关，虽然没落衰败，但永远充满温情，能否保留、发展、复兴我们的村落，关乎我们每个人能否守护好自己精神的家园。三合村，不仅是马岳、邱璐他们的精神家园，在三合村的历史上，马岳、邱璐带领村民进行创业、振兴的工作，也值得永远记录下来。马岳租住村民老房并修葺一新，带领村民改善山村面貌；租用三合村土地种植经济作物，指导村民提高耕作技术，增加经济收入；成立三合村乡村旅游开发农民专业合作社，先后实施了村民活动中心改建、景区游步道绿化美化、农家乐提升改造、休闲露营地建设等基础设施工程，形成了囊括采摘园、土鸡养殖场、油菜连片种植区、村酿农家酒、农家乐、星空露营地、客栈在内的综合运营体，基本搭建了三合村乡村旅游的雏形，同时为三合村带来300多万元的经济收入。几年的努力，逐渐实现了马岳的梦想，这就是“优越的自然条件和深厚的历史相结合，不但吸引人，更能留住人”。很高兴地获悉，在北大挂职副县长陈贵兵、驻村第一书记田定方的协调下，弥渡县燕缘乡村振兴促进会正式成立，邱璐成为该促进会法人，三合村的未来更加可期。

马岳、邱璐一家在三合村的故事，让我对考古如何惠及民生有了更为深入的思考，也激励着我和考古文博学院的师生们，更好地践行新时代考古学的新使命，更好地推动乡村振兴工作。

作者：陈建立，北京大学考古文博学院党委书记、红岩镇大营村“名誉村长”

# 关于扶贫与乡村振兴工作的体会

2021年，我很荣幸地受聘担任云南省大理白族自治州弥渡县勤劳村的“名誉村长”，负责社会学系参与弥渡县村庄发展的工作。过去几年，我带领团队去过勤劳村4次，主要是社会调查、项目规划、合作开发等，对勤劳村尤其是其中三合村的情况很熟悉。同时也利用北大社会学系的社会联系，发动了中国城市规划设计研究院和中国慈善基金会的人员去勤劳村多次考察，力图寻求一条适合村庄发展的路径。我的工作其实不太称职，没有能够为勤劳村的发展做出太多的贡献。我本人努力的重点是把三合村作为中国农村的一个典型，通过解剖麻雀般的研究，深入了解农民生产生活的状况，探索真正能够帮助农村获得实质性发展的关键要素有哪些。结合在弥渡的实践与全国其他地区的调研，谈一下自己的体会。

我最大的体会是，乡村发展的核心在于“内涵式发展”，而不是做“盆景”、搞政绩。2020年国家的脱贫攻坚战略胜利完成，中西部地区的大部分农村都过渡到乡村振兴阶段。与脱贫攻坚工作不同的是，乡村振兴工作讲究因地制宜、因村制宜，应该根据具体村庄和村民的实际状况来制定发展规划，让有条件发展的农民获得发展的机会，让没有条件发展的农民满足发展的条件。所谓“内涵式发展”，我的理解是在外界力量的帮扶和激励下农村自身由依赖外界到独立地发展，就好比一个倒地的人被扶起来之后能自己向前走，这就需要农村、农民以自己为主来获得发展。但是现在下乡帮扶、搞建设的力量，很多努力的方向与此背道而驰。有些热衷于搞面子工程、政绩工程，集中人力、物力、财力在一个村、几个户搞“典型”“范式”，主要是给领导看、给参观的人看，农民称之为“盆景工程”；有些热衷于搞大拆大建，按照自己的理念在农村搞一些“人间仙境”“世外桃源”，并通过炒作将其变成“网红点”“打卡地”，美其名曰“乡村开发”“乡村建设”；有些则着力于乡村的人群，搞儿童教育、养老服务、乡村治理，进行“社会建设”，大都本着教育农民、改造农村的理念展开，钱没少花、事情没少做，但是效果并不好，往往没有教育了农民，反而被农民“教育”了，最后满载对农村和农民的“失望”落荒而逃。上述这些“工程”和作为，一般都有大量的投入，其初心也的确是为了农村的发展和农民生存状态的改善，但结果往往被农民看作是“折腾”，花了钱不但没“买到好”，反而造成了农民的怨气，埋下了不安定的种子。从这些方面来看，乡村振兴是一件很困难的工作，不是有钱、有热情就能做好，其中的“门道”也不是浅尝辄止可以找到的，很多下乡的力量要人、财得其用，农民得其实，乡村得振兴，需要有较为深入的认识，这正是学者或者知识分子参与乡村发展工作可以发挥作用的地方。

乡村发展从根本上是农民的发展，不是“别人”的发展。很多社会资本和社会团体力图开发和发展的是“农村”“农业”，例如建设以身心休憩为目的的山林田园或“庄园”，一方面是为了城里人有休闲度假的去处，另一方面也会有大量的收入，看上去也发展了乡村的旅游产业。但是这类乡村开发在于先要用各种方式，“搬走”或“赶走”当地的农民，因为他们作为这里的主人会对开发形成阻力或障碍。再比如一些以规模或现代农业为目的的下乡资本，会在农村大量流转的土地上进行规模种植或养殖，这也会以雇佣农民劳动的方式间接带动农民增收，看上去是“双赢”的局面。但是这类产业开发大都以盈利为目的，农民作为本地的主人反而成了纯粹的“打工者”，也无怪乎这类下乡的产业开发会遇到来自农民的重重阻力，包括农民偷懒、偷窃产品之类的行为。对于这类现象，学者们不应该像企业主一样谴责农民素质低下、农村道德落后，而是应该仔细研究背后的规律。农民只是对外来资本偷懒、背约，对于本村村民或其他人却很有信义，从不拿别人的东西。再比如，很多搞乡村建设的社会团体下乡就是以农民为服务对象的，在儿童成长、老人照料、乡村治理、传统村落保护等方面做了大量的工作，但是其中很多工作的出发点并不是“服务”农民，而是

“教育”农民，通过为农民做些事情而向农民灌输和普及城市人的“现代”理念。当发现农民不接受、不“领情”时，又责怪农民素质和道德品质低下。上述这些乡村开发和发展的举动有一个通病，就是不以农民为主体，不尊重农民，不把中国农民看作是有着深厚文明底蕴和顽强生命力的伟大人群来看待，自然也不会尊重农村中深沉细微的伦理内涵。外来的力量所面对的种种碰壁、挫折或“扎根”的困难，告诉我们乡村发展必须是农民的发展，而不是脱离了农民的农业和农村的发展。以农民为中心的发展，就必须要尊重农民的主体地位，把农民看作是农村的“主人”，来的都是“客人”。

基于农民主体或主人的理念，乡村开发和乡村发展应该遵循农民的意愿和理念，在尊重农民意愿的基础上帮扶、引导，一旦有所不一致或冲突，就应以农民为主，所以真正的乡村发展和乡村振兴是一项长期的工作，不能指望一蹴而就，更不能以政绩、面子或“盆景”为目的。在三合村我最深的体会就是细致、长期、艰苦的工作才是最有价值的。三合村里有一家外来的人，是北大考古文博学院1989级的校友，名叫马岳、邱璐，夫妇俩是北大的同班同学，自2020年开始在三合村长期租赁了一处民居居住下来，享受真正的田园生活。他们同时也加入了乡村的扶贫和开发工作，为乡村做了很多事情。其中一项很重要的内容就是开设了一个小型的儿童图书馆，专门辅导村里的留守儿童读书。夫妇俩的女儿在美国拿到学位后也回国加入了这项工作。这项工作看上去不起眼，但是很难搞好。现在全国乡村搞的各种“图书室”“图书馆”遍地都是，但大部分都是形式，只是供外来者参观使用。三合村的这个图书馆却是全靠这一家人用心维护，先是取得了村民的信任，和村民交了朋友，使村民能够放心地把孩子们的时间留给自己来安排。这家人为了留守儿童能够在学习之余不玩手机、不浪费时间，利用图书馆的形式一点一滴地把孩子们的时间“抢”了过来，培养了孩子们的时间意识和乡土情怀，真正符合村民的需要，受到了村民的赞扬，而他们主导的其他乡村开发工作也得到了村民的积极配合。马岳夫妇的做法是真正有效的乡村振兴和开发工作，虽然在外表上不起眼，不深入乡村根本就找不到，但却实实在在地起了作用。

相信在全中国的农村，像马岳夫妇这样默默耕耘、持续努力的力量还有很多很多，这类点点滴滴、孜孜不断的努力才是乡村振兴的正路。我本人从中受到了很大的启发，也正在努力加入这些力量当中，为乡村振兴工作做一点实质性的贡献。

作者：周飞舟，北京大学社会学系主任、寅街镇勤劳村“名誉村长”

# 小河淌水蘸霞光，知行弥渡话振兴

在北京大学和光华管理学院的工作安排下，我曾多次去弥渡，直接参与到北大对弥渡的帮扶工作中。在这个过程中，我深受教育，深刻感受到脱贫攻坚和乡村振兴工作的无比重要性，深刻认识到学校、学院的社会责任以及自身的责任担当。

当前，弥渡县委、县政府提出要将弥渡建设成“名副其实的小河淌水幸福弥渡”。十年来，北大和弥渡守望相助，也如同小河淌水，清澈流远。在脱贫攻坚阶段，学校构建了“1+8+$N$”的对口支援体系，学院对口支援弥渡县德苴乡；目前，在乡村振兴阶段，学校建设了“10+10名誉村民”的帮扶体系，学院对口谷芹村，学院马化祥书记担任“名誉村长”。

十年来，我见证了学院对彭家庄水库前期的资金筹措、政策助推和顺利落成，和校友一起推动校友爱心助学活动，参与“博雅图书室”捐赠活动，体验了弥渡年货节以及电商扶贫的力量，带着学院和校友的经济慰问走访贫困家庭。我也有幸陪同学校领导走访调研村镇基层组织，了解乡村特色村落建设；走访数字农业基地，了解现代农业发展；走访弥渡一中和部分文化单位；围绕未来重点项目和帮扶计划进行专题研究。

能够亲身经历学校、学院对口支援弥渡的一件件工作，亲眼见证弥渡脱贫奔小康的一年年变化，我深刻感受到了脱贫攻坚崇高目标和伟大成绩，也对未来的乡村振兴的接续努力积极思考、满怀信心。

一是对脱贫攻坚的崇高目标和伟大成就感到自豪。脱贫攻坚是以习近平同志为核心的党中央向中国人民和世界的承诺，脱贫攻坚战取得了全面胜利，也有赖于在党中央领导下各个战线的努力和贡献。我感到打赢脱贫攻坚战成为欠发达地区近年来经济社会发展中的系统性工程，成为推进落实各项政策措施的方方面面的抓手，充分体现了中国特色社会主义制度的优越性。

二是对脱贫攻坚和乡村振兴一线工作者的深深敬意。在贫困户家墙上看到的扶贫档案，细致入微地记录着对标管理和帮扶举措。在村委会门口看到的脱贫攻坚作战图，密密麻麻地规划着每乡、每村、每户的工作进展；在受资助学生和家长座谈会上，我从他们眼神中读到对美好生活的希望和坚韧的追求；在跟县领导交流中，感受到地方干部扎根基层、厉行落实、志在富民的果敢和担当。我也深切感受到多年来北大挂职干部心怀国之大者，对脱贫攻坚工作的用心、用情，为当地发展贡献的热情和付出。这一切都让我深受教育，让我对脱贫攻坚过程中躬身入局担当有为的一线工作者满怀敬意。

三是对自己未来参与乡村振兴帮扶工作的政治责任的深刻领悟。我在多年前围绕欠发达地区发展开展了一些课题研究，多次赴贵州毕节、宁夏固原等贫困地区走访调研，进行理论和政策研究，对扶贫开发有一定的理解。但当时更多从经济的逻辑去思考问题，在参与新时代脱贫攻坚中，我更加从政治、经济、社会等方方面面耦合的角度来理解，提升了认知力，增强了行动力。作为一名共产党员，研究工作所承载的意义和价值，绝不止于发表和出版成果，而要有真正的政策效应和实际效果。未来经济要高质量发展，城乡要融合发展，都是党中央的重大战略方向，要站在政治的高度指引自身研究和日常工作。

四是对未来脱贫攻坚和乡村振兴有效衔接开展深入思考。在脱贫攻坚阶段，更多是对贫困居民户托底帮扶，工作队伍主体是地方政府，且目标明确容易量化；而在乡村振兴阶段，要统筹产业、人才、生态、文化和组织的整体振兴，工作主体将涉及除政府外的产业、资金、技术、市场等。更加需要我们聚焦弥渡县整体发展大局，从以我为主到以县为主，更加以弥渡发展的内生需要为牵引，聚焦短板、汇聚优势、注重实效，不断提升弥渡的可持续高质量发展能力。

在未来，我会带着这份责任感和使命感，继续投身支持弥渡县发展的对口帮扶工作之中，为全面建成社会主义现代化强国和共同富裕贡献自己的力量。

作者：滕飞，北京大学光华管理学院副院长

# 缘系德苴，情牵弥渡

大理，这个被人们认为拥有风花雪月的城市，是无数游客争相前往的“有风的地方”。2016 年前我跟大理的连接只是一个游客和旅游地点的关系，2016 年伊始，这种关系发生了根本而深入的改变，而这种改变源自一份光荣的扶贫工作。

2015 年 12 月，光华管理学院接到对口帮扶大理白族自治州弥渡县德苴乡的任务，我受命担任联络人。第一次启程去德苴乡考察是 2016 年的 1 月，记得当时朋友们还开玩笑说“你去的地方可太好了”，而我当时对大理的印象也是停留在“山清水秀”“风花雪月”这些美丽的词汇上。然而当我真正到达德苴乡时，却被眼前的景象深深震撼：山峦起伏、高低不平，山上没有山清水秀应有的郁郁葱葱，只有几乎光秃秃的点点次生林，偶尔还能看到长得比较旺盛的剑麻和仙人掌，我有一丝恍惚，仿佛自己来到了“黄土高原”。通往山上自然村的山路陡峭，微信步数被颠出了好几千步，沿路看到玉米等很多作物都因干旱而濒临枯死。待走进山上的村民家时，情况更令人难以想象，村民们的用水极端艰难，家家户户只能通过屋檐下安装的原始的饮水工具把雨水引到水窖中，经过简单的沉淀再供人畜使用，而这些雨水非常难得与宝贵，村民们一滴都不敢浪费。我出生在“小桥流水人家”的江南水乡，之前“风调雨顺”这个词给我的感觉只是一个节日祝福语，从未觉得有什么特别，到了德苴之后，我才明白“风调雨顺”这四个字意味着什么，它的分量有多重，因为它关系着当地村民的生存。在与乡村干部座谈后，我了解到严重缺水让这个偏远的乡村难以发展产业。德苴的一大经济支柱产业是烤烟产业，即种植生产卷烟工业的主要原料。但连年的缺水使得烤烟无法正常生长收获，烤烟产业受到致命打击。同样缺水的还有乡里的玉米等作物种植业以及肉牛养殖业等各种产业。乡里贫困人口占全乡总人口的39.67%，脱贫任务十分艰巨。

带着这样的考察情况，我忧心忡忡地回到了学院并进行了汇报，学院领导对我带回来的考察情况也非常关心，高度重视这份扶贫工作。经过讨论，学院决定除了之前计划的智力扶贫工作外，还要先帮助德苴乡从“根”上解决贫困问题，而这个“根”就在于水利——“用水难”是德苴乡经济发展的根本制约因素，要解决德苴乡的贫困难题，就必须先迈过供水这一难关。由此，我就开始了几年间频繁奔赴弥渡考察调研、对接资源、回访落实的扶贫工作。

幸运的是，我的扶贫工作进展得非常顺利。每次向老师和同学们介绍德苴乡情况，都会收到热情的反馈，大家都积极踊跃地想要尽一份力帮助那里，比如帮助对接水利工程、落实工程，捐赠资金为孩子们购买图书、设立“博雅图书室”，专门设立百万元的教育扶助专项资金，帮助当地培训干部，等等。我后来经常开玩笑说：“我有‘贵人们’相助，这些贵人就是学院的老师们、同学们和校友们。”作为一个在北大工作30年的“老教师”，我深深地知道其实这背后反映的是整个学院的精神力量。实际上，扶贫开发是我们光华管理学院的重要传统之一。我们敬爱的创院院长厉以宁教授就曾连续10年担任贵州毕节扶贫专家顾问组组长，推动设立北京大学贫困地区发展研究院，致力于扶贫开发、可持续减贫等方面的研究。脱贫攻坚是国家发展战略的重点，也是光华学者们研究的重要方向。厉老师是我们的恩师，他在扶贫工作中无私奉献的精神也一直激励着我们后辈。

从小生活在鱼米富足之地的我，并没有太多农村生活经历，扶贫工作给了我深入基层的机会，让我与德苴乡干部和村民们结下了不解的缘分，也带给我深深的感动。乡干部为脱贫工作付出了太多心血，他们都是扎根基层、朴实敬业的好干部。还有那些朴实热情的村民们，他们同样有对美好生活的追求，看到他们因生活变好了而露出的笑容，我就觉得一切都很值得。扶贫这段经历，已经不知不觉将我的生命融入了这个高原小乡。弥渡对我来说早已经不是一份工作，而是实实在在的牵挂，即使脱贫，这种牵挂也依然在心。这一份扶贫情缘，让弥渡成为我生命中难以割舍的“故乡”。脱贫摘帽不是终点，而是新生活、新奋斗的起点，这份情缘也激励着我再接再厉，为“故乡”的乡村振兴工作继续努力，用实际行动践行社会责任，把“论文”写在祖国大地上。

作者：李琦，北京大学光华管理学院副教授

# 于乡镇田野间，行经世济民心

## 一、北京大学经济学院国内合作办公室在定点帮扶工作中的机制创新与精准施策方面的经验

北京大学经济学院国内合作办公室（以下简称“国内合作办”）在分管副院长张亚光老师的带领下，特别筹划、举办“经世论坛”活动，组织专家组赴云南省昆明市官渡区、甘肃省酒泉市、河南省信阳市新县、黑龙江省伊春市铁力市、湖北省荆门市沙洋县等地基层一线，举办多期思政教育与“经世论坛”活动。秉承“送学术下乡，服务基层一线，精准扶贫帮困”的理念，多位专家学者、优秀学子通过北京大学思想政治课实践教育基地授牌、“经世论坛”、校友论坛、参访调研、出具调研报告、开展物资捐赠、公益助学、设立教育扶贫基金等活动，共商县域经济高质量发展新思路，共谋院地务实合作新举措，为乡村振兴创新发展注入新动力，已有数十县市从中受益。

强化领导，党委重视，与思政建设相结合。经济学院党委始终从政治和全局的高度认识做好思政教育、定点帮扶、品牌论坛等工作的重大意义，党委相关领导每次都提出了明确要求和意见，并亲自深入现场了解实际情况，强调工作要发挥北大经济学院的特色、坚持实效第一，选派专家、对接校友、亲自部署调研事宜，在定点帮扶中开展思政教育，结合思政教育赋能定点帮扶，形成流程化、常态化工作机制，推进落实相关帮扶举措。

引入校友资源，结合实际需要不断增加其他资源及帮扶主体，从智力扶贫、文化扶贫、产业扶贫、消费扶贫等方面做深入部署；为更加有力地

调动学院各方的力量，及时将学校关于定点扶贫最新精神和举措落实到位，系统研讨、宣讲、部署、推进每一阶段扶贫工作。

师资保障，课程建设。国内合作办通过调研打磨乡村振兴专业课程，通过采取“请进来、走出去”和线上线下相结合的教研实训方式，让更多的优质教育资源赋能乡村。围绕强县富民战略、“碳经济”、产城融合、生态文明建设等热点话题，引导农民完善产业链，加强规模经济，积极推动农产品的品牌建设和营销，组织规范合作社，提高了农产品的附加值和市场竞争力，有效实现了从传统农业向现代化特色农业产业的转变，支持帮扶对象融资融智、兴业脱贫。这些实践经验为乡村产业发展提供了新的思路和方向。

实地调研，深躬田野。经济学院师生在定点帮扶社会大课堂上学思践悟习近平新时代中国特色社会主义思想，决战脱贫攻坚，认真学习革命老区的历史文化、革命传统，赓续红色基因，提升思想认识。深入了解当地经济社会发展情况，将理论与实践结合，将红色教育与社会调研耦合，将党建的主线贯穿整个行程。扎根热土，探寻乡村振兴的源头活水，明确自身的使命感和责任感，以产业实地调研为基础，结合入户调研、深度访谈等，总结产业发展模式和影响因素。通过调研，调研组归纳出传统生产与新兴模式协同发力、美丽乡村和产业建设融合发展的产业发展现状，总结出党建引领提振产业活力、自然条件给予广阔发展空间以及政策扶持和产业传统提供发展条件的产业发展影响因素。在此基础上，尝试对未来的产业发展助力乡村振兴发展工作提出切实可行的建议，出具调研报告。

国内合作办在定点帮扶工作中创新了机制，采取了精准施策。助力学院与乡村合作社、农民专业合作社等组织建立了长期稳定的合作关系，形成了定点帮扶的机制。同时，学院还根据不同地区和不同农民的需求，制订了相应的帮扶计划和政策，开展交流分享，探索乡村人才振兴的机制，为乡村发展助力，以品牌论坛、教学活动平台整合各方优势资源，实施精准施策。这些经验总结为其他地区的定点帮扶工作提供了借鉴。

## 二、参与帮扶工作的经验心得

定点帮扶与思政建设、品牌论坛相结合，从县城到乡镇，从村舍到田间地头，用脚步丈量梦想，用行动诠释信念，在实践中学习。在每次的定点帮扶工作中，党建引领、产业调研、地方风物、人物风貌……在实践中创新，磨砺品格、砥砺担当。通过入户调研、村民访谈和实地测绘等方式，深入了解农户就业，土地，住房，乡村建设，城乡关系，文化习俗以及村民的日常生活、网络生活、健康养老等情况。师生得以从多个方面深入了解乡村振兴。

在调研中，师生一起入户，一起拍摄，敲开了许多户人家的门，聊身体，聊收成，聊学业，一点点挖掘当地最真实的情况。穿梭在田间地头、村民家中、各类产业园和景区中，让师生对乡村振兴有了一个现场的了解，并不断增进对于相关政策落地的理解，为政策建议中的“妙招”而赞叹，也为发展中的困境而深思，一起尝试为乡村振兴贡献绵薄之力。学术调研组开会交流，碰撞思维，从闲话家常中提取信息，逐渐整合出了一篇篇成熟的学术汇报、调研建议。

在帮助他人的过程中，我逐渐领悟到几个重要的帮扶心得。一方面，我明确了帮扶的目标和方向。在帮扶过程中，我们要明确社区的需求，深入了解受助者的实际情况，并制订可行的帮扶计划。不管是贫困户还是失学儿童，他们都有自己的特长和优势。以平等、尊重的态度对待他们，帮助他们发掘自身的潜能，开展精准帮扶合作，实现自己的价值。

另一方面，积极主动的态度至关重要。作为帮扶者，我们要有积极乐观的心态，勇于面对困难和挑战。通过积极的态度，我们能够更好地激励受助者，帮助他们克服困难，实现自身的发展。此外，跨学科的合作也是帮扶过程中的关键。不同领域的知识和技能相互融合，能够提供更全面的支持和帮助，为受助者提供更多的机会和资源。

教育帮扶工作就是把火，点燃学生对外界的渴望，激发学习的内生动力。每次活动学院党委书记崔建华老师都不辞辛劳，义务为当地中学作专题励志报告，鼓励学生们努力向学，蔚为国用。在举办区的各地域都产生了极大反响，学生们及家长对北大的教育扶贫活动感想颇多，感受深刻，感激涕零，而这样的公益报告崔老师几十年来已经做了近800场。

重视分享，经济学院师生从自己成长经历谈起，分享在学习上的心得与方法，从走出农村，到走出县城，再到考入大学，用自己的行为向大家展示“自强”的意义，鼓舞高三的学生们扎根基础，把握当下，敢于坚持。“自强成就卓越”，鼓励当地学子坚定自己的梦想，为自己向往的生活不断努力。

思政团师生在专题辅导、素质讲座、教育现状调研等方面取得了良好的成果，教育帮扶活动线下线上相结合，累计开展“经世论坛”、校友论坛、公益课等课时超800小时。并通过家访、公益宣传等活动进一步扩大影响力，引导学生们将自身理想与祖国社会发展融合起来。

定点帮扶工作可以与“经世论坛”、校友论坛等进一步结合，学术服务社会，扎根中国大地，聚焦立德树人，践行知行合一。在具体的工作中，弘扬北大家国情怀，始终奋战在脱贫攻坚第一线，在祖国大地厚植爱党爱国情怀，于乡镇田野践行经世济民初心，让青春在党和人民最需要的地方绽放绚丽之花。

**本文作者闫雨（中）在栗子园村农产品展销中心考察**

本文作者闫雨（前排左三）与经济学院师生考察栗子园村万寿菊加工厂

作者：闫雨，北京大学经济学院战略发展合作办公室主任

# 弥渡乡创，回到故乡的一个“任务”

在我的记忆里，“弥渡”二字意味着一种诗意的禅风和浪漫的逍遥。我对弥渡的印象，最初来自《小河淌水》的民歌意象。这首民歌歌词甜美，节奏舒缓，感情质朴，温婉悠长，吟唱出了每一个远行者的缕缕情思和绵绵乡愁。《小河淌水》被世界音乐界誉为“东方小夜曲”，其创作人尹宜公先生的家乡就在弥渡。2006 年 1 月，在云南省委宣传部的支持下，云南中威民族文化传播有限公司与俄罗斯国家芭蕾舞团、俄罗斯爱乐交响乐团联合制作的芭蕾舞剧《小河淌水》在北京大学百周年纪念讲堂上演。这个演出也是北京大学主办的第四届中国文化产业新年论坛的系列活动之一。在北大的演出现场，我第一次亲耳聆听了密祉镇村民合唱团犹如小河淌水般的天籁之音。后来，我又有幸在北京现场欣赏了弥渡民歌传承人李彩凤老师舒展清新、婉转缠绵的歌喉。“月亮出来亮汪汪”“山下小河淌水清悠悠”，那些余音绕梁的动人旋律至今仍在耳边回荡，真是一场终生难忘的音乐体验。这些经历成为我与弥渡冥冥之中独特的情感连接。

2017 年 7 月，我第一次踏上弥渡这块神奇的土地，开展乡村文化资源调研，协助弥渡县编制文化和旅游产业发展规划。在彩云之南，我漫步在小河淌水的乡愁地，感受着茶马古道上密祉古镇的千年沧桑，体会着弥渡花灯生生不息的民俗风韵。弥渡的先民在苍茫旷远的山野中创造了浪漫悠长的山歌民乐，在勤苦乐观的劳作中创造了热情奔放的花灯彩舞。我惊诧于弥渡文化的活态生意，正活跃在普通百姓行住坐卧的生活日常之中；我感动于弥渡人民的浪漫情怀，正洋溢在弥渡百姓对山而歌的高亢曲调之上。记得在“北京大学弥渡讲坛”上，我以《故事与故乡：区域文化资源开发与特色小镇发展》为主题，毫不吝啬地表达了我对弥渡这份独特文化资源的深深敬意。2022 年国庆节期间，当我在中央电视台《共祝祖国好 同唱一首歌》的综合报道中看到弥渡在打赢脱贫攻坚任务后又取得了一个个的喜人变化，内心也是激动不已。我知道，那是一种面对山水故土才有的情感流露。

北大乡村建设的源头是赓续百年来的乡建传统，从梁漱溟先生的乡村建设研究院实验到费孝通先生的江村经济田野书写，北大乡村建设的尽头是每一个北大人的乡愁，记录了新时代北大人无私扎根乡土、接续帮扶弥渡的坚忍旅程。十年来，北大人早已将弥渡视为自己情感上和精神上的故乡。北大师生对弥渡的持续乡村帮扶在一定程度上也开启了我对乡村振兴的理论思考和社会实践。这几年，我频繁地奔走于全国的各个乡村。所到之处，我看到了很多正在“生长”的乡村后现代式的砖房别墅，看到了那些日益“斑驳凋零”的土砖木房，也看到了许多正在被小心守护的村落遗产。这些现象共同存在于当今中国这片正快速现代化的乡野自然之中，存在于乡民对美好生活的殷殷期盼之中。当看到这些变化中的乡村风物与进化中的乡土人文时，我们不想让自己只是心生几分凭吊过去时光的无奈喟叹，只是让自己沉浸于乡村滞后发展的惨淡光景，而是让自己本能地产生守护乡土遗产的文化热情，主动采取躬身入局采取行动的真实实践。经过多年的探索，我和我的团队逐渐形成文化创意赋能乡村振兴的北大方法，也赢得了社会各界的关注和认可。正如德国民俗学家赫尔曼·鲍辛格尔（Hermann Bausinger）所说：“故乡不是与一个地点相连的，而是与一群人相连的；故乡表达的是尚未存在但是人所期待的团结，故乡不是一个不可改变的自然现成物，而是任务。”我把我们在乡村开展的文化创意赋能乡村振兴的社会行动，视为自己回到“故乡”的“一个任务”。这里的“一个任务”，正如美国哲学家约翰·杜威（John Dewey）所谓的“一个经验”（an experience）。“回到故乡”的“一个任务”，是一个人的生命体验中最为完整的“一个经验”，最为圆满的“一个经验”，不仅是面对自身过去和人类历史的生命体认，更是面对个人进步和人类发展的生命体验。

弥渡民歌咏叹的乡愁正慢慢从田园牧歌式的怀旧情怀，衍生为一种新时代具有人文经济学内涵的新生活方式——乡愁经济。乡愁经济是以乡愁文化为消费品和体验物的经济活动。总体而言，乡愁文化包括山水乡愁、情感乡愁、精神乡愁和灵魂乡愁等不同层次，由此形成的乡愁经济包括乡愁恋地情结的旅游经济、乡愁情感宣泄的体验经济、乡愁精神连接的场景经济和乡愁灵魂皈依的信念经济。这正是弥渡民歌乡愁的时代魅力，它扣响了每个人奔向田野乡间的发令枪。每个人在出生之后，当第一次有了自我意识之后，就开始寻求自己的乡愁家园。乡愁经济是乡愁现代性演进所产生的新经济活动，已经不再是传统社会由于时间—空间的物理阻隔所造成的离愁别绪、朝思暮想。新时代的乡愁是恋地主义的情绪释放和精神提升。乡愁不再是现代人身上挥之不去的现代性精神疾病，而是疗愈心灵的良药。乡愁经济既表现为一种记忆力经济，又是一种想象力经济和认同感经济。乡愁经济打造的关键手段在于恋地主义吸引物的营造，表现为一种物的“硬营造”，也表现为一种符号的“软营造”。推动弥渡乡愁经济建设，要充分挖掘乡愁文化中的膜拜价值、展示价值和体验价值，将乡愁文化资源转变为乡愁文化资本，发展乡愁型文旅、乡愁型手工艺、乡愁型艺术品、乡愁型节庆会展、乡愁型图书出版、乡愁型广播影视、乡愁型网络文化、乡愁型创意设计、乡愁型动漫游戏等多种乡愁文化产业新业态。弥渡的乡愁经济既包括物质文化资源的创意开发，又包括非物质文化资源的传承创化，可以与弥渡县域的特色农业、加工制造业和现代服务业融合发展，发展出弥渡六级生活产业。弥渡乡愁经济发展的最终目标在于实现乡愁生活方式和乡愁生活产业的创意提升与价值升级。

弥渡乡创的实施路径在于文化产业赋能乡村振兴的稳步开展。可以采取创意设计、音乐、舞蹈、美术、数字文化、文旅融合等赋能手段，发挥文化产业赋能乡村振兴的“价值”承前和“产业”启后的综合功效。要做好弥渡乡村文化遗产的保护和乡土文化生活的重建，推动弥渡乡土生活美学的营造；要组织专业化的文化产业赋能人才，培养乡村规划师、乡村营造师和乡创运营师，有序开展文化产业特派员工作，将不同的乡创参与主体的专业技能、社会资源融入乡创网络，改变乡土文化所在地产业发展的后劲不足的局面；积极培育具有乡愁文化资源转化的公共服务平台，大力发展创意农业、精品民宿、研学旅行、食品加工等特色乡愁产业。

当前，我们国家正以磅礴伟力探索乡村环境建设、乡村产业发展和乡村社会治理的新观念和新实践。这种探索开启了中国式乡村现代化的新路径，正超越“乡村问题”的传统叙事，从“乡土—天下”的现代视野、中国立场和未来产业的愿景出发，构建乡村系统性现代化的行动框架，统筹农业现代化、农民主体权利和农村要素集约的多元目标，将乡创定位为立足中国实际、面向人类文明的创新探索，通过构建“以乡村为方法”的知识框架和实践体系，充分展现乡村现代化对于中国式现代化、人类文明新形态的未来价值。这是国家乡村振兴的宏大使命，也是弥渡乡村振兴的地方担当。

作者：向勇，北京大学社会科学部副部长、艺术学院教授

# 为助力弥渡乡村美育而奉献

从 2022 年初开始，我就把云南弥渡中小学现用的音乐课通用教材系统地学习了一遍，目的是了解那里的音乐教学情况。

2022 年 4 月，在北大及弥渡县各级领导的支持下，我开始了对弥渡县中小学音乐老师的钢琴课教学。由于当时正处疫情防控期间，我们采取的是在线“一对一”的钢琴教学模式。

学习小组由 7 位弥渡中小学音乐老师组成，他们弹奏水平各有不同。为了加强基础，我们全体成员都从零起点 1、2、3、4、5 开始。音阶是每人必弹的项目，同时我也会针对各人不同的水平，在布置作业的曲目上有所区别，这样能充分发挥每位老师的潜力，有益于推进教学的进度，增加曲目的广度。所用的教材包括：拜耳《钢琴基础教程》、车尔尼《练习曲“599”》、巴赫《初级钢琴曲集》及儿童歌曲伴奏等。

一学期的课下来，老师们全部完成了拜耳《钢琴基础教程》第 66 条练习曲前面的重点曲目、车尔尼《练习曲“599”》的前部分练习曲，还有的完成了巴赫的复调乐曲等。全体成员都有了长足的进步，这些会对他们今后的教学起到非常重要的作用。

我与这些弥渡县的音乐老师虽未见过面，但能通过在线教学心心相印。我们彼此认真负责：他们利用业余时间刻苦用功练琴并录像，我则“不厌其烦”地仔细倾听，“洞察秋毫”地反复观看，从他们的录像中找出每一个错音、指出待修改提高的地方，答疑解惑，协助他们将弹奏水平更上一层楼。在布置新作业时，我特别注意挑选那些既有技术含量又动听悦耳的曲目，激发他们的学习兴趣，使他们在艰苦的练琴过程中享受音乐的美好。我们的在线教学尽管辛苦，但充满欢乐，幸福多多！

思考未来，我总是充满期待：我和弥渡县的音乐老师们将继续彼此认真负责，辛勤耕耘。我们会苦练基本功，能流畅地弹奏出车尔尼《练习曲“849”》的技术难曲，能清晰地演奏出巴赫复调音乐的层次与逻辑，能用丰富的表现力展示莫扎特奏鸣曲的深刻内涵，更能为孩子们的歌声配以美妙的钢琴伴奏。不仅如此，我们还将组建弥渡县师生的中、西小型乐队，活跃在“小河淌水”的节日舞台上……天道酬勤，我们将会站在另一艺术高度上继续前进。

每想至此，我的心中都会感到无比欣慰——因为我曾经并且愿意继续发挥自己的特长，做实事，讲奉献，为北大助力弥渡乡村美育、振兴弥渡乡村文化贡献自己的一份力量！

作者：马清，北京大学艺术学院教授

# 向定点帮扶“大课堂”学习，做好立德树人的必答题

北京大学开展定点帮扶工作已走过十个年头。作为一项重大政治任务，学校党委统筹谋划，各院系、各部门发挥各自优势特长，承担了大量帮扶任务，助力弥渡县顺利脱贫摘帽及有效衔接乡村振兴。作为基层院系的一名普通教职工，在学院党委的直接领导下，我深度参与了法学院承担的定点帮扶相关工作，曾6次赴弥渡县调研考察，向当地干部群众学习，落实践行定点帮扶具体任务。小河淌水故乡的秀美风光、弥渡儿女的淳朴善良勤劳奋进、弥渡经济社会发展的累累硕果都给我留下了深刻印象，更让我在工作的同时接受到脱贫攻坚和乡村振兴实践大课堂的再教育，尝试去思考如何围绕立德树人事业全局发掘定点帮扶带给高校育人工作的理论和实践价值。

弥渡所处的地貌被称作“坝子”，类似于山区或者丘陵地带的局部小平原。法学院所对接的县政府所在地弥城镇，尽管大部分地处平原，也管辖着地处山区、海拔2 200多米的村落。在跟随当地干部前往石甲村、高坪村的路上，看到蜿蜒曲折的盘山公路上不时掉落的塌方土堆，我深刻体会到脱贫攻坚的复杂性、艰巨性。相对而言，弥渡的年均降水量并不算少，但弥渡的很多山区仍然属于严重缺水区，水土涵养状况不容乐观。自然条件的客观限制意味着整体脱贫需要更加系统的战略规划与全面的资源投入。诸如整村异地搬迁在内的战略举措能够从根源上拔除贫困的物理根基，但需要强有力的组织动员与坚实的系统保障。这一切，单靠弥渡当地干部群众和自身力量是远远不够的，需要包括北京大学在内的全社会力量的共同参与。这正是新型举国体制在经济发展、改善民生领域的生动实践。每一

次的弥渡之行，都是一次党的精准扶贫政策理论的实践课，让我得以不断加深对扶贫开发、乡村振兴、社会治理的科学理论规律的认知。

弥渡以脱贫攻坚统揽经济社会发展全局，可谓举全县之力，聚全民之心，众志成城，尽锐出战。清晰的战略部署要变成现实，需要切实复杂的实践过程，其中人的主观能动性是决定性因素。作为高校教职工，长期在象牙塔里与书本、学生打交道，容易缺乏对理论应用于实践具体过程的感知。参与定点帮扶，也是亲身感知当地干部群众真实工作的过程，让自己身上多点“泥土气”，少点“书生气”。这种“泥土气”，很大程度上来源于每次到弥渡接触最多的当地基层党员干部和驻村工作队员。在脱贫攻坚和乡村振兴工作格局中，弥渡县、乡两级党政主要负责人既挂帅又出征，“书记抓、抓书记”。按照优秀干部必下、新提拔干部必下、后备干部必下“三个必下”原则，大理白族自治州、弥渡县选派干部组建驻村工作队直接包干定点工作。从早到晚进村入户、访贫问苦、宣传政策、发动群众、查短板、补弱项，就是驻村工作队的日常。“好记性不及烂笔头，群众反映的每一件事，都记在本子上，经常拿出来瞧瞧，就不会忘了去做。”我和一位驻村工作队员交流时，发现他进村入户总会带上一个小本子，把群众反映的问题都记在本子上，一条条去落实。他说，这样的小本子，奋战在脱贫攻坚一线的弥渡干部人人都有。每月制定工作目标任务清单，每周通报销号，责任到人，精准到点，一刻都不耽误。“我是党员我先上，我是干部我先干”这句话可以说响彻弥渡大地。脱贫攻坚历史伟业的实现就是像这样的基层干部用泪水、汗水甚至血水的辛苦付出锻造成就的。朴实细致、贴近群众的工作方法，夙夜在公、孜孜不倦的工作状态，对习惯于在教室、寝室、办公室，课堂、食堂、运动场从事学生思想政治教育和管理工作的教师来说，是非常值得学习体悟的。

“两不愁三保障”是脱贫攻坚在物质层面的目标，而真正解决贫困问题、推动乡村振兴的根本途径是发展，是激发调动广大群众的思想积极性，提高发展能力。把“要我脱贫”变成“我要脱贫”，只有激发群众内生动力，才能从思想上走出贫困。这是我在落实定点帮扶任务过程中尤为深刻的体会。以法学院曾支持过的“爱心超市”项目为例，超市里的商品不能用钱买，而是用积分兑换。积分从哪来？做好事有积分，把自家生产生活做好有积分，参与村容村貌环境卫生建设同样有积分。由党员、群众代表组成评议小组，对各家各户的生产、敬老爱老、家庭和谐、环境卫生、做好事等情况进行积分评比，凭积分到“爱心超市”兑换米、面、粮、油等生活必需品。这种模式不仅鼓励村民发展生产，也有助于发扬文明的家风村风，对内生发展动力的激励发挥了很好的正向效果。弥渡县众多乡镇、村社坚持扶贫、扶志并举，结合村民基层自治，以“爱心超市”为载体，深入开展“五净一绿一规范”人居环境提升行动，有步骤地引导群众转变思想观念，革除生活陋习，主动参与脱贫攻坚。记得有一回，我带着法学院实践团的同学们踩着弯弯曲曲的石板路考察一个村子，林间竹篱瓦舍若隐若现，间或有花枝旁逸斜出，仿佛走进了世外桃源。峰回路转，“我家门前我负责，我的范围我整治”几个稚拙的大字映入眼帘，看得出是村民亲手写的。每一户农家，花木扶疏、瓜果环绕。每走一段，就会遇见一个标识牌，上书道路卫生分段管护责任人。思想转变了，不再“等、靠、要”了，在“党支部+村民理事会”带动下，越来越多的群众投入到脱贫攻坚大潮中，义务投工投劳建设家园、美化家园。这是党的群众路线最生动的实践写照，也是我们高校教师立德树人最鲜活的教材范本。

十年树木，百年树人。能够亲身参与定点帮扶脱贫攻坚和乡村振兴，对我个人而言收获是巨大的。与政府机关、企业相比，高校承担定点帮扶任务，对于在校师生和当地群众思想认知的再造重塑往往比单纯的物质帮扶要更加意义重大、影响深远。赠人玫瑰手有余香，持续参与定点帮扶任务就是不断地学习实践，不断地提升自我。脱贫攻坚、乡村振兴能教给我们的，远远比我们为当地做的要多。而如何让社会大课堂教给我们的这些“富矿”，为校园小课堂上的年轻学生们更多更好地汲取、体悟、洞察，则是将定点帮扶任务融入立德树人事业大局的必答题，需要我们在忠诚践行使命任务的过程中不断探寻求索。

作者：史诗，北京大学法学院院长助理、团委书记、学生工作办公室主任

# 心系弥渡，“工”筑美好未来

2023年2月13日，中央一号文件《中共中央 国务院关于做好2023年全面推进乡村振兴重点工作的意见》指出，全面建设社会主义现代化国家，最艰巨最繁重的任务仍然在农村。实施乡村振兴战略，是党的十九大做出的重大决策部署，是决胜全面建成小康社会、全面建设社会主义现代化国家的重大历史任务，是新时代“三农”工作的总抓手。北京大学自2013年承担定点帮扶云南省大理白族自治州弥渡县工作以来，依托自身资源优势，探索启动了“1+8+$N$”帮扶工作新模式。北京大学工学院与弥渡县新街镇结成对子后，工学院领导班子高度重视，致力打造全方位扶贫工作，写好弥渡脱贫攻坚新篇章。

## 体悟：心手相牵，共筑美好未来

弥渡县的扶贫工作触动着我们的内心深处，工学院一直积极响应国家政策和学校号召，帮助贫困地区实现脱贫致富，实现振兴。我们认为，脱贫致富不仅仅是提供物质支持，还需要创新思维和可持续的模式，为当地群众提供更多机遇。学院发挥智力优势，依托政府政策导向，鼓励群众推进产业振兴，推行了农户绑合作社、合作社绑企业的“双绑”模式发展，激发农村产业的活力，增加农民的收入，真正实现精准扶贫；政府将农户与合作社以及合作社与企业之间有机地连接，实现企业协作交流，构建了协同发展的产业链；同时，建立了博润蔬菜种植农民合作社，使农民们积极参与，充分利用土地资源，引入现代化的农业技术，取得了令人瞩目的农产品收益。不仅为当地村民创造了就业机会，也为乡村全面振兴打下了坚实的产业发展基础。脱贫不仅仅是经济层面的问题，还需要文化的滋养和精神的富足。为此，工学院联系了共青团中央主管的中国光华科技基金会，开展图书捐赠活动，致力于提高当地居民的文化素养、知识水平。通过捐赠书籍、设立图书馆和举办文化交流活动，为当地居民打开了广阔的文化视野。这不仅提高了他们的教育质量，还培养了文化兴趣，帮助他们更好地适应现代社会的变化，提升了综合素质。北京大学的扶贫工作不仅是一项任务，而且是一种情感的延续，一份责任的践行。工学院与当地政府和社会组织心手相牵，共同筑梦。我们深信，只要我们共同努力，就能够创造更多美好的未来，让每个弥渡人都享受到脱贫致富的甜蜜果实，也是我们的初心和使命所在。

## 展望：脱贫攻坚，全面开展帮扶

弥渡县的脱贫攻坚战，是服务国家战略，提升脱贫攻坚意识的信念战；是合理统筹布局，因地制宜科学决策的经济战；是密切联系群众，弘扬乡村特色多样文化的精神战。必须做到团结一致，全心全意，久久为功，以科学促发展，以帮扶促振兴，为乡村百姓谋幸福，为中华民族谋复兴，为新时代发展谋未来。

### （一）提升脱贫攻坚意识，扎实开展对口帮扶

乡村振兴是国家大计，提升脱贫攻坚意识。学校党委始终从宏观全局着眼，从微观细节着手，高度重视弥渡定点帮扶工作的重大意义。在学校的坚强领导下，工学院充分认识脱贫攻坚对提升弥渡县经济发展水平、改善产业布局与结构、促进文化繁荣的重要意义。脱贫攻坚是国家全面建设社会主义现代化国家的重要任务之一，在工学院与弥渡县新街镇结成定点帮扶对子后，工学院教职员工高度重视，多次深入弥渡县新街镇开展实体调研，扎实落实对口帮扶工作。新街镇地处弥渡县北部，东接祥云县祥城镇，南与弥城镇接壤，西邻巍山彝族回族自治县庙街镇，北与红岩镇分治，南距弥渡县城 5 千米。考虑充分新街镇的地理位置特征，严格周密计划与系

统部署，明确了定点扶贫的目标和任务，积极响应国家的政策，发挥学校的特点与优势，将教育与扶贫工作有机结合。通过内外联动的方式，探索出一条精准帮扶、优势帮扶、高效帮扶的特色道路。推动新街镇乡村振兴，以坚决的决心和广泛的举措，与地方政府、社会各界积极合作，形成强有力的脱贫攻坚合力，为乡村振兴与共同富裕积极发挥示范作用。在全国脱贫攻坚战取得决定性胜利之际，工学院的积极参与和付出无疑为贫困地区的发展注入了新的活力，也进一步彰显了中国全社会对脱贫攻坚工作的坚定支持。我们期待着更加积极响应国家号召，为打赢脱贫攻坚战做出更多贡献，共同书写新时代脱贫致富的壮丽篇章。

**（二）因地制宜统筹布局，科技助推经济发展**

因地制宜科学合理规划。乡村振兴的发展必须具备战略定力，宏观统筹布局，加满油，把稳舵，铆足劲，乘风破浪，扬帆远航。经济的发展必须依托当地的区位特征与资源禀赋，全方位考虑资源配置与风貌，适当发展、适度经营，制订因地制宜的发展规划。工学院对重点帮扶对象董和村深入考察，村委会位于新街镇西北部，距弥渡县城 11 千米，距新街镇政府 4.5 千米，坐落于六一公路旁，西接西庄村委会，南邻六一村委会，北和红岩镇章岗村委会接壤，东邻红岩镇，拥有便利的交通网络。在新街镇构建全方位、多层次的全产业链总体布局，实现创新链与产业链的深度耦合。立足发展特征与实际情况，开展广泛涵盖教育、绿色蔬菜、食品加工、农业、畜牧业等方面“全面开花”的综合模式。依托良好的生态环境、较好的自然条件和群众基础，重点关注农村农业的可持续性和现代化。依托土地发展有机农业，鼓励贫困地区的农民转向有机蔬菜种植，推动农产品提质与转型，有效改善土壤质量，减少对化学农药和化肥的依赖，获取有机认证和市场准入的支持；依托优质资源持续增效，合理配置和科学规划土地资源，发扬丰富的水利资源优势，通过技术培训、提供优质种子和肥料、改进农业基础设施等，提高农产品产量和质量，助力农民增收和地区发展，有效推进乡村振兴的新征程的速度和进度；依托技术培训开展农产品加工，支持建立农产品加工中心，通过培训等方式强化员工素质，有效改进农产品加工技术，扶持农村企业的发展，以提高贫困地区的产品附加值；依托便利交通发展供应链，使农产品与周边城市及国际市场接轨，打造高质量生态农产品；依托自然资源发展畜牧业，支持农民提高养殖技术水平，改进养殖环境，提升畜产品质量。打造时、地、人协调配合，自然和社会资源充分利用的生动局面，为乡村振兴创造源头活水。

智力帮扶激发经济动能。北京大学坚决响应国家战略引领，签署《北京大学弥渡县人民政府对口帮扶协议》。工学院发挥专业优势，开展干部挂职、学生支教、主题教育系列活动，旨在为加快科技自主创新、服务国家战略、支持乡村振兴、促进校地合作贡献力量。工学院尊重新技术、新产业、新经济的发展规律，响应国家重大产业政策，创新发展了产学研合作机制和北京大学院企合作模式；积极构架“产学合作协同育人”平台，建设院企共建课程，完善企业实训体系，提高院企合作项目孵化效率；充分促进企业了解弥渡、帮扶弥渡、入驻弥渡，发挥院友会力量，动员农产品加工企业、科技创新企业、农机生产企业等优势产业与当地企业展开合作，交流经营经验，互利互惠，共同将“蛋糕”做大、做实；引导广大师生走入弥渡，了解乡村振兴大势，开展支教帮扶，对接人才教育资源，注入知识智慧源泉；通过组织培训人才，提高新街镇产业技术水平，强化当地农民技能，激发经济动能活力。以智力为依托，帮助乡村振兴夯实群众根基、传播知识、构建良好生态。

先进科技赋能农村产业。科学技术是第一生产力，是推动乡村振兴，促进经济发展的关键。“兴”是科技振兴，提高农业创新力、竞争力、全要素生产率；“兴”也是产业振兴，帮扶农村产业规模扩张的同时，做到降本增效，有效提质。坚持科技兴农，引入现代科技加速传统农业设备改造升级，建设社会主义现代化新型农村。融合北京大学“新工科”发展优势，着力打造引领全国的科技创新载体，弘扬工学院“工之道，实为本，新为上”的精神，引进现代农业技术，强化科技合作，促进工程创新，将成果转化与科技兴农深度结合，帮助农民提高农产品产量和质量。立足董和村主要种植作物，发挥烤烟、苞谷、水稻、大蒜、青蚕豆、油菜等作物优势，大力发展新型设施农业。切实推进“科技兴农”，推广现代农业技术，发扬先进制造与机器人系优势，应用先进收割、采摘、加工机器人系统，大力发展新型设施农业；有效开展“数字助农”，建设数字化农村，融合工业工程管理系和能源与资源工程系先进技术成果，引入数字化智能化粮食仓储管理系统，开发智能“冷链”，开展低能耗储存，降低库存成本，实现农民增收；强化引领“产教强农”，依托先进的农业设备开展农业教育，培训当地居民掌握科技工具，力学与工程科学系、航空航天系积极开展合作，应用生物学特性分析技术、无人机灌溉与航拍、智能病虫害识别技术，实现生产检测全流程把控，提高农村产业水平和经济效益；着力建设“商贸惠农”，鼓励当地农民积极采用信息技术，建立自有品牌，开展电子商务，在农村推广和发展普惠金融，塑造信息流、商流、资金流、物流有机融合的生动局面。通过系列科技赋能举措，开辟一条科学研究与人才培养、基础研究与技术转化协同发展的道路，为农村地区经济发展注入新的动力。

实习实践强化校地合作。工学院组织优秀本科生，积极参与到扶贫工作中。前往新街镇开展社会实践，增见识，长才干，实地感受扶贫工作的重要性；参与实习工作，亲身经历、深入了解当地发展的水平与风貌。立足现有工作条件，在教育、农村产业等各方面与弥渡加强沟通对接，与当地优秀学生代表座谈交流。这些合作互动为工学院的学生提供了宝贵的实践机会，帮助他们强化理解贫困地区的经济状况和发展需要，传承扶贫社会责任感，通过讲授专业知识、交流学习体悟，与弥渡携手描绘未来发展画卷。

### （三）凝心聚力群众交流，深入促进文化帮扶

文化自信是国家和民族发展中最基本、最深沉、最持久的力量。文化帮扶是乡村振兴的重要内容，而传统村落是传承中华优秀传统文化的有形载体。传统村落承载了丰富的历史信息和文化内涵，充分利用北京大学在人文社科领域丰富的资源优势，挖掘、保护和传承当地历史与民俗文化，增强村民的文化自信和文化动力，促进当地文化走遍中国，走向世界，为乡村振兴注入新动能。塑造文化帮扶矩阵，有效整合文化资源、开展文化产业开发、结合文化产业推动脱贫对形成积极乡村生活方式、文化行为具

有重要意义。深入落实文化帮扶，凝心聚力促进群众交流，弘扬新街镇文化特色，积极组织农民运动会、文艺汇演等群众喜闻乐见的文化活动，培养农民积极向上的生活方式和健康文明的娱乐方式。通过搭建展示文化才干、凝聚文化认同的广阔空间，塑造乡村文化自信的欣欣向荣局面。

多年的定点帮扶工作见证了工学院与弥渡县新街镇的深度合作，双方增进了友谊，加强了在教育、产业、文化方面的全面交流。工学院依托自身学科优势，结合专业特色为扶贫建设提供了一系列的科技赋能农业方案，用科技助力乡村振兴。规划好、发展好、巩固好定点帮扶进程，打好扶贫工作攻坚战，以更大的决心、更明确的目标、更有力的举措，推动弥渡县谱写新时代乡村全面振兴新篇章。

作者：张通，北京大学工学院副院长

# 悟初心传承红色精神　担使命赋能乡村振兴

为深入学习贯彻习近平总书记重要讲话精神，激励学院师生勇当复兴栋梁、争做强国先锋，2022 年 7 月 26—28 日，北京大学现代农学院党总支部组织党员师生赴云南省大理白族自治州弥渡县开展红色学习实践、扶贫调研，迎接党的二十大、奋进新征程。

## 深入田间乡野，助力乡村振兴

7 月 26 日，现代农学院师生代表团赶往云南省大理白族自治州弥渡县，开展为期三天的红色学习实践及扶贫调研。弥渡之行的第一站是弥渡县“中紫一号”水稻的种植试验田。“中紫一号”是现代农学院院长刘春明教授团队最新科研成果。通过加厚水稻糊粉层，培育出“中紫”系列高营养水稻新品种。在试验田种植农户的带领下，现代农学院师生代表来到试验田，详细听取了紫米的生长情况汇报。刘春明院长带领师生党员踏入试验田，看看根系，摸摸叶片，对水稻的生长和栽培给予了充分肯定。现代农学院师生纷纷就新品种种植、机械使用、劳动力投入等多个方面与当地农户交流，深入了解新品种种植生长情况。

调研“中紫一号”水稻种植试验田

7月27日上午，学院师生在弥渡县副县长陈贵兵和弥渡县人民政府办公室副主任田定方的陪同下，深入调研了弥渡县特色蔬菜产业发展情况。

现代农学院师生一行首先参观了大理春沐源现代农业科技示范园，详细了解了连栋温室大棚高品质樱桃番茄的种植流程以及销售情况。园区负责人向团队师生介绍了春沐源的创业历程、种植科技以及产品市场。接着，现代农学院师生参观了春沐源的温室种植基地与恒温加工车间，并在专职技术人员的展示下了解了 Priva 温室环境控制系统的运行方式。参观过程中，刘春明院长结合自己在农业种植领域的理论与实践，向学院师生解释了樱桃番茄的育种过程以及种植细节。学院师生与园区负责人员深入讨论了春沐源在带动当地经济发展、推进地区产业升级中发挥的重要作用。

参观大理春沐源现代农业科技示范园

随后，现代农学院师生一行前往大理耘飞农业科技有限公司调研农业“双绑”模式的发展情况。师生一行首先参观了公司的智能温室工厂化育苗基地，了解番茄和黄瓜等经济作物温室育苗的基本情况。接着，现代农学院师生与公司负责人李树春先生展开了深入座谈交流，进一步探讨了“龙头企业绑合作社”“合作社绑农户”这一“双绑”模式的运作细节以及可推广的经验。在座谈过程中，现代农学院师生就如何发展壮大集体经济、带动农民致富增收以及未来发展的机遇挑战与李树春先生进行了深入探讨，提供了意见建议。

参观智能温室工厂化育苗基地

7月27日下午，现代农学院师生来到春晓种苗基地，春晓种苗基地是西南地区最大的种苗生产基地，茄子、辣椒等种苗在当地市场的占有份额大，远销缅甸等周边国家。现代农学院师生在工作人员的带领下走进大棚，近距离观察和学习了辣椒、茄子种苗的嫁接过程，刘春明院长从遗传学角度为大家深入浅出地讲解了蔬菜种苗嫁接的优势和性状选择的机理。现代农学院师生同当地管理人员与劳动者进行了交流，深入了解了种苗生产的市场效益、成本收益、要素价格、经营模式等，并就企业进一步成长提出意见建议。

调研春晓种苗基地

随后，现代农学院师生来到弥渡县电子商务公共服务中心调研弥渡电子商务的发展情况。作为国家电子商务进农村综合示范项目，弥渡县建立了村级电商服务网络、物流网络、电商培训及公共服务等，从各环节全方位解决农民“买卖难”的问题，包括以“小河淌水的故乡”为主题，开展了一系列特色品牌的打造。通过交流学习，现代农学院师生更深一步了解了基层电商体系的建设与实践，也对农村电商的未来有了进一步的思考与讨论。

调研弥渡电子商务公共服务中心

## 弘扬脱贫攻坚精神，勇担民族复兴使命

7 月 28 日上午，北京大学现代农学院党总支与弥渡县委、县政府有关同志共同召开了“弘扬脱贫攻坚精神　勇担民族复兴使命”主题党日座谈会。现代农学院师生代表，弥渡县副县长陈贵兵，以及政府办、农业农村局、乡村振兴局等单位负责人共同参加了本次座谈会。座谈会由陈贵兵主持，双方就弥渡县乡村振兴、脱贫攻坚工作的诸多内容进行了深入交流。

弥渡县有关同志介绍了弥渡县农业农村的发展情况，作为传统农业大县，弥渡县近年来在蔬菜种植、生猪养殖以及酸菜加工等方面都取得了较快发展，农业基础设施建设也走在全州前列，但离农业强县的发展目标还

“弘扬脱贫攻坚精神 勇担民族复兴使命”主题党日座谈会

有一定距离，面临着非粮化问题突出、农产品品牌建设薄弱、数字农业和农村电子商务发展相对滞后等挑战。

刘春明院长指出，弥渡县农业农村发展要处理好保证国家粮食安全和因地制宜发展优势农产品之间的矛盾，应重视农产品深加工在提高农产品附加值、提高农民收入方面的重要作用，在高端农产品领域下功夫、动脑筋。

欧阳晓玲副院长指出，要发挥现代农学院学科优势，与弥渡县特殊自然禀赋相结合，共同推动弥渡县乡村振兴、农业农村发展。她同时表示，学院党总支将充分发挥好思想动员、组织动员的作用，并将在弥渡继续深入开展党建共建、学生实习实践活动，引导学院师生将科研力量与弥渡需求相结合。

黄季焜教授从土地制度创新和农民增收两方面探讨了弥渡县实现乡村振兴的可行路径。他指出，可通过土地托管等方式扩大农业经营规模；应格外注意各种扶贫项目“为谁而建”的问题，积极发挥新型农业经营主体在促进农民增收上的积极性，探索推广可以实现企业与农民风险共担、利益共享的农业生产组织形式。

此外，易红梅副教授就弥渡电子商务和直播带货的发展路径提出了建议；侯玲玲研究员就如何利用当地的“双绑”模式激发农业生产创新发表了看法；刘启昆研究员就如何进行农产品品牌化建设提供了建议。

## 绿水青山就是金山银山

7月28日下午，现代农学院师生一行前往洱海古生村调研洱海生态保护情况及洱海生态廊道建设情况。中国农业大学资源与环境学院副院长、国家农业绿色发展研究院副院长兼大理分院院长江荣风教授详细介绍了洱海治理情况及洱海流域农业绿色发展研究院（以下简称“科技小院”）的发展。

调研洱海科技小院

洱海是大理人的“母亲湖”，从20世纪80年代开始，洱海水质就急剧下降，富营养化现象严重。2015年，习近平总书记考察云南，强调一定要把洱海保护好，从此洱海保护治理进入了一个崭新时期。科技小院积极响应习近平总书记号召，组织相关高校科研力量就洱海流域的面源污染防控与农业绿色发展开展系统调研，并组建多学科攻关团队进驻洱海，旨在打赢“洱海水域保卫战”“高值农业攻坚战”“乡村振兴阵地战”“洱海科技大会战”等关键“战役”。

随后，现代农学院师生重走习近平总书记来洱海古生村考察时走过的路，深入学习了习近平总书记重要讲话精神。“新农村建设一定要走符合农村实际的路子，遵循乡村自身发展规律”“经济要发展，但不能以破坏生态环境为代价。生态环境保护是一个长期任务，要久久为功”。师生们更加深刻地领会了“绿水青山就是金山银山”的生态理念。

重温习近平总书记重要讲话精神

用脚步丈量祖国大地，用眼睛发现中国精神，用耳朵倾听人民呼声，用内心感应时代脉搏。现代农学院的师生党员，将砥砺前行、勇挑重担，将本次红色实践的所思所得、所感所获内化于心、外化于行。未来，现代农学院党总支将进一步引领学院师生党员心怀“国之大者”，在担当中历练，在尽责中成长。做起而行之的行动者、攻坚克难的奋斗者，积极投身新时代中国特色社会主义伟大实践，以过硬本领不负重托、不辱使命。

作者：张一凡，北京大学现代农学院党总支秘书

# 第三章

# 月亮天上走：学生及校友的乡情与体悟

# 扎根在三合

我跟夫人邱璐都是考古文博学院1989级的学生。2019年的夏天，我们从北京来到云南大理白族自治州弥渡县，定居在群山环绕的三合村，想在这里摸索乡村振兴的道路。

一开始，我们凭着之前一肚子的“理念”，甚至在没有住到村子里之前，就租下40亩地，遥控开始搞有机农业。种了黄豆、黑玉米、油菜、红花、红薯，想着把产品卖到“北上广”，再引导村民跟着一起种，全村发家致富还不是分分钟的事？当然，我们赔得一塌糊涂。在互联网的“加持”下，村民们绝不像刻板印象中没有见识，他们作为个体可能有高有低；但作为一个集体，他们的选择其实是本地条件下的最优解。他们不去搞有机农业，是因为在现有条件下此路不通。

种地失败之后，我们在村里改建房舍，安心居住下来，一边观察思考，一边跟北大驻村干部紧密联系，审视我们自身和外部的条件，逐渐确立了“四三二一”的乡村振兴思路，即以四产（教育）带动三产（旅游和服务），围绕游客吃、住、玩、买的需要发展二产（加工的农产品），最终促进一产（农业生产）的兴起。根据这个思路，我们选择了新的突破口。2021年我们在村子里建了一座图书馆。

图书馆服务于村里的留守儿童，父母出去打工了，孩子们需要陪伴，需要有个窗口从山村瞭望世界。图书馆是以科学为主题的，在弥渡县，甚至在大理白族自治州都是第一家，在云南省也不多见。图书馆为小山村带来了话题和关注。2022年正月，破天荒头一遭，三合村里来了游客。

之前因为北大挂职干部的引荐，我们有机会在县、镇领导面前宣讲

“四三二一”的思路。三合村地处深山，从来没有过游客，属于外人不来的偏僻地方，搞什么乡村旅游呢？他们根本不信。现在游客真的来了，政府开始认真起来。

有机农业的尝试带来一个重要启示，地里长什么是由种子决定的。同样，三合的振兴要看村子的内生动力。2021 年 8 月，回乡的年轻人挺身而出，在我们的推动下，成立了弥渡三合乡村旅游农民专业合作社，以繁荣村集体经济、共同富裕为宗旨，吸纳了三合村 299 户村民。村子的内生力，外来人的助力，政府力的加持，振兴道路“1.0 版本”正式上线。

2023 年一年，三合村发生了巨大的变化，村民们甚至说是翻天覆地的变化。在合作社的框架下，我们举办村民夜校宣讲，先后两次共 104 户村民入股建起了农家乐，从厨师到服务员都是股东，提供纯粹乡村风味的餐饮。在水库边，星空露营地的灯火照亮了山村的夜空，卡拉 OK 的歌声响彻田野。露营地的“1.0 版”是我们投资的，不过几万元，非常简陋，但是吸引了弥渡县数千人次来消费。露营地的“2.0 版”是政府投资的，足足有 200 多万元，帐篷带独立卫生间，走了轻奢风。我们也修好了客栈，提供标间住宿。我们还在山谷里建了养鸡场，近千只无量山乌骨鸡满山飞跑。母鸡们常常逃过饲养员的“魔爪”，偷偷在林子里孵蛋，然后带着一群小鸡现身，除了消耗大量玉米，还啄得山坡上寸草不生。2023 年至今，合作社已经实现收入 110 万元。

图书馆开办时是利用我们家的客厅，后来其他村的，甚至县城里也有家长送孩子过来，渐渐容纳不下。村子里原有一所废弃的小学校旧址，镇政府把它修缮成村民活动场所，并把新修好的两间教室无偿拨给了图书馆。2023 年 10 月下旬，图书馆新馆建成开馆，村子里组织了舞狮队，现场热闹非凡，一派“过大年”的气象，轰动全县，弥渡县电视台也做了报道。周日图书馆活动时，县城里来的孩子倒占了 1/3。孩子“带来”了家长，家长带来了消费。教育和文化并非是边缘和点缀，图书馆在乡村振兴中发挥出尖刀连的作用。

我们从2019年到现在，已经在弥渡待到了第5个年头。当初房子的租约是20年，之后这所院子就归村里公有。如果不出意外，我们的余生都会扎在这里，跟三合村一起成长。有生之年，能亲手创造出一些东西，在大地上留下自己的印迹，我们觉得这是一种幸福。

晏阳初先生说：与其坐而论道，不如起而行之，到底走出象牙塔，跨进泥巴墙。

作者：马岳，北京大学考古文博学院1989级校友

# 凝星火以燎原，聚沙砾而成塔

“用一年不长的时间，做一件终生难忘的事。”每次站上讲台，拿起课本时，这句话总是萦绕在我的耳边。在云南的支教生活开始仅两月有余，我却每每感觉时间似乎过了更久，心中自然是感慨万千。

回想起开学以来的教学生活，我基本是从完全没有接触过教学工作、手忙脚乱地由学生转变为老师的适应期过渡到现在刚刚熟悉学校规则制度及运转流程的状态，可以说是通过两个月的时间真正地被这所学校接纳并且相互熟悉了起来。完全不同的地域环境下语言和饮食、出行的障碍，对教师身份职责的陌生，这些都让我初到云南的每一天变得似乎更加艰难和漫长。

而在教学方面，我也成长得比别人更慢、更迟缓。我被分配教授弥渡学生较为弱项的英语，而4年没有接触过高中英语书，让我面对这群淳朴天真的孩子时显得格外手足无措。我是2019届高中毕业生，当时我所在的甘肃省还没有实行新高考改革，因此我对英语新高考的要求更是一无所知，尤其是新加入的语篇续写题目等，我曾花了一晚上的时间用来了解其题目的类型和答案要求，才勉强搞懂题目的含义和考察的方向。在这样的莽撞和无知中，我匆忙地站上了讲台，向孩子们介绍自己特殊的支教教师身份，战战兢兢地看早读晚自习、参加集体备课，学习其他老师的课堂组织和教学，磕磕绊绊、忙忙碌碌地重复了三周有余，才逐渐摸清了教学的规律和基本方法。我意识到教学工作和我们作为学生看到的、想到的完全不同，正如一角冰山在海平面下沉默的巨大的冰川一样，潜入水中探索的过程中才能看到那不为课堂接受者所知的十分之九。在每天批改作业、备课的过程中，我需要不断地查阅词典翻译和读音例句等，从教学讲解的角度更加完善地掌握和把控单词与句法。

因此，两个月以来，如何让学生更加容易接受这些艰深晦涩的新知识，成了我日思夜想的问题。我从当地学生和自身体验入手，也采访了许多之前的初中、高中同学，试图寻找更加适合大部分学生学习情况和思考方式的单词记忆方法与词句翻译方法。虽然在高中和大学时我都自诩很会学习英语、总结归纳，但是真正深入教学时，我才意识到我的学习方法与很多学生的知识水平和学习习惯都是不契合的，甚至和当下会考、高考所要求的知识水平和能力水平都大相径庭。怎么样从一个只会传授经验的“北大学姐”转变为适合大部分高中学生的英语教师，是支教工作对我提出的重要命题，也是我在这段经历中收获的身份转变下的站位思考，使得我对自己的评价更加客观，让我更加意识到卸下北大的光环后，我还有很多需要完善和学习的地方。可以说，是支教让我能重新认识自己，为了一个目标去不断努力，甚至是抛下自己原来身上所谓的包袱和自傲，全心全意地投身于这份纯粹的事业中去。

虽然我的教学水平与其他老师相比实在是差距很大，班上的学生却从来没有表现出对我“不专业”的英语课的质疑，这也是让我非常感激的。当然，同学们的信任之外，我也看到了很多客观的问题。这边的学生基本上高中之前很少有完整的、较成体系的英语课程学习方法和经验，甚至90%的同学没有学习过英语基本的音标和朗读。读完一句简单的“I am a student”，他们可能都需要斟酌许久，并且发音不准确，同时露出难为情的、不自信的、尴尬的笑容，声音越来越小并低下头不敢直视老师的眼睛。这些现象深深地刺痛了我，让我意识到除去不会读英文单词之外，可能他们更加需要有人来告诉他们怎么样培养起自信，怎么样面对老师的提问时不再害怕，如何展示自己已经学会的东西，并且将新学习的东西转化为自己所能使用的。

“授人以鱼不如授人以渔。”作为一名北京大学研究生支教团的志愿者，除去基本的教学工作之外，我能带给这群可能从来没有走出过大山，也从来没有对外面的世界产生思考甚至是好奇的孩子们的，应该是对世界的好奇心，对未知和更大、更广阔的明天的追求，以及乐观积极的态度。不少学生告诉我，他们觉得读完高中也考不上大学，也是要外出打工的，所以高中上不上都无所谓。从我自己的角度出发，去理解这些孩子，让他们的这种想法有所改变，喜欢上学习，明白学习的意义和价值，明白还有更加精彩的世界在高中后等待着大家，是我作为桥梁将北京大学这座遥远的象牙塔与当地学校连接起来应该做的。北京大学不应该作为一个触及不到的传说出现在这些孩子的生命中，而应该成为一种美好与希望的具象，引导更多的孩子对学习产生兴趣，通过知识改变自己的命运。

今年是北大定点帮扶弥渡的十周年，在这一具有纪念意义的时刻，我想到的是一批批北大人前赴后继、为弥渡带去温暖和支持的传承和坚定的信念，更想到的是弥渡人民淳朴、热情的面庞和对美好生活日益坚定的信心与希望。美好的具象的两种形式，我很荣幸能够都得以见闻，并成为这个故事的见证者和参与者。我和北京大学所有关注、支持、帮助弥渡县的师生一样，愿凝星火以燎原，聚沙砾而成塔，共建一个更加美好的未来。作为一名支教的老师，我将牢记立德树人的初心使命，脚踏实地、艰苦奋斗，让青春之花绽放在祖国最需要的地方，在新时代的伟大实践中不断书写奉献青春的壮丽篇章。此言绝非虚言，在未来的支教生活中，我也会身体力行地践行国家、北京大学赋予我的使命，为祖国的花朵们保驾护航。因为我始终知道，即使一个人的力量很渺小，当我们心往一处想、劲往一处使，再大的困难、再艰险的前路都能踏平，再伟大遥远的梦想都能实现。

作者：高歌，北京大学光华管理学院2019级本科生

# 融青春于细水，凝壮志于山河

在相遇之前，我曾设想过这里的生活，是雾霭迷蒙的青山，盘旋蜿蜒的道路，五彩斑斓的花朵，沾着露滴的果子；又或许，是这里和蔼亲切的老师，笑语盈盈的孩子，以及担负着责任与期望的崭新的自己。启航出发，在弥渡的这几个月里，我深刻地感受到了北京大学与这座小小的县城之间密不可分的联系，那是一届又一届人接力传承的无私与善意。

站上讲台后又是另一番风景。我看见这些年轻的面庞，却在信心满满的时候第一次感受到了迷茫。我很享受和学生们交流的过程，因此课堂互动大概是我最重视的环节。我问出的那些问题他们也大都能答上，于是我认为自己的教学很有效。然而，考试的结果却并不如意。在课堂互动中，我并没有觉得学生像他们自己所说的那样“基础不好”，而看见试卷我才意识到，问题更多在于学习方法与思想。学习方法是可以慢慢改的，我可以在课堂上时刻提醒他们记笔记和打草稿，真正难解决的是思想。

学生们知道要好好学习，但他们只知道把头埋在做不完的试卷里，应付老师的所有任务。他们意识不到的事情是，学习不是由时间堆积出来的。因此，在这种思想下，他们反而会逃避真正有用的课堂思考，宁愿课后死记硬背（且依然存在背不出、不会用的情况），然后陷入对背书的抱怨中。比如，他们遇到题目的时候总是先想：自己知道什么名词？哪个词看起来能填在这里？书上有哪句话跟这个意思比较像？自己应该背什么？我觉得这是很不对的，这在抽查他们的“日日清”作业的时候就能体现出来。所以我向他们强调不要把猜测、揣度老师语气等放在最前面，而是要关注这个问题本身。或许这对他们来说只是一个朦胧的要求，但这会成为我每节课的核心要求。

我也曾犹豫过，用这种不同于他们往日学习的方式来教学是否反而对他们不好。是不是在一年以后，他们又会回到从前的死记硬背中，并没有真正掌握一种新的学习方法。然而转念一想，我觉得，既然21天就能养成一个习惯，那么让他们学会把思考放在背诵前面（并真正地懂得自己在做什么）也许并不是一件难事。我愿意先花一两个月的时间把他们的习惯改正，也许这件事情并没有我们大家想象的这么难。而如今，我觉得我已经在一部分同学身上看见了成功的影子。

当然，总会有学生不能当堂理解我在做什么，于是我开始一个一个地找学生聊天，开学至今已经聊完了近半数的学生。就算要放弃我自己的教学方式，也该等和全部学生聊完了之后再让他们自行选择，是听思路还是背公式。这几周和学生们聊的首先当然是关于物理的一些问题。他们觉得，在我的课上有的时候可以跟上思路，有的时候需要反应一会儿，不过大部分都能跟上。他们也渐渐接受了我的教学方法，说能跟上的地方越来越多，也越来越明白物理学在讲什么。

之前听当地老师说，学生们只见过开货车的、送外卖的，所以他们自然而然就觉得自己以后也会做这样的事情，觉得三角函数、欧姆定律对他们的未来没有任何帮助。然而，他们还没有见到的世界其实还很大。所幸我见到的情况要好些，有个小姑娘说初中就决定了以后一定要学医，甚至愿意为此学习她讨厌的物理、化学、生物。于是我说，大家好好学习每一门科目，其实是给自己留一条后路，能让自己多一些选择。而考上大学，也是为了更大的选择范围。以后见到更加多彩的世界，才会更加理解自己的人生吧。

不过哪怕单独与每个同学交流，在课上所能引起的思考也依然有限。请教了当地老师后，我想到可以让学生分组做实验。每周挑一节课，要求学生准备一个实验。让学生学会怎么观察世界，或许才是我作为他们的物理老师真正应该做的事情，也是我接下来一年要最为关心的事情。学生们对于动手这件事都很开心，说有空也要带我去山上挖菌子。和这样淳朴的学生们待在一起，总是快乐的。

绵延的民歌《小河淌水》诉说着这里淳朴的风土人情，我把属于自己的琴音融进合唱团学生们的歌声中，也接过前辈们的担子，把自己的努力融在这里。

作者：周湉恬，北京大学光华管理学院2019级本科生

# 落其实者思其树，饮其流者怀其源

与“怀源计划”的第一次相遇，是看到学长学姐转发的推送，字里行间真挚的情感打动了我，也让我决定参加“怀源计划”。事实证明，“怀源计划”带给我的收获是丰富的。

如果说要用一个词来概括我的怀源之行，我想是“突破”。在弥渡这个地方，我成功踏出了“安全区”，实现了很多第一次：第一次作为班主任带班，第一次讲课，第一次完成文艺汇演的台本制作，等等。每个第一次都带给我不同但深刻的体验，每个第一次都在我短暂的大学生涯中留下独特的印记。

说到带班，我直到到了学校才知道我要去做一个班主任，当时要求抽签决定每个人带哪个班，我抽到了高三二班。有一天班上的同学们问我，老师你今年多大？我如实回答，并突然意识到我与这群高三的同学仅仅相差了不到两岁。我与他们平时的班主任相比有很大不同，又该如何发挥我的不同创造、我带给他们的价值呢？如果仅仅是与平时的班主任一样，站到门后紧盯自习，通知班级事宜，那我的作用可能并不能比得上他们平时的班主任，这推动我去思考我的工作方式，开始调整我每天的班级工作。我是第一次参与这样的支教活动，而且还要面对高中的学生，我十分担心自己能否担起作为一个教师的角色，担心能否给并不小自己多少的学生带来收获，于是我在每次讲话时反复斟酌用词，既希望能为高三的同学带来一些正能量的引导，又希望能为学业繁重的他们带来一些轻松的元素。我的学生给予了我很大的惊喜，他们对我的理解、支持与配合都令我感到温暖，他们在与我的互动中体现出的善解人意、活泼灵动都使我重新审视我自己，思考我的初心在他们的热情下是否依然坚定，我的行动是否能继续发挥我的价值。在支教的一周里，我始终在思考这些问题并尽可能循着内心去做。因为在支教期间有很多活动，我能和我的学生们相处聊天的时间有限，所以每次我到班里都会事先准备我想要对他们说的话，有时候是精心挑选的有趣的经济学知识，有时候是高三备考的经验，有时候也是部分学科学习的方法。现在回想起来，虽然初次带班有很多不足，但是已经尽力了，我也始终没有忘记想要给他人带去温暖的初心。

在带班之外，我们在支教期间还举办了一系列活动，包括篮球赛、运动会和文艺汇演，每个活动中的每个细节都是我们与学生们之间加深联系的纽带。在篮球赛中，不管初中组还是高中组比赛都很激烈，场上的同学既像是冲锋陷阵的勇士，又像是争取荣耀的骑士。所以在篮球赛后有同学受伤了，我带着负伤的同学去县里的医院检查。我十分清楚地记得我与其中两个同学在三轮车上一路颠簸，天空一直下着小雨，天气微冷。一个同学因为嘴里被碰破不停发出“呼哧”的声音，但又始终克制着自己的声音；另一个同学肚子本来就难受，在车的颠簸之下他眉目紧皱，低着头不说话。我十分担心两位同学的状况，每次他们发出痛苦却忍耐的声音时我都想问他们怎么样、我能不能帮上什么忙，但想到他们回答我也一定会有很大的负担，我忍住没问。同时，我也只能祈祷路上的车少一些、路平一些、雨能小一些，只有这一刻，我才明白一个老师的责任感多么沉重，我才明白将心比心永远不是口头上的形式，而是真正的感同身受后做出的行动。

我带的是高三二班的学生，他们虽然已经逐渐成熟懂事，但也有天真烂漫的一面。在运动会时，他们一开始就像所有的高三学生一样，有些紧绷，不能放松下来。但随着各个趣味活动的开展，他们的笑声逐渐放了开来，眉眼开始变得灵动，最有趣的是当我在仔细盯着上场同学的比赛时，几个班里的同学走过来说要给我一个礼物，打开手心一看，原来是他们在周围摘的野生菌子！在聊天中我得知这个野生菌子在这里随处可见，做熟了可以吃，他们还希望我带着他们去闯一闯后山，摘一些仙人掌的果子送给我。他们就像那些野生菌子一样，平日里默不作声，为自己的生长而不断努力，虽然不能选择环境，但始终充满生命力，肆意生长。很遗憾最后因为学校要求，我没能带他们一起去摘仙人掌果实，但我希望他们在日后能自由自在地、充满激情地去争取自己生命中重要的果实。

结束支教后，我脑海中对每段独特的记忆都久久不能忘怀，在回到鄂尔多斯后我沉下心来仔细回想，这不就是一种自我价值的实现、一种对社会的贡献吗？在备课中，我反复查找资料，希望能为同学们带来充实又有趣的历史地理课堂；在带领同学们参与运动会的时候，我把自己的笑声融入他们的笑声之中；在筹办文艺汇演时，我熬夜补充台本，希望能给同学们无憾的结尾。在这些过程中，无论是上课时几百人的认真听讲、运动会时同学们为我采摘的菌子，还是最终班级同学自行组织的集体节目，每一点、每一滴都带给我感动，也给予我更多的动力去完善自己的工作，更好地、更积极地实现我的价值。每一件我做过的事都是对我自己的交代，也是对热情的同学们的交代，虽然未臻于完美，但不曾后悔。

“落其实者思其树，饮其流者怀其源。”这是“怀源计划”的由来，也是该计划对参与者的期待，期待接受良好教育资源的我们能为社会做出贡献。饮水当思源，微尘亦有爱，对我来说，参加怀源计划的每一天中的思考和实践都是做贡献的方式，每一次工作的调整、每一次言语的斟酌都是我作为一个微不足道的个体独特的贡献方式。我也希望能一直坚持思考的习惯，改进自己的行动，做到知行合一，不断为身边人、为社会做出更多的贡献。

**本文作者阮秉煦与弥渡一中的学生**

作者：阮秉煦，北京大学经济学院 2022 级本科生

# 眼底未名水，心中弥渡情

北京大学国家发展研究院（以下简称“国发院”）以研究中国经济问题、探寻中国发展道路为使命，而真实的经济就发生在城镇乡野、阡陌纵横间。十年来，一批批国发人在这片热土上留下足迹、挥洒汗水、遍植爱与希望，用心、用情地关心和重视牛街彝族乡的发展，弥渡已经俨然成为国发人的第二个家乡，同弥渡的合作、帮扶也成为国发院老师们根植于心的习惯和坚守。

国发院和弥渡县牛街彝族乡因“定点扶贫、对口帮扶”结成“亲家”，一场饱含家国情怀的攻坚助力随之展开。按照学校部署，国发院多次派出教研团队，前往牛街彝族乡开展深入调研走访，累计参与超百人次。老一辈资深教授周其仁、黄益平等带队，进行经验交流和实地考察，运用专业特长为当地脱贫攻坚献计献策；青年教师赵波等赴当地走访特色企业和中小学，走进贫困农户家庭深入探访，调研当地经济与教育发展……倾情帮扶的接力棒代代传递，为国家发展做贡献的精神辈辈传承。

## 眼底未名水，心中弥渡城

租车自驾下乡，入住农村客栈，凌晨 5 点上山调研，用无人机拍摄当地资料，10 余次自费前往弥渡，捐款 10 余万元用于当地修路、学校硬件设施建设，疫情防控期间为当地学校采购并配送急需的防疫物资……这是国发院教授周其仁深度参与牛街彝族乡定点帮扶的真实写照。一条结对扶贫的红线，将周其仁和 2 800 千米以外的云南省大理白族自治州弥渡县牛街彝族乡紧紧相系。2017 年 3 月，周其仁参加牛街彝族乡民族中学“梦想中心”建成揭牌仪式，并作题为《从经济角度谈教育》的“北京大学弥渡讲坛”讲座，并到依多么村、罗下村走访贫困户。2019 年 6 月，周其仁再到依多么村、大核桃箐村、响水箐村实地调研脱贫攻坚工作。在调研帮扶的过程中，周其仁从经济角度谈及他对于教育和知识的看法，指出：为了实现精准扶贫、支持偏乡经济持续增长，对教育的投入是最佳选择，针对偏远贫困地区的教育，鼓励孩子“去远方”、打开视野是非常重要的手段。同时，知识进步需要合作及多元化的思维碰撞，以提升人才的敏锐程度，知识创造是精英的工作，但知识运用和欣赏必须普及大众。

知识和观念的更新是脱贫的治本之策。2017 年 11 月，黄益平为弥渡县人民政府及当地金融机构带来了题为《十九大之后的中国经济金融形势》的讲座，分享了很多关于贫困地区如何借助金融资源帮助经济增长的务实观点，为当地送上了智力帮扶的大餐。黄益平一行还来到牛街彝族乡参加牛街完全小学“梦想课堂”建成仪式，帮助牛街完全小学捐建“梦想中心”。针对弥渡县对金融项目的需求，助力产业帮扶，黄益平帮助弥渡县与中国人保财险签订“政融保”支农融资合作协议，授信额度 1 亿元，努力实现弥渡县的小额贷款项目全覆盖，助力贫困人口增收脱贫。2020 年 11 月，黄益平再次到牛街彝族乡开展扶贫帮扶工作，并参加了北京宜信公益基金会——马安完全小学“苔花计划”捐赠仪式。在弥渡的调研过程中，黄益平收获了许多感动和启发，同时还把很多问题和思考带回来，为进一步帮扶、真正打赢脱贫攻坚战、促进弥渡县和牛街彝族乡的大发展做准备。

## 老干扶新枝，后浪推前浪

以周其仁、黄益平等老一辈资深教授为代表，这样心手相连的精神已经俨然成为国发院的精神血脉，激励着一批又一批的国发人投身帮扶弥渡、乡村振兴实践之中，青年教师赵波就是其中的代表。

2016年7月，赵波跟随胡大源、张晓波等国发院教师和校友组成扶贫工作调研团队到弥渡县进行调研，这是他第一次来到弥渡。在当地，调研团队与政府和企业界代表举办了座谈会，详细了解了弥渡县的现状，脱贫攻坚的目标和政策、工作重点方向，以及当地企业的现状和问题；深入洪灾群众安置点和当地小学，调研了解当地基础设施以及教育情况，看望当地留守儿童。调研结束后，赵波老师将所思所悟凝练成题为《弥渡县牛街彝族乡目前扶贫工作的挑战和建议》的调研报告，深入分析了牛街彝族乡在教育、产业发展上面临的挑战，提出了教育扶贫、产业扶贫、政府救助3个方面的具体建议。

2022年8月，赵波又作为国发院本科生思政实践团的带队教师来到弥渡牛街彝族乡。除了指导同学们进行调研参访外，他抽时间再次去往2016年到访过的受灾村落，再次见到了当年有过交流的孩子们。这次来，他充分感受到6年时间里牛街彝族乡发生的翻天覆地的变化。也正是在这些科研和调研经历中，赵波越来越深刻体会到中国共产党的领导、社会主义制度对于促进经济发展的独特优势，他积极向党组织靠拢，如今已成为一名共产党员。和学院的其他老师一样，赵波也时时想着牛街所需。赵波喜爱运动，是学院羽毛球队的主力，了解到2023年学院羽毛球比赛一等奖的奖品是两台打印机，而这些当地学校正用得上，赵波主动和相关主办校友联系，把打印机捐给了牛街民族中学，同时还捐赠了漫画书《跟着世界冠军学体育》，希望能为当地学生的体育梦启蒙。

## 十载帮扶路，一生弥渡情

国发院多次派出教研团队，赴弥渡县牛街彝族乡开展对口帮扶工作。一次次深入调研，让老师们对当地的问题和需求把握更准、认识更清，以产业帮扶和智力帮扶为两个着力点，为牛街彝族乡实现脱贫、进行“造血”的思路更加坚定。国发院老师们的心一头系着教学科研，一头系着弥渡县南端的牛街彝族乡这个对口帮扶点，在智力帮扶、产业帮扶、教育帮扶、政策帮扶等多个方面积极探索、精准帮扶，取得了明显的成效，帮助牛街彝族乡各项事业发展迈上崭新台阶，群众生产、生活条件明显改善，如期实现高质量脱贫摘帽，并朝着乡村振兴的新目标阔步前进。国发院用心、用情、用力的关心帮扶，让牛街人民切切实实感受到了党的温暖，也充分体现了国发院老师们经世济民的责任担当和至真至深的家国情怀。

作者：范炘宜，北京大学国家发展研究院 2021 级博士生；

崔荣钰，北京大学国家发展研究院 2018 级本科生

# 汇聚乡村经历，凝聚家国情怀

北京大学国家发展研究院（以下简称“国发院”）将对口帮扶工作与学生培养、思政教育相结合，多次组织学院师生前往牛街彝族乡实践考察。2021 年 7 月和 2022 年 8 月，学院两次组织本科生前往牛街彝族乡开展社会调研。通过周密组织、严谨调研，让同学们切实在社会大课堂中了解牛街彝族乡脱贫奋斗历程，体会国发院在对口帮扶过程中展现的家国情怀，感悟建党百年来开辟的伟大道路、创造的伟大事业、取得的伟大成就，进一步坚定理想信念和使命担当。

## 启程：追寻乡村故事的起源

2021 年 7 月，正值建党百年和“十四五”规划的启动阶段，来自国发院 2019 级本科班的 30 名学生分为 10 组，在国发院时任副院长徐晋涛、本科生研究生办公室主任蒋少翔和专职辅导员张皓月等老师的带领下，围绕“乡村家庭”“亲属关系”“财产与继承”“乡村治理结构、社会资本”“乡村生活方式”“农业产业结构”“商品流通”“乡村经济产业形势”“非农就业”“土地制度”10 个主题，走进当地农户家中，进行半结构性的入户调研。历经调研百余家农户，召开 7 场交流研讨会，实践团从经济学理论出发，系统性了解探索当地乡村生活的方方面面，并形成长篇实践调研报告。学生们离开了校园和书本，直接走进基层村落，他们运用经济学的视角去理解和洞察脱贫工作的实际意义。通过这次实地调研，学生们全面了解了国发院在牛街彝族乡的扶贫成果，从微观层面把握中国乡村发展的宏观趋势。

2022 年 8 月，国发院又组织 2021 级本科生班的 30 名学生赴弥渡开展以

“走进乡土中国，见证振兴伟业”为主题的暑期思政实践课程。实践团由院党委书记雷晓燕教授，党委副书记邢惠清，长聘副教授赵波、余昌华，助理教授、班主任徐化愚，团委书记刘芸芸等老师带领，围绕“多民族地区的中学民族文化融合教育与村民双语再教育”“乡村教育现代化对推进农业现代化的可能贡献”“乡村振兴过程中劳动力转移的原因、结构变化及影响”“弥渡县电商中心及配套物流产业”“乡村振兴背景下弥渡县特色农业发展对策研究”“弥渡县地方特色产业及发展模式探究”6个主题展开调研。实践团成员同当地政府官员、乡村教师、村民居民进行深入交流，深度了解弥渡县历史沿革、民间习俗、历史贡献和文化遗产，真切感受农业发展与乡村振兴新形式、新形态，在实践中收获对于经济学理论和中国式现代化的思考。

在这样的经济学社会实践的探索之旅中，学生们以经济学理论为指南，深度感受和领悟了国发院教授及校友们“把论文写在祖国大地上”的实践精神和家国情怀。在不同微观个体的沟通交流中丰富自身对于经济学理论尤其是中国式经济学理论的认知。这一过程不仅增强了他们的实践能力，也如同筑起了一座坚固的桥梁，引导他们未来更深入地研究经济问题，开启了他们的学术探索之旅。同学们从习近平总书记系列重要讲话精神出发，同当地干部、百姓打成一片，认真了解、学习、探讨党和国家政策在基层的落实以及在这一过程中人民群众展示出的踔厉奋发、勇毅前行、团结奋斗之精神。亲自见证乡村振兴战略下广大农村迸发出的发展活力，感受基层事业中蕴含的勃勃生机，并以此勉励自身的学习和成长。

## 传递：让乡土之声传播至都市

在社会实践之前，同学们主要通过经济学等学科的书本来了解中国社会。然而，普遍性的、抽象的理论与充满复杂变化、多元主体的实际情况之间存在鸿沟。因此，在实践调研中，同学们带着问题与思考前往乡野，与基层干部和群众进行深入交流，真真切切地了解和感受基层问题。

习近平总书记指出：“调查研究是谋事之基、成事之道，没有调查就没有发言权，没有调查就没有决策权。”“坚持从实际出发，前提是深入实际、了解实际，只有这样才能做到实事求是。”“要了解实际，就要掌握调查研究这个基本功。”通过社会实践，同学们在同当地百姓面对面交谈中求调研之深，在讨论脱贫攻坚与乡村振兴问题中求调研之实，在学习具体农业知识中求调研之细，在探讨理论与现实差距中求调研之准，在比较牛街历史、现实与未来中求调研之效。尽管大部分的当地百姓在文化程度上远不及同学们，但他们在解决自己面对的生产规划和乡村发展问题上却展现出了令人敬佩的才智和能力，这引起了同学们的深思；村民们面对激烈的市场竞争时体现出的勇于面对风险的意识，也引导着这些同样身处激烈竞争中的同学们，鼓励他们去反思和审视自己的成长道路和奋斗策略。

牛街彝族乡的实践经历在同学们心中留下了深刻印记。乡亲们利用一切可利用的资源实现高质量发展的奋斗精神让同学们深受感动。即使在离开牛街彝族乡后，他们仍然以各种形式关注并支持着这个乡村的发展，为其振兴尽自己的一份力。2022 年 11 月，在国发院第一届校友品牌节中，特别设立了牛街民族中学学生手工艺作品爱心义卖摊位。国发院志愿者积极分享自己在牛街彝族乡的所见所闻所想，向来访的校友与参会者介绍了牛街民族中学同学们的精致手工艺品，并鼓励他们在定制明信片上写下对手工艺品小作者们的祝福。这次义卖活动所获得的数千元收入全部捐赠给了牛街民族中学，用于学校的建设。通过义卖活动，同学们以真诚的行动展示了牛街民族中学学生的创造力与信心，打动校友和参与者的爱心，进一步拓展了国发院对牛街彝族乡教育援助的新途径，共同为山区的教育事业提供了力所能及的帮助。

## 反思：在实践中寻找个人成长与国家发展的交汇点

国发院一直秉承着弘扬家国情怀、扎根中国大地、研究中国问题的优良传统。在教授们的指引下，同学们在日常学习中注重联系经济学理论与中国实际，密切关注中国社会进步与发展面对的问题和挑战。前往牛街彝族乡的实践更给予了同学们一次深入了解“真实世界的经济学”的机会。

通过多种形式的面对面采访调研，同学们了解了中国基层乡村发展的现状以及面临的挑战，深刻感悟“把论文写在祖国大地上”的沉甸甸的分量，更加坚定了做“对中国有意义的真学问”的使命担当。通过亲身了解、体会乡亲们的需求和村庄面对的挑战，同学们对中国特色社会主义事业建设面对的具体困难有了更加细致的感受，更加明确了当代青年在理论研究和实践应用方面需要付出的努力。

弥渡地区通过发展特色农业、旅游业等产业，提高了农民收入，带动了乡村经济的发展。政府投入大量资金改善乡村道路、水利、电力等基础设施，提高了乡村居民的生活水平。政府加大投入，提高乡村学校的办学条件，吸引优秀教师到乡村任教，为乡村孩子提供了更好的教育机会。这些都让同学们深刻体会到乡村振兴战略在促进经济发展、加强基础设施建设、提高民生福祉水平中的重要作用。他们所看到的是一个充满活力、富饶美丽的乡村，感受到的是乡村振兴战略带给人们的实际利益。这种从内心深处涌出的情感，让同学们对自己的国家有了更深刻的理解和热爱，他们看到了乡村的繁荣，感受到了祖国的强大，更加坚定了为祖国发展贡献一份力量的决心。

## 落笔：汇聚乡村经历，凝聚家国情怀

在牛街彝族乡的学习调研中，同学们深入乡村实地调查，亲身体验了乡村生活的艰辛与变化。他们目睹了农民的勤劳与希望，也领略到了乡村振兴战略对于农村发展的巨大推动力。在与乡亲们的交流中，同学们揭开了农村经济发展、社会保障、教育医疗等方面的现实问题，这些问题不仅是经济学研究的重要内容，也是他们作为未来的社会建设者需要关注和解决的关键课题。但是，他们的调查并未止步于此。他们继续深入农村的每一个角落，发现了农村发展中更多亟待解决的问题，如土地流转、农业产业结构调整、农村环境保护等。这些问题向他们发出了挑战，也激发了他们深化研究、寻找解决方案的决心。

在牛街彝族乡的实践调研中，同学们深刻理解了经济学不是纸上谈兵的理论学问，数据背后是一个个活生生的人。通过实地调研，同学们直面真实的经济问题和社会现象，有机会把课堂上所学应用到实际生活中去，又从现实中发现并学习新的经济学理论。同时，这样的实践也培养了学生的实践能力和创新能力，他们需要通过所学理论发现根本性矛盾后，针对实际问题提出创新性的解决方案。因此，在今后的学习实践中，同学们应该更加注重实践精神与问题意识，将所学知识运用到实际工作中，为乡村振兴战略的实施提供有力的支持。

在牛街彝族乡的实践调研中，同学们手握问卷，耳倾人声，记录着每一份珍贵的数据，逐渐掌握了如何深入进行访谈和调查的技能。这些实践经验成为他们宝贵的财富，激发了他们提高自身调查和研究能力的决心。在今后的学习实践中，同学们应该继续提高自己的调查和研究能力，学会运用各种方法和技巧，为解决实际问题提供有力支持。在思考具体科研问题时，不能只看表面，需要从更广泛的角度去思考，首先要明确自身研究问题的现实意义和政策价值，同时考虑政策在基层的可执行性，以及可能造成的连锁反应。这样，他们才能做出有意义的研究，才能为乡村、为村民们带来实实在在的改变。

在牛街彝族乡的实践调研中，一群有着坚定信念的学生深度体验了经济学理论与现实的碰撞，他们用理论指导现实，用现实更新认知。他们将带着在牛街彝族乡实践中得到的宝贵经验，以更加务实的态度面对未来的学习和工作。他们的目标是明确的——持续关注农村发展的实际问题，以行动支持乡村振兴，用自己的智慧和力量推动社会的进步。而那些在牛街彝族乡实践调研中播下的种子，终会与同学们一同成长，即使在他们走入各行各业后，仍然激励着他们继续为乡村振兴和社会主义建设事业奉献自己的力量，这便是牛街彝族乡给他们最好的教诲。

作者：冯婷玉，北京大学国家发展研究院2021级博士生；
翟夏宇，北京大学国家发展研究院2023级博士生

# 拧成一股绳，携手促振兴

遍布全球各行各业的校友一直都是北京大学国家发展研究院（以下简称“国发院”）最珍贵并且引以为傲的财富。国发院拥有本科、双学位、硕士（金融方向）、博士、MBA、EMBA 等数万名优秀校友资源，形成紧密互动的“国发动力”。他们活跃在学界、政界、商界等各个领域，为中国乃至世界经济、社会各方面的发展贡献着力量。

作为服务社会的重要方式，国发院校友们对于公益有着深入的思考和务实的实践。他们发起“慈善光明行”为贫困地区白内障患者免费做手术、“让爱出发 · 伴你回家”设置农民工春节回家专列、疫情防控期间“助力湖北”捐款捐物提供服务……这些公益活动都实现着国发院校友“兼济天下”的社会担当。在国发院对口帮扶云南弥渡牛街彝族乡的行动中，也同样活跃着校友们的身影。他们聚星成火，照亮了弥渡摆脱贫困、走向振兴的路。

## 汇聚组织合力，培育乡村振兴先锋

国发院校友会于 2018 年成立公益委员会，该组织依托学院智库资源，以解决社会问题、推动社会进步为己任，为城乡协同发展、基础教育、公益体验等方面的提升与改善贡献力量。2018 年至 2020 年，公益委员会支持弥渡县百名干部参加北大“县域经济智力帮扶”，赴成都参加“乡村振兴、城乡融合时代的项目发展路径”现地教学。

2021 年起公益委员会将工作重点放在乡村振兴事业的决心更加坚定，实践也更加系统化。此次，他们将视线投向乡村振兴工作中更加基层，但发挥至关重要作用的群体——村干部，联合国发院社会行动与创新实验室共同推出了“乡村振兴·村长工作坊”系列活动。工作坊现已举办三期，来自全国近160个村庄的带头人参与了培训。每期工作坊涵盖理论学习、现地教学等多个阶段，持续1年时间，汇聚周其仁、张维迎等重量级师资。该项目每年定向给弥渡名额，多位村干部通过工作坊开拓视野、深度思考，找到了自己村庄的潜力、优势和特色发展道路。曾在第二期村长工作坊学习的弥渡县栗子园村书记杨正斌说：“从北大毕业带走的是足够的信心。从开始来参加这期培训到现在，我理清了好几个思路，一方面是农业与文旅的融合，通过现地教学，也增加了很多想法。从这里回去就信心满满地把工作干好。”

国发院校友拧成一股绳，通过建立组织、打磨项目、发挥比较优势，在助力脱贫攻坚和乡村振兴的事业中释放出了巨大的能量，以“授人以渔”的方式和“人才振兴”的理念为弥渡也为其他许许多多的基层单位培育了先锋骨干。

## 播撒希望火种，爱心助学情暖彝乡

“我要向不辞辛劳，长途跋涉来到这里的各位领导和老师表示衷心的感谢，你们辛苦啦……”“我们会认真学习，并以你们为榜样，尽己所能地奉献社会，帮助更多需要帮助的人……”这是牛街彝族乡依多么村的孩子们写给国发院EMBA 2017级校友的信中的真挚话语。

一个人想要改变自己的命运，接受教育是最直接的方式。而通过知识去改变一个人，很可能还会带动一个家庭，乃至一个家族、一个地区的改变。秉持着这样的理念，“助学”成为国发院校友们帮扶弥渡最重要的方式之一。

为了集中资源，校友们的公益助学行动多以班级为单位对接到重点村镇，自发形成了“一班帮一村”的模式。2019年起，国发院EMBA 2017级校友开始对接弥渡牛街彝族乡依多么村。依多么村位于大山深处，发展现代农业、工业和文旅的可行性较小，最可行的脱贫致富路径就是让村民通过教育走出大山。村里的孩子，从6岁开始就要去8千米外的行政村小学读书。因为距离太远，孩子们住读在学校，平时自己洗衣服、做饭（近几年刚刚建了食堂）；初中在乡里的中学住读，高中在县里的高中住读。全村只有 50 多户，但当时已有 4 名在读大学生、8 名在读高中生，没有一个孩子缺席九年义务教育，已然是非常难得。

校友们采用奖学金的形式资助全村在读高中、中专、本科、研究生的学生，连续 5 年捐款 50 余万元，为防止当地村民因为教育投入返贫、帮助当地学子获得更多的教育机会做出了重要贡献。如今依多么全村升学率实现 100%（初中升高中或中专、高中升大学），5 年内新增大学生 16 人，其中 9 人在读（含研究生 1 名）、7 人已毕业，而且已毕业的 7 人均走出了大山，就业良好，其中还有 2 名成为教师。

国发院 EMBA 2017 级校友们每年都会不畏路途遥远，跋山涉水亲赴依多么村，举办奖学金颁授仪式来激励孩子们努力学习、将爱心继续传递。校友们承诺公益助学依多么村的项目至少做 10 年，相信那时依多么村的面貌将发生翻天覆地的变化，孩子们将走向全国各地、为祖国富强的事业添砖加瓦。

## 巧用政策帮扶，推动制度改革落地

在帮扶弥渡的国发院校友队伍中，涌现出许多十年如一日倾注了大量心血的代表，其中就有国发院校友公益委员会副会长、EMBA 2017 级校友胡林。胡林创立的企业专注于城乡一体化背景下的小城镇开发和农村土地整理，除了参与村长工作坊项目的组织工作、牵头公益助学，胡林还发挥其从事的业务领域优势，开展了多项针对弥渡的政策帮扶，为当地的发展做出了自己的一份贡献。

在新的土地管理法开始施行，各地摸索集体经营性建设用地入市的背景下，胡林利用多年实践经验，公益为弥渡县起草《弥渡县农村集体经营性建设用地使用权入市管理办法（试行）》，该办法后经弥渡县委全面深化改革委员会研究同意并正式印发。同时，他借助北大校友资源，邀请云南省自然资源厅到弥渡调研指导集体经营性建设用地入市工作，帮助弥渡建立了信心，在云南率先实现了集体经营性建设用地入市制度改革落地。

2021 年，通过与集体经济组织签订合作协议的方式，胡林带领所在企业为牛街彝族乡和密祉镇共两宗集体土地提供入市操盘服务，两宗集体土地成功入市，累计为集体经济组织获得土地出让收益 1 415 万元。目前，两个乡镇均合法合规建起了加油站，有效解决了加油难的问题。其中胡林为牛街彝族乡集体经营性建设用地入市操盘为纯公益服务。

2022 年，在土地资源紧约束、规划建设空间有限、通过传统国有建设土地发展工业不能符合相关要求的背景下，弥渡县利用集体经营性建设用地入市制度和经验，有效解决了工业发展用地保障难题，为集体经济组织实现土地出让收益 1.15 亿元，带来了约 50 亿元工业项目投资，推动了弥渡县的县域经济发展。

此外，胡林还牵头推动弥渡古城村建设，帮助建立起存量建设用地盘活、产业策划、实用性村庄规划、社区营造等完整的系统，申请了沪滇合作资金 1 000 多万元，古城村目前已成为大理白族自治州乡村振兴核心示范亮点村庄。

如今，胡林还在对弥渡发展持续跟踪，开展全域存量建设用地盘活推动乡村振兴和城乡融合高质量发展的研究。“穷则独善其身，达则兼济天下”，正是有了像胡林一样的校友身体力行、奔走号召，才有了校友们聚星成火，持之以恒地为弥渡，也为全国的乡村振兴注入源源不断的“国发能量”。而发挥优势资源，善作智力帮扶、政策帮扶，也成为国发人帮扶弥渡过程中最大的特色和经验。

作者：胡林，北京大学国家发展研究院 EMBA 2017 级校友；
刘芸芸，北京大学国家发展研究院团委书记

# 一朵云推动另一朵云

从家乡成都到云南大理，从雾气蒙蒙的都市到阳光明媚的“风花雪月城”，一千千米的距离有着截然不同的光景。在这个小镇弥渡，无论何时抬头望天，你都会看到云蒸霞蔚的美丽景象。是那清晨六点的晨曦与夜晚十点的星星伴我度过了这一年支教时光。有时仰望云卷云舒，我会觉得自己也像那些云朵一般，在这里短暂地栖居，还不知是否留下了什么，离别的时刻已然来临。

俯瞰弥渡县城

## 讲台之上——从“不知所措”到“得心应手”

2022 年 8 月，我第一次作为老师站上了弥渡一中高一年级的讲台，面对讲台下一双双充满好奇与憧憬的眼睛，紧张得语速越来越快。幸而执教的科目英语也算自己擅长的领域，我很快便找回了从容。和孩子们熟悉起来后，我问起他们的年龄。说是孩子，其实我只比高一的他们年长 6 岁，有的学生甚至仅与我相差 2 岁有余。和我相处没有那种来自年长者的压力，他们倒也轻松惬意起来。聊天时叫我“菁姐”，加上微信之后时常找我闲聊，举行篮球比赛邀我去看，去大理游玩也叫上我。我也乐得与他们共享生活的一面。

不过这种熟络却给我的教学带来了不小的障碍。起初，我总是苦恼于如何建立老师的“权威”，孩子们上课时倒是安静听话，给了我足够的“面子”，可课下单词不背、作业不写、训话不听，还是让我头痛万分。英语组的老师们甚至建议我学些方言里骂人的话，令我哭笑不得。可渐渐地，我不再执着于此。既然孩子们更乐意把我当朋友，我为何不可以发挥这种年轻教师的优势呢？于是，我把关注点聚焦于如何让教学变得有趣且富有个性化。

为增加课堂趣味性，每周四的英语课上，我设置了 20 分钟的拓展课堂时间，用英语讲述孩子们感兴趣但较少接触的趣味知识，从电车难题到洞穴奇案，从量子纠缠到猎巫历史。孩子们听得津津有味，不少学生告诉我，周四的英语课是他们最期待的时光。此外，我时常与学生们进行一对一沟通交流，每一次大考后，我叫上成绩不理想的同学一对一分析试卷，找出

公开课上

他们的个性化问题，常常连续 3 个小时说个不停，却在下一次他们成绩进步后感到十分欣慰。我也乐于与学生们分享自己的经历，在面向全校的公开课上，我以“运动”为主题，生动分享了自己喜爱的运动员和参与排球队的故事，激起了学生们的兴趣，他们也踊跃发言。在摸索中、在一次次真实的师生互动中，我找到了自己的教学节奏与方式，上起课来也更加得心应手了。

## 书本之外——从“打破成见”到“点亮微光”

在教学之余，我总是想着，还能再为他们做些什么？还能再教给他们些什么？来到这里只驻足短短一年，我不希望自己能教给他们的只有课本中的知识。还记得妇女节那天，我在黑板上写下了“International Women’s Day”，祝女生们妇女节快乐。但讲台下却传来了嗤笑声，一些学生似乎将“妇女”视为一个贬义词。于是我立即放弃了原本打算讲授的课本知识，向孩子们讲述了妇女节的起源和妇女劳动的重要性。孩子们听得越来越认真，将近半小时的讲述后，我收获了他们的掌声。我想，性别平等意识对于他们来说是对固有观念的一次冲击，更是对他们人生的一次点亮。一位女生在写给我的信中说，她转变了原有的看法，现在也希望能当一名“光荣的劳动妇女”。

身处小镇，孩子们的见识与视野确实存在着很多局限，我总是乐意向他们讲述些平时难以接触的事物，希望他们的视野更加开阔。作为第一届新高考的学生，他们在选科时比以往更需要仔细考虑。孩子们希望我与他们分享高中选科与大学选专业的经验，我便用一整节课与他们分享。下了课，他们还意犹未尽，缠着我询问各种问题。许多孩子对云南省外的高校不甚了解，我也尽量详细地为他们介绍。在听见学生说“老师，我想到你的家乡成都去读书”时，我的高兴与欣慰是难以言表的。短短一年的相处时光，我能向他们讲述的实在是太有限。可我希望自己能为他们打开一扇窗户，希望他们能拥有更广阔的视野和更加自由包容的思想。

走出校园，我积极融入到乡村振兴的行列中，希望为乡村发展贡献绵薄之力。歌唱是世界通用的语言，歌唱也是乡村美育的重要组成部分，弥渡县于去年成立了小河淌水少年合唱团。支教团的成员们积极参与到了合唱团的筹备和演出工作中，在大理白族自治州州庆时圆满完成了首演。国庆节之际，支教团与合唱团成员同唱《我和我的祖国》，共同完成了中央电视台的录制工作，登上了中央电视台《晚间新闻》。看着孩子们朝气蓬勃的面庞，聆听着他们清澈响亮的童声，我深刻地体会到，这支合唱团不仅是孩子们练习歌唱的地方，而且代表着乡村振兴的希望与未来。

小河淌水少年合唱团的排练时光

## 真诚之情——从“感受孤独”到“体会大爱”

遇见这群可爱的孩子是我的幸运。我自视对他们的帮助十分有限，但他们却实实在在地帮助了我，给予我太多的温暖与感动。2022 年跨年夜前夕，我罕有地感到了几分身处异乡的孤独。本以为会自己一人度过跨年，傍晚却收到了学生们的邀请。来到县里最大最热闹的广场，学生们带着我买烟花，与我一起等待新年的来临。伴随着时钟指针来到零点，绚丽的烟火照亮夜空，此起彼伏的爆竹声响彻云霄。我们欢笑着、拥抱着，带着对来年的期寄与憧憬互相祝福着“新年快乐”。孩子们的热情与快乐感染了我，让我沉浸在这单纯而尽兴的喜悦中。这是我印象最深的一次跨年。

弥渡一中的孩子们当中不乏留守儿童，一些学生周末还要帮助家里做农活。生活并不总是容易的，但他们却总有着向上的力量，他们的积极乐观也鼓舞着我，给了我继续前进的动力。在为学生排忧解难后，她的一句“老师，你真的真的好好啊”让我感到了一种被需要与肯定的幸福感，至今回忆起来仍令我热泪盈眶。孩子们带着满心的真诚与良善与我相处，我又怎能不爱他们，不总是惦念着他们呢？这一年的支教时光让我更加明白，正是人与人之间的爱与联结让我感到生活的意义。

临别之时，孩子们为我举办了送别仪式。我捧着花束站在讲台上，准备好的煽情话到了嘴边却难以表达，只得竭力憋住眼泪，再向他们讲几句建议、说几句祝愿。他们将写好的信交给我，还有一件写满了寄语的 T 恤，一片来自弥渡一中的银杏叶，我们的一年就凝聚在其中了。

与学生们的合影

在教育扶贫的宏大事业中，我深知自己的付出还远远不够。但我相信，随着一批又一批支教人的努力，偏远地区的教育水平会持续进步，教育公平会取得丰硕成果。正是你我每一个人对教育扶贫事业的关注与奉献，让知识的火种撒遍每一座大山、每一片原野，为大山里的孩子们点亮求知的微光。

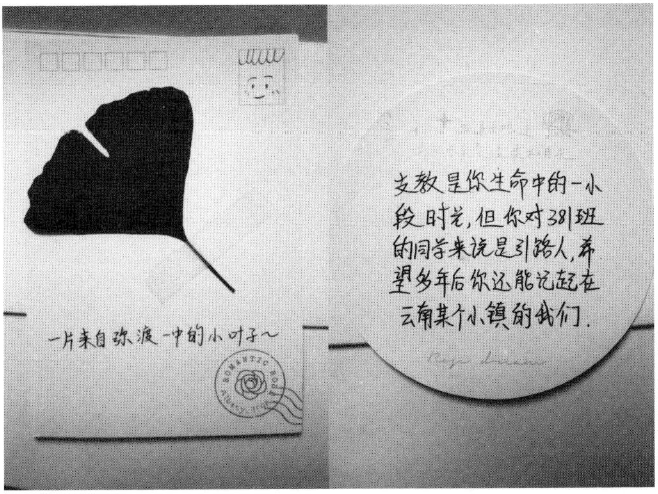


**学生给作者袁菁的银杏叶与寄语**

在《什么是教育》中，雅斯贝尔斯将教育比作“一棵树摇动另一棵树，一朵云推动另一朵云，一个灵魂唤醒另一个灵魂”。这短短的一年支教生活里，我觉得自己像云一样，从天边飘来，离他们很近，又离他们很远。我不敢说自己给孩子们带来了多么大的影响，有着多么大的“推动”，可我由衷地希望这些山里的孩子们也能像云一样，飞远些，再飞远些，去更大的世界里看看吧！

作者：袁菁，北京大学国际关系学院2018级本科生

# 做一只“云燕”

飞过彩云之南，翻过层层叠叠的大山，一片平缓的坝子映入眼帘，“小河淌水”的故乡——弥渡县城就坐落在这里。2020 年 7 月到 2021 年 7 月，在本科和研究生的间隔年，我来到弥渡一中做一名支教志愿者，度过了人生中意义非凡的一段时光。

我是在南疆地区长大的孩子，从小接受的教育条件相对落后。受益于国家给南疆提供了优厚的教育扶贫政策，我能够最终圆梦北大，也改变了我的人生轨迹。这让我对教育帮扶的意义感受很深，心中也种下通过教育帮助到更多人的理想。本科毕业，我选择到弥渡县支教。临行前朋友问：“弥渡县已经脱贫了，你们还有什么可做的呢?”这一下把我问住了。脱贫摘帽，物质条件提升后，乡村振兴的故事又当如何书写?

到弥渡后，我很快发现了脱贫的“战果”：窗明几净的教室，完整的多媒体设备，县城中学的硬件条件几乎与大城市无异。但孩子们的学习状态就不那么妙了：消极被动，少有主动学习的兴趣；学习习惯和方法有待改善；对未来缺乏规划，更缺乏动力。我精心设计了一个多月的课程，学生的成绩却毫无起色，这一度让我非常沮丧。

带着解决问题的态度我开始频繁家访，和学生谈心。我逐渐认识到，得益于脱贫攻坚的成果，大多数学生家庭已经能够衣食无忧，他们没有物质匮乏的焦虑，但也缺乏积极向上的动力。这些年，北大定点支援弥渡脱贫事业，我的老师和前辈们已经做了很多大事实事，现在接力棒到我手上了，我能做点什么?在一个月光洒进窗台的深夜，我躺在床上望向天花板想明白了这个问题。“扶贫须扶志”，我要激发学生的内驱力，让学生敢于突破自我、改变命运，树立向上的人生志向。

我和支教团队友们很快策划了一揽子项目，并给我们的愿景起了个诗意的名字——“云燕行动”，包含“云燕讲堂”“云燕课堂”“云燕实践”等主题内容。“云”代表云南，“燕”则是北大志愿者的标志“小燕子”。古有孔雀东南飞，今有云燕西南飞，我们愿化作一只只奔忙的小燕子，从燕园飞到彩云之南，为弥渡的孩子们带来春意盎然、生机勃勃的希望，让他们重新认识到新时代小镇青年也有广阔天地和发展机遇。

“云燕讲堂”是各行各业北大校友分享个人成长经验的主题讲座。教育学院林小英教授长期关注县乡教育，她分享了“县乡中学生应如何阅读”的独到见解。北大考古文博学院 1989 级校友马岳举家从北京来到弥渡、定居弥渡，从事乡村文化公益事业，他把自己的乡村创业经历娓娓道来。这些分享贴近孩子们的阅历和生活，他们为能够重新树立阅读自信、重新认识现代农业、认识熟悉又陌生的乡土而深受震撼，深刻地认识到广袤土地大有可为。

“云燕课堂”是专门为乡村小学孩子们打造的兴趣课堂。这一年，我们的足迹遍及弥渡县 7 个乡镇、10 个村，上到弥渡县海拔 2 400 米的朵钴彝族村小学，远到离县城 64 千米、两个小时车程的青丰完全小学。我们尽己所能走进更多的乡村小学，给孩子们带来阅读、艺术等各方面的入门课程，丰富他们对于生活的认知，培养探索大山之外世界的好奇心。

“云燕实践”则是把弥渡的同学们组织起来，和我们一起参与社会服务。在北大法学院、扶贫干部、县司法局的三方支持下，我们带领学生“送法下乡”，开展“宪法进校园”“普法进社区”“法治微课堂”活动。在公益心驱使下，学生们从被动接受法律知识，转为主动帮我们开展普法宣传。他们帮助不会说普通话的群众向我们转述事实，整理案件并后续沟通。活动后一名学生激动地对我说：“我的梦想就是学法律，回到家乡做一名警察。看到来咨询的人们带着问题愁容满面地坐下，得到建议后面带笑容地离开，我真实地感受到了知识的力量，也更加坚定了追梦的信念。”一年之后，她如愿考入了理想高校的法学专业。

随着“云燕行动”的深入开展，我们这些“云燕们”越来越感受到一种双脚沾满泥土的、前所未有的踏实。一年支教结束后，我返回北大继续读研，但我并没有远离那一方乡土。带着基层所学所感，我和老师一起编写《法律明白人：生态环境实用手册》一书，旨在培训乡村法律人才，为实现美丽乡村的梦想贡献力量。而今我已留在北大工作，把县乡教育作为自己未来的研究志趣。

县城不再是“回不去的故乡”，乡村不再是“被剩下的地方”。这是一方乐土，是有为青年施展才华和成就梦想的热土。最近有一部热播剧《去有风的地方》，剧中苍山洱海的美景固然让人迷恋，但更让我触动的是剧中大理乡村青年返乡创业，改变家乡面貌的奋斗故事。这说明返乡创业就业正在成为全社会的共识，成为越来越多青年的选择。“此生如小河淌水，一世归大江奔流”，这是弥渡最早的共产党员、《小河淌水》作者尹宜公的名言，也是我的自励。每个个体的人生都像一条涓涓流淌的小河，最终都要汇入国家发展和时代进步的大江大河，奔流不息。未来，一定会有更多的“云燕”接过我手中的接力棒，为乡村振兴这份崇高事业而不懈奋斗。

作者：赵仙凤，北京大学法学院2016级本科生，2021级硕士研究生

# 传承中升华　奉献里收获

第一次听说弥渡这个地名，一定是在母校的官方微信公众号上。记得那时，脱贫攻坚的任务尚未完成，作为北京大学的定点帮扶县，弥渡县的名字常常出现在学校微信公众号的推文里。从一名名挂职干部到一批批支教学生，从特色农产品展销到暑期社会实践，作为一个普通学生，我真切地感受到北大与一个远隔千里的小县城建立起了如此紧密的联系，那时的我大概不会想到自己竟也能与弥渡结缘，力所能及地奉献一点光热。

那是在 2020 年的 12 月，本科三年级的我担任北京大学学生法律援助协会项目部部长，负责联系社团内同学面向中小学校开展法律知识普及宣讲活动。时值疫情，北京市内既往的活动阵地大多不能再承办线下普法宣讲活动，我们便想到联系学校赴各地的研究生支教团，以期进一步延伸活动范围、丰富活动内容。我们的想法得到了校、院两级团委的大力支持，而第一次出发便选定了前往云南省弥渡县。“愿竭诚以志愿、热心、负责的法律人精神，践行服务社会的理念”与“用一年不长的时间，做一件终生难忘的事”，两句北大同学耳熟能详的口号在弥渡联结在了一起。

受命后，我与另一名志愿者同学开始了紧锣密鼓的准备，预订机票、制作宣传物料、编制课件、反复试讲，虽然期末季马上就要来临，但我们热情不减，努力挤出时间来做好各项工作，力争为同学们带来最好的活动体验。2020 年 12 月 4 日，我国第 7 个国家宪法日的凌晨，我们登上飞机、前往云南。冬日的祖国南方，仍然可以用艳阳高照来形容，气候宜人，草木繁茂，正如接待我们的研究生支教团学长学姐们一样热情。在他们的带领下，我们熟悉了弥渡县城和弥渡一中的校园环境，认真聆听当地、校园历史和北京大学对弥渡帮扶情况的介绍。在参观过程中，我们深刻体会着北大对当地各项帮扶工作中蕴含着的深厚情谊，感受着北大带给当地的喜人变化。

12 月 4 日当晚，我们面向弥渡一中高一年级数百名同学讲授了一堂精心准备的专题普法课程。讲座以我们在平时法律咨询中了解到的相关案例为引入，充分利用与高中同学年龄差较小的优势，用同学们能听懂、好理解的话语，将宪法、民法、刑法等重要法律中与青少年密切相关的法律知识进行串联讲解，重点解读了国家宪法日、受教育权、民事诉讼、网络诈骗、青少年犯罪等同学们关注的热点话题。讲座中互动频频、气氛热烈，同学们纷纷表示受益颇多。后期还了解到，很多同学向班主任表达出了对法学专业的兴趣，这也直接映射出讲座对同学们学习热情的促进提升，让我们感到非常欣喜和激动。因此，在学校领导和老师们的建议下，我们专门邀请了部分对法学专业感兴趣、综合素质较好的高中同学参与到第二天社区普法活动的筹备和开展过程中，与我们一起面向群众进行法律咨询和普法宣传，他们跑前跑后、熟练热情，用方言积极做好“翻译”工作。时至今日，那样收获满满的活动效果和热烈激扬的活动气氛仍然令人难忘。

离别有时，在与弥渡的老师和同学们依依话别后，我们登上了回京的航班，离开了弥渡这片难忘的土地。身虽距，心不远。在那之后，每逢国家宪法日、全民国家安全教育日等重要时间节点，我们都会以寄送普法资料等方式延续这段法律之缘。在与法律援助协会成员的交流中，曾有同学提出这样一个问题——在信息网络条件已经非常发达的当下，是否还有前往当地线下开展普法讲座的必要性？弥渡的普法之行则完美回应了这一问题，它让我们充分感受到了面对面沟通交流的热烈与价值，这大概也正是一批批北大挂职干部与支教团志愿者传承接续、奔赴当地、长期坚守的意义所在。

2022 年本科毕业，我回到了家乡内蒙古，成为一名选调生。机关工作的紧张忙碌让我逐渐模糊了学生时代的些许印记，但我仍然记得在弥渡一中的普法讲堂上与同学们交流分享法律知识的场景，并且仍然深深怀念那种感觉。令人可喜的是，当年互留微信、一起开展社区普法的弥渡高中生在三年后已经考上了理想的大学，并在朋友圈里分享着开学报到的喜悦。

这让我不由得想起了网络上很火的一句话——“命运的齿轮开始转动”，而我们在三年前曾经努力向前推了一把，这是一种无比欣慰的感觉。或许是为了重温这种感受，在选调生基层锻炼中，我主动参与、积极承担了蹲点乡镇的信访矛盾化解和法律普及等方面工作，利用所学在祖国北方的另一个角落继续做着类似的事情，在服务基层治理中继续着奉献与付出、成长与收获。弥渡、北大法援、北京大学法学院，这些名词里既蕴含着对我的教育和培养，又时刻提醒着我青年人身上所应肩负的责任和使命。生逢盛世，使命应然，步履不停。在北大与弥渡不断升华的紧密联结中，这份使命感召着无数北大人在服务地方发展、提供智力支持中发出光热，也让自身在这一过程中收获了奉献的喜悦和成长的体验。作为一名曾与弥渡结缘的北大校友，由衷感怀，祝福北大与弥渡情之愈坚，继续携手向前！

作者：贾平煊，北京大学法学院2018级本科生

# 弥足珍贵　渡其一程

写这篇文章时，来到弥渡已经将近两个月时间，而正式走上讲台，成为“宋老师”也已经一月有余。

我很喜欢这里的景色，和我来之前无数次设想的一样，抬头就是湛蓝的天和大团的白云，远眺则是连绵的低山和无尽的原野，夜晚仰头则会有偶遇繁星的惊喜。

除去美好的景色，更美好的是这里的人。

印象最深刻的还是这里的每一位同学。我终于适应了可爱的同学们碰到我时的一句句“老师好”，终于适应了每次上课和下课时的“老师您好”和“老师您辛苦了”。前不久我度过了人生第一个教师节，同学们送了我几幅手绘卡通头像，下课前突然起立鞠躬——“宋老师教师节快乐”。捧回一束美丽鲜花回办公室，收到课代表代表全班同学给我写的小贺卡……我想我会永远记得2023年8月23日那天的第一节课，我小心翼翼地捧着书推开了395班的门，正式开始了我的支教生涯。

和这群年龄相差不大的同学们相处时，我真正看到了教育的意义——教育的本质意味着，一棵树摇动另一棵树，一朵云推动另一朵云，一个灵魂唤醒另一个灵魂。最享受的还是给大家上课的时刻，利用政治课的小小空间为孩子们埋下希望和愿景的种子，带着他们领略更广阔的世界，拓展更多元的思维。我设置了课后谈心时间，同学们自愿报名，在晚自习时间和我讲讲他们的困惑与迷茫。在和其中一个同学聊天时，他讲到他之前对政治的理解只是机械地记忆背诵语句，完全没想到政治原来也可以这样有趣。我很开心能为大家带来学习的新体悟。当然刚刚登上讲台的日子也会遇到一些小困难，但学校的领导和老师总是会耐心帮助我解决。看到一张张求知的年轻脸庞，告诉自己正在做的事情也许可以改变同学们的未来，我感受到收获和成就感。

支教的日子日复一日，但循环往复的日常中别有乐趣——提前做好备课、准时踏入课堂……除去日常上课之外，我也担任着一个班级的第二班主任，有机会就会给大家上一堂班会课。第一节班会课我为大家放映了我最喜欢的一部关于大学的微电影宣传片《星空日记》。我第一次看完这部微电影后，就在心中埋下了对大学的深刻向往。看完后很多同学都若有所思，在这之前他们对大学的模糊印象可能就是走出家乡来到陌生的城市——因为他们中大部分人可能走不出市区或者省会，关于大学和梦想，孩子们并没有清晰的认知。那节班会课，我和大家聊了很久，关于大学，关于理想，关于人生。也许他们第二天的第一节课还是会犯困，也许他们看到下一道物理题时还是会苦恼怀疑，但我相信，小小的种子已经在这些孩子心中生根，只需要不断灌溉呵护，终会到来发芽的那天。

2023 年是北京大学帮扶弥渡的十周年，在我来到这片淳朴热情的土地前，已经有很多位帮扶干部和支教学长学姐为这片土地奉献过自己的力量。在 5 月初来弥渡时，我就惊叹于三合村的美丽和“快乐小陶子”童书馆的巧思；正式来到弥渡支教后，我们又一次来到了三合村，这次村里依托水库的烧烤项目已经更加成熟，童书馆的新设施也投入使用。和三合村的孩子们相处的一个上午，与童书馆创始人的深入交流，让我对教育有了更深的体会，原来教育就是这样润物细无声地钻进每个孩子的心中，可能就会在多年后开花结果。

支教生活未完待续，“这条小鱼在乎”，小小的他们也可以被照亮，点燃希望，珍惜遇见，弥足珍贵，渡其一程。

作者：宋梓萌，北京大学法学院 2019 级本科生

# 走出象牙塔，迈进泥土墙

2023 年暑假我们来到了云南省弥渡县进行思政实践，弥渡县是北京大学的对口帮扶县。在这里的几天，通过实地走访、参观调研并与学校在当地挂职的老师交流，我感受到了弥渡乡村振兴的蓬勃活力，同时体会到解决问题中的难处，更感到使命在肩、我辈仍须努力的责任感。

我们都知道乡村振兴的路线图中有五大振兴，产业、文化、生态、人才、组织。地处云南大理的弥渡县，虽然拥有不错的自然风光和生态环境，但是利用自然环境搞生态旅游的典型道路却成效甚微。我仍然清楚地记得我们来到勤劳村时，驻村第一书记田老师略带苦涩地说，如果这片土地放在北京的周围，那不用宣传便会有大量的城市白领前来休闲消费；但是这片土地放在云南大理，附近就有苍山洱海，相比较之下旅游条件并不突出。简而言之，弥渡想要振兴、想要发展，必须要找到自己独有的区位优势。

同学们在勤劳村与副县长、驻村第一书记和村主任交流村庄概况

在实践中，我也一直在努力寻找，弥渡的区位优势到底是什么，绿水青山到底该如何变成金山银山。这里的崎岖地形注定了传统农业生产的艰难和难以实现规模化效益；较为闭塞的交通条件也很难引进运输实体工业；原本就不多的人才还面临着不断流失的风险，高新产业难以落地……从小到大以来从书本中读来的经世之略和考试中洋洋洒洒写在卷子上的“标准答案”在此时第一次显得如此苍白无力。

在实践过程中，当地人民的探索令我感触颇深，首先是从农业上另辟蹊径。我们来到春沐源农业科技园，这里在种植一种市面上少见的“樱桃番茄”。这是一种对气候条件要求苛刻、采用无土栽培并精细化管理的特色农产品。这种番茄拥有 7 种颜色，也就是有 7 个子品种。同时，这种特色优质的农产品相较于传统作物具有更开阔的市场和更高的利润，并且春沐源的种植、管理、采摘、加工包装等过程还会提供不少的就业岗位！当初集团选址时收集了全国各地的气候、纬度等条件进行模型测算，得益于自身独特的自然条件和优越的营商环境，弥渡成功拿下了这单双赢的合作！

“走出象牙塔，迈进泥土墙。”在参观农文旅融合发展的三合村和密祉镇时，我被北京大学 1989 级学长的话打动了。这句话既是他自己知行合一的总结，又是对我们的教诲。学长和他的爱人在中年之后不远万里从北京来到云南弥渡三合村，自发地想为弥渡的人民做点什么。当我们看着几年前学长画的三合村发展规划图时，惊讶地发现书屋、农家乐、露营地等规划已经变成了现实。村里的孩子们读上了书，露营地和农家乐也给村里带来了可喜的收入。学长一边跟我们讲述着与村民们打交道的趣事，一边指向他下一步更大的规划。在密祉镇，我们体验到了别样的精彩。不同于三合村的小体量，密祉镇在古茶马古道上，传承着花灯艺术，是文化名镇。这里还是著名民歌《小河淌水》诞生的地方，尹宜公曾在这里整理改编民歌并进行创作，这里的历史文化和自然风光的交织形成了别具一格的区位优势。

其实，在这几天里最让我感到亲切的还是来到弥渡县新街镇完全小学和弥渡一中的时候。我们参观了新街镇完全小学的校园，这里有雨水花园，有小朋友们自己做的跷跷板，有每人认养的多肉植物，还有写满天真的许愿墙……这些都是去年北京大学景观与建筑设计学院的老师、学长与小朋友们一起打造的校园。在这一年之中，小朋友们一直细心地呵护和管理着属于他们自己的校园的每一个角落，我相信这样的自然教育会在小朋友们的心中留下美好快乐的记忆！来到弥渡一中与高三学生们交流前，老师告诉我们要激发当地学生学习的动力。当时我没有明白这句话的意思，但是当我走入班级与学弟学妹们交流时发现，当地的高中生对于考大学这件事看得并不重要，甚至上不上学都无所谓。这起初在我看来是比较匪夷所思的，难道他们不想用知识改变命运吗？

**走进新街镇完全小学考察感受自然教育**

带着这个问题，我陷入了深深的思考。

古时候的弥渡由于有较为丰富的水资源，一直是小农经济时代的富庶之地，有句俗话叫“来到弥渡，不想媳妇”。时至今日，弥渡的青年还沿袭着老一辈的生活之道，对于学习这件事看得太轻，相当一部分青年早早离开学校，或在当地谋一份简单的差事，或背井离乡去外省打工，几年后带着攒下的积蓄在老家修栋自己的房子，结婚生子，再次进入这样的循环。当然，这肯定与当地的整体教育水平比较低也有很大关系，教育资源的有效分配一直是难题。另外，村里甚至县里有许多孩子的父母还在外省务工，留守儿童陪伴的缺失也导致了大家对于教育的不重视。

从教育人才问题中，我们不难窥见当地产业的问题、文化的问题，我们不该以旁观者的身份待在象牙塔内发出“何不食肉糜”这样可悲的疑惑，而应该以局中人的心态踏上这泥泞的小路，想一想自己能做什么。我们假期里来到弥渡一中与他们交流的短短一下午也许不会起到多大的作用，但还是希望能多多播撒下这样的种子，说不定多年以后，今天的努力能有意想不到的成效。我想，这也正是学校为我们安排思政实践的意义所在。

乡村振兴，破局着实艰难。但我们必须躬身入局，在日拱一卒的不断尝试中，与当地人民一起找寻富起来的办法，不断地找寻保住绿水青山、开发金山银山的方法。

离开弥渡以后，我们回到了学校。有时候偶尔抬头，看到天上稀薄的云彩，也会想起在彩云之南、云海茫茫山悠悠的地方，那里的人民朴实热情的笑脸，他们现在在干什么呢……这种对远方人民的思考和思念，可能是思政实践之后的最重要意义吧。

作者：许焜琦，北京大学信息科学技术学院2022级本科生

# 从书本走进土地

弥渡县位于云南省大理白族自治州西部山区里，在古时坐落于茶马古道上，被誉为“六诏咽喉”，用现在的话来说就是古代的“百强县”。但近代之后，弥渡逐渐走向衰落，从“百强县”沦为现在的贫困县，复兴迫在眉睫。如何复兴，怎样发展，是摆在每一个弥渡人眼前的难题。我和同学们也不禁陷入了讨论。

有同学问，发展工业可以吗？工业的决定性因素有原材料、交通、劳动力和市场。原材料，弥渡这里并没有优势。交通，弥渡位于山区，山路陡峭，不仅不是优势，反而还是一个很大的劣势。劳动力？听到这就会有人眼前一亮，这个好像可以有，是不是还很廉价呢？我们姑且一放。市场，弥渡县作为贫困县，消费能力自然有限。所以总体上弥渡并不具备发展大工业的能力。与此同时，没有大工业也意味着弥渡能提供的就业岗位少、工资低，青壮年都去大城市打工，所以劳动力也流失严重，实际上劳动力的优势条件也没有，这样陷入了一个恶性的循环。

还有同学说，农业总行吧？弥渡地处山区，可利用的土地很少，平均一个人只有 4 分地（1 分 = 66.6 平方米），这是什么概念？1 亩种粮食的地一个月补贴是 50 元，计算之后就能发现 4 分地的情况。并且由于弥渡地处山区，地势起伏大，没有办法进行规模化、集成化的生产，而现代农业要实现高产量、高利润往往要借助大机器进行规模化生产，弥渡在这里也没有优势。同时，农业里比较能赚钱的是种水果和蔬菜，粮食的利润是很低的，因为要让每个人都能吃上饭，粮食的价格就不能高。而且我们国家要保证粮食安全，维持耕地红线，很多的土地要用来种粮，所以希望完全借助农业脱贫是很困难的。

借助旅游业呢？弥渡确实是依山傍水，但是开发、利用和保护山水需要资金，弥渡是贫困县，资金紧缺，没钱就不能发展旅游业，这又陷入了一个恶性循环。同时，周边城市的影响也是不能忽略的，云南大理著名的苍山洱海就在附近，能去看更好的景色，自然很少人去弥渡。

所以弥渡的振兴对弥渡人来说似乎无处下手，对初来乍到的同学们而言更是一筹莫展。然而党和国家的伟大战略——乡村振兴与脱贫攻坚，帮助弥渡打破了这个困境。

“要解决问题首先要发现问题。”北大对口援助的陈老师和田老师对我们如是说。弥渡县的振兴过程远远超乎同学们的想象。

我们继续往基层走，走进农村。这里的农村并不是农家乐式休闲的农村，更多还是充斥着破旧和萧条的氛围，房屋破败不堪，甚至还有茅草屋。但在这破旧的农村里又隐隐然孕育着一种不一样的生机与活力。在这里，我们又遇到了一位自发参与对口援助的北京大学校友，他来这里好多年了，他说农村要致富，一定要集中力量，于是便引导村民，建立农村合作社，一起规划农村的发展。并且，他带我们参观了在当地建立的小图书馆，图书馆不大，却五脏俱全。“村民们选择了把希望的火种留给了下一代。”看到这我有感而发。

我们继续往教育走，走进学校。印象很深刻的便是我去问老师：“我们过去交流需要注意什么？”老师给了我们一个意想不到的答案：“多鼓励他们学习！提升学习的动力，鼓励他们走出去！”陈老师曾跟我们说：“很多北大过来的人一直致力于提升当地人对教育的重视程度。”我对此有一些不以为然，本以为学习改变命运早已深入人心，看到这群大山里的孩子我才明白：“受教育是一项多么宝贵的权利。”有所触动必有所行动，我们继续参观学校，并积极打听当地的教育情况。这里教育资源的稀少也令人瞠目结舌。在这里，农村里只有小学，甚至有的小学只能上到三年级，农村里的孩子想要继续读书就要到县城里，而县城里的初中和高中的数量也不多，并且教师资源更是远远落后。对他们学生而言，能考到大理去上大学已经是极好的了，更遑论北大。

我们继续往产业走，走进公司基地。慢慢地，我们逐渐又看到了不一样的弥渡，如果说前面农村和学校还只是星星之火初露端倪，久久为功方可燎原，那么接下来我们参观的地方对弥渡人，特别对弥渡的农民而言则是一件翻天覆地的大事。我们走进弥渡的农业科技公司，这里的农业科技公司大都采取与农户合作的形式，帮助农户育苗、试种、农产品加工、销售。一批又一批有为青年到脱贫攻坚一线去，到弥渡来创业，他们为弥渡引进了科技。就谈谈这看似简单的育苗，他们为我们展示了一个例子。借助嫁接技术，将黄瓜苗嫁接到南瓜苗上，大大提高了产量，实现了亩产30吨的突破，农民1亩地年利润能高达5万～6万元。同时，弥渡当地非常适宜番茄的种植，弥渡因地制宜，引进智能温室技术，提高番茄产量，提升番茄品质。并且对农产品进行初级加工，为之建立流水线，在提高利润的同时还能为当地人提供就业岗位。引入电商，通过互联网使产品走出去，借助直播带货等形式，帮助村民拓宽销售渠道，并提高弥渡县的知名度。

**参观大理耘飞高原特色农业产业创新孵化示范基地**

我们继续往生活走，走进村民生活。我们去和当地的小朋友一起学唱弥渡民歌《小河淌水》，她们的歌声就像是云端跌落到地面的银铃，也像山涧中的潺潺清泉，那么纯净，那么清脆，带给我们无与伦比的震撼和享受。她们是弥渡的下一代，也是弥渡的希望，通过几天来对弥渡的探访，我相信，她们的歌声一定会传出弥渡，使弥渡这个不起眼的县闪耀在祖国大地上！

参观云南省弥渡县产业园区

“城市要发展，内力是基础，外力是推进，政府力加速，三力合一，城市才能更好地发展。”如今，在党的领导下，一批又一批的大学生去往乡村支教，守护孩子们的上学梦；一批又一批的党员下到基层，尽心尽力为人民服务；也有一批又一批的有为青年，到弥渡创业，引入农业科技，使农民们有了盼头。正是他们用行动去播种，用道理去耕耘，用汗水去浇灌，用心血去滋润，使得弥渡以及更多的县城乡村发生了焕然一新的变化，使得这些小小的县城中开出了美丽又永恒的奋斗之花！

我们这次实践，从书本走进土地，从学校踏入乡村，看到了一幅波澜壮阔、石破天惊的伟大画面。在亲身感受和参与乡村振兴一线的工作后，再回首面对这一浩大的工程，往日的慷慨陈词犹在耳畔，却又有一些惶惶的底气不足。但正如习近平总书记所言：功成不必在我、功成必定有我。从我想做什么到思考我能做什么，反思过后，只觉肩上责任更加沉甸甸，前方道路愈发明确。

作者：赵昱翔，北京大学信息科学技术学院2022级本科生

# 弥渡县黄矿厂村调查小记

## ——浅谈为乡村振兴赋能的“考古+”新模式

党的十九大报告提出乡村振兴战略，并做出“产业兴旺、生态宜居、乡风文明、治理有效、生活富裕”的总要求，乡村文化建设是关键的着力点。而乡村文化遗产作为乡村文化的重要载体，在传承优秀文化，推动乡村文明，建设美丽家园和特色村镇，发展农村旅游和农村文化产业，振兴农村特产产业，完善农村公共文化服务体系，实现农村第一、二、三产业协调发展，推动农民致富等方面有不可取代的作用。对乡村文化遗产的价值阐释、保护传承、活化利用等不仅能帮助提升文化自信和认同感，还能凸显乡村特色，规避“万村同貌”的同质化现象，具有重要意义。因此，近年来“考古+”成为打好脱贫攻坚战、助力乡村振兴的创新模式，并已有不少较为成功的示范性案例。

自2013年起，北京大学创新实施“1+8+*N*”帮扶工作模式，以及“10+10名誉村长”项目，聘请北大10个院系知名专家领导担任“名誉村长”，以点带面推动弥渡县经济社会发展。聘请北京大学考古文博学院党委书记陈建立教授为“名誉村长”，体现了帮扶工作对“考古+”模式的重视。为做好定点帮扶工作，探索“考古+”模式如何为乡村振兴赋能，北京大学考古文博学院与弥渡县人民政府、马岳工作室等单位合作，围绕弥渡县丰富的矿冶历史文化底蕴，于2022年8月9—15日在弥渡县开展了为期7天的冶金实验考古暑期课程。作为本次课程的亲历者，以黄矿厂村矿冶遗址调查这一课程设计为切入点，浅谈感想。

黄矿厂村位于弥渡县弥城镇东部的东山岭，是云南历史上重要的银矿产地，凭借丰富的矿产资源，一度为当地最富庶的区域。据今存清康熙二十二年（1683）《重修黄矿厂朝阳寺碑记》载，明神宗派太监山公至云南开银厂四十八处，以黄矿厂为首。黄矿厂村因矿而兴，《碑记》中称，“上图国用，下益民生，凡有赢余，即修建丛林，大作佛寺”。从现存古建筑可知，当时至少修建了水目山八大寺、朝阳寺、西岳庙等，规模宏大，耗费颇多，一时之繁盛可见一斑。新中国成立后，黄矿厂仍为当地重要的矿冶业中心，《弥渡县志》记载，在1958年“大办工业”时在黄矿厂成立永新铅厂，厂址设在明代遗址附近，用生矿及古炼银矿渣为原料生产铅金属，生产工人达1 000余人，颇具规模。

本次课程设计了对黄矿厂村的调查，包括对矿冶遗址的踏查和村内的走访。矿冶遗物的广泛分布反映了当时巨大的生产规模：在徒步上山前往矿冶遗址过程中，道路上铺满了晚期采矿的废渣，山谷中仍可见数十处古矿洞，保存状况较好；矿洞附近较平坦的台地被密集的炉渣覆盖，可能为临时冶炼的场所；整座山上植被稀疏，炉渣、矿渣覆盖区域则不见植物生长。村落应为主要的冶炼场所，冶炼渣随处可见，不少老屋可观察到使用大块炉渣作建筑材料的现象，土墙中也多有细碎炉渣夹裹。村子已不复文献记载中的繁荣，而成为脱贫攻坚的重点对象。通过走访询问得知，目前黄矿厂村的主要难题是没有支柱产业、基础设施落后、村民增收困难，400多年前的矿冶重镇而今却因缺少支柱产业而陷入贫困，实在令人唏嘘。

**冶金实验考古暑期课程学员前往黄矿厂遗址**

事实上，矿冶历史悠久的村落的扶贫工作往往极具挑战性，这与其对矿冶活动的极度依赖性密切相关。村落的命运直接受到矿冶活动兴废的影响，主要体现在矿冶活动对生态环境的巨大破坏性，矿冶业废弛后当地的自然条件很难再支撑其他生产活动的进行。本次调查所见即充分体现了此点，当村民失去矿冶这一收入来源后，也很难立刻从事其他的生产活动：矿山被开采得千疮百孔，山上被矿渣覆盖，自然风光不再，难以支持自然旅游业的开展；村内大面积的炉渣分布对土壤危害极大，农业活动受限，仅有小块的农田适宜种植。因此，亟须探索出一种独特的帮扶模式来应对这种复杂的情况，“考古+”模式或能提供新的思路。

针对黄矿厂村，首要工作应是对矿冶文化遗产的保护，价值认知是关键。只有实现了对文化遗产价值的充分阐释，才能将其纳入乡村振兴的工作体系中，避免家底不清、内涵不明、资源流失、特色消解等问题。这需要文献资料的细致梳理和考古研究工作的持续开展。在此基础上，充分活化利用由矿冶文化衍生而来的种种物质与非物质文化遗产。黄矿厂村内目前仍存有朝阳寺等精美的古建筑，可作为文化旅游产业的重要组成；洞经音乐是云南地区的传统乐种，大部分曲牌内容已然失传，少部分现存的也濒临灭绝，黄矿厂村因官办采矿冶银产业应运而生的洞经音乐，保存较为完整，内容丰富、曲牌齐全，具有相当的特色和规模。以矿冶文化为纽带，联系各种物质与非物质文化遗产，规划一条独具特色的游览与文化体验线路，将乡村文化旅游打造为支柱产业，进而带动民宿、餐饮、物品营销等关联产业的发展，不失为一种可行的模式。同时，须积极做好宣传工作，可效仿贵州考古扶贫的成功范例，将考古工作成果以报告形式出版，获得了较高的知名度；冶金实验考古暑期课程是北京大学考古文博学院的特色项目，具有较大的影响力，围绕村落的矿冶文化特色开设课程也能发挥相当好的宣传作用；另外，可充分运用现代信息技术，宣传乡村文化建设成果，如通过网络直播等方式，对历史建筑、非物质文化遗产、民俗节日等进行宣传，增强关注度，展现乡村文明新气象，为乡村振兴添动力。

抛开矿冶文化的限定，国内许多地区在古村落保护利用方面已制定一系列法规政策，形成了模式，走出了法治化、规范化、程序化之路，积累了许多经验做法，取得了文物保护和发展古村落旅游的双赢，并带动了乡村旅游和相关产业的发展，具有显著的示范意义，值得学习借鉴。

作者：方立阳，北京大学考古文博学院 2023 级博士生

# 接续薪火，迷津有渡

明朝万历《赵州志》载：“迷渡，古泽国，西竺王第三子至德追金马过此迷津，观音大士化身，以船渡之，故名。”“迷津有渡”的传说为这座静谧小城蒙上了一层浪漫主义的色彩。2020 年 8 月，在“到西部去，到祖国最需要的地方去”的号召下，我参加了北京大学第 22 届研究生支教团，来到 2 800 千米外的弥渡，成为弥渡一中的一名支教老师。在这里，我看过最美的日出和日落，清晨漫天的红霞、傍晚泛着金边的云翳和抬头就能看见的满天星辰见证了我渡人自渡的旅程。

**2020 年 7 月，在昆明参加志愿者培训**

## 站上讲台，上好每一节课

初次站上弥渡一中的讲台，我的心情是忐忑而复杂的，虽然对高中学科知识驾轻就熟，但面对这些稚嫩的面庞和求知的眼睛，我深感肩上的责任之重大。秋季学期，我承担高一 7 个班级的政治学科教学工作；春季学期，我承担高一 3 个班级的政治学科教学和 1 个班级的英语学科教学工作。为了不辜负学校和学生的殷切期待，我迅速调整进入教师的状态，争取“上好每一节课”。

弥渡一中的学生求学热情很高，课上课下都愿意追着我问问题，但他们的基础也确实很薄弱，政治常识缺乏，英语词汇量、口语水平更是一塌糊涂。我只能从补基础开始着手，在政治教学中穿插常识科普、时事热点分析，英语课从人称、音标讲起，零基础的学生就从 26 个字母教起。这种见招拆招的教学方式解决了许多显性的问题，但我也进一步发现，学生们学习的技巧匮乏，学习习惯也不好，“苦学”的效果很差。我也尝试把自己的学习方法和技巧补充到教学环节，如何做笔记、如何编写生词本、如何整理错题本、如何把教材读透、如何把教参用好，我一点点教，也很欣喜地看到他们一点点学、慢慢用起来，拥抱着进步与改变。

**2021 年 5 月，在讲座上提问的学生**

作为一名政治课教师，我努力将育人的工作贯彻课堂内外。连绵的西南群山不知道见证了多少人的成长，又困住了多少学生的梦。我的课堂经常鼓励同学们开展对时政新闻的分享和辩论，利用晚自习时间，我也带着学生看了一些新闻、纪录片、经典电影，帮助他们了解外面的世界，欣赏别样的风景，更激发他们对未来的思考。

2020 年 9 月，学生在晚自习观看纪录片

## 传承薪火，接续帮扶精神

自 2013 年定点帮扶弥渡以来，北京大学聚焦教育帮扶、智力帮扶、文化帮扶、产业帮扶等多个领域，开展了形式多样、卓有成效的帮扶工作。弥渡也已摘掉了贫困县的帽子，全面吹响乡村振兴的号角。十年间，北大已与这个县建立了密不可分的联系，一批批北大人在此写下动人的帮扶故事，接力续力，情洒这片红土。

2020 年 9 月，雨后的弥渡一中

自 2014 年起，北京大学就派遣志愿者来到弥渡支教，从前辈们手中接过这一棒的我们，也努力不辱使命、不负期望。依托北大对口帮扶优势，我和小伙伴们开展了“云燕讲堂”“云燕游学”“云燕助学”等系列扶贫活动，通过办讲座、讲党课、课外辅导、游学参访等方式，帮助弥渡的孩子们开阔眼界、拓展兴趣、丰富课余生活。

利用“五一”假期，我们带着弥渡游学团来到北京，20 名弥渡一中的学生看到了梦想中的天安门、故宫、长城，参观了国内前沿企业，还见到了学者、银行家、艺术家、工程师，对未来的生活和职业有了更多畅想。走在未名湖边，学生们跟我说：“老师，这就是你上学的地方吗？”“走在北大的路上感觉风都是甜的，一切都是那么美好。”看着孩子们的笑脸，我才确信自己做了些有意义的事情，没有辜负自己的身份和肩上的责任。

**2021 年 6 月，弥渡游学团于北大图书馆**

教育帮扶不仅传承过去，而且造就未来。我在弥渡期间正是全国脱贫攻坚收官和乡村振兴工作全面启动的转型期，我也有机会跟随帮扶干部深入一线，见证这场中国奇迹的发生。在参观帮扶项目和走访脱贫户的过程中，我们真切感受到全面脱贫成果的来之不易，体会到帮扶干部的担当意识和实干精神。

支教帮扶的范围，也不止于学校。在第七个国家宪法日，我和小伙伴们走上街头，开展了“深入学习宣传习近平法治思想，大力弘扬宪法精神”主题宣传。在扶贫干部的对接下，我们有幸给寅街镇三合村的小朋友们上过两次课。在三甲完全小学，我带着一年级的小朋友们认识国旗、国徽，共唱国歌，一起画下心中的祖国。在三合儿童图书馆，我带着小朋友看地球外的世界，从嫦娥奔月讲到玉兔号，从天问一号讲到祝融号。这些村里的小孩子对外面的世界有那么多好奇与向往，我好像在不经意间埋下了一颗颗种子，期待它们在未来茁壮成长。

**2021 年 5 月，在三合儿童图书馆授课**

## 助人自助，绽放青春之花

在弥渡的一年，我见过许多孩子的眼睛。有的眼睛，远远看着满是不在乎和倔强，凑近一看装满了自卑与恐惧；有的眼睛，盛满了善良和笑意，凑近一看却写满了被教育环境绑架的无奈；还有的眼睛，则沉默得像一个黑洞，吞噬掉外界的一切声音。但如果你仔细看，再仔细看，就会发现在这些伪装和退缩背后，在无奈和沉默的深处，都有一个小小的影子，那是被他们深埋在心底的一簇火苗，一股等待被点燃的、蓄势待发的希望。

支教让梦想的种子在这里渐渐种下，又在这里收获。我相信自己的工作能给弥渡的孩子们带来改变和成长，或许能点燃一些希望。但比起付出，我的收获更多、更好，不仅锻炼了能力，充实了经历，还得到了真挚的爱与肯定，成为史诗般宏大变革的见证者和参与者。来到弥渡，我对自己的要求是做一个摆渡者，帮助孩子们在迷津中找到方向，送他们一程，这一年的时光也让我自己在迷津中认清方向，获得前行的勇气。

“用一年不长的时间，做一件终生难忘的事情。”我很荣幸也很自豪能为学生成长和乡村振兴贡献自己的一份力量，让自己的青春在弥渡这片美丽的土地上发光发热。

**北京大学第 22 届研究生支教团云南弥渡分团合影**

作者：邬浩然，北京大学第 22 届研究生支教团志愿者，2020 年 8 月至 2021 年 7 月支教于云南省弥渡县弥渡一中

# 知识精英参与乡村振兴的实践路径

## ——以云南省弥渡县马岳夫妇为例

2022年初，春寒料峭，我们跟随北大社会学系周飞舟教授、卢晖临教授以及中国城市规划院的曹璐老师来到了弥渡县三合村，展开北大定点帮扶弥渡县的专题调研。我们行程的第一站就是直奔寅街镇勤劳村下辖的三合村，这个坐落在栗树营水库旁依山傍水、幽静古朴的小山村。因为我们听说这里住了一对北大夫妻，正在帮当地老百姓发展致富。令人好奇的是，北大的知识精英为何千里迢迢来到这个云南小山村，他们又在当地做了些什么，带着这些问题我们走进了马岳、邱璐夫妇在三合村创办的马岳工作室。

马岳工作室位于马岳夫妇在三合村租用的一户村民宅基地，经过简单的装修，他们决定在这里安顿下来，既当居所，也作办公之用。马岳夫妇是北大考古文博学院的校友，毕业后二人一直从事非政府组织（NGO）工作，厌倦了城市逼仄的生活空间和高强度的生活节奏的他们决定寻找一处可以颐养天年、修身养性的住所，这是他们来到三合村的最初目的。然而，流淌在北大人血液中的家国情怀没有让这对夫妇来到三合村之后就遗世独立，他们反而被三合村淳朴的民风所打动，希望能够切身为这个村庄做点什么。我们了解到，马岳夫妇扎根乡土后，积极融入，成为三合村民，与村庄的村民做邻居、做朋友。在逐渐交往过程中发现三合村的资源禀赋、发展过程中的现实问题以及村民的实际需求。他们决定通过开办农家乐等形式，发掘乡村能人；利用乡村学童的课余时间，开办乡村学堂，打开乡村学童的认知世界。以亲身实践的形式参与到三合村的乡村振兴中，以马岳夫妇为代表的知识精英自觉担负起了当地文化振兴的作用，在这里实现了城市文化与乡村文化的交融互补。

三合村依山傍水，群山环抱，村里人世世代代在这碧水蓝天之间繁衍生息，是一片可以全域打造的乡村旅游胜地。但因为一直没有相应的接待设施，绿水青山没法变成村民的金山银山，马岳夫妇觉得这是一个市场机会，可以先建好旅游的基础设施满足接待能力，再吸引游客的到来。为此马岳找到刚回乡任三合村支部书记的李仕斌以及村民组长李大双，经过多次合计，把发展乡村旅游提上了重要的议事日程并最终敲定了下来。但启动资金如何解决、经营场地怎样获得、怎么样组织实施、由谁来组织实施等问题摆在了马岳面前。在这样的情况下，弥渡三合乡村旅游开发农民专业合作社应运而生了。马岳并没有先建好再把合作社送给村民，而是先动员李仕斌、李大双这样的乡村能人，向他们表达自己的想法，通过他们来发动组织有意愿的村民，参与到合作社的组建中来。秉承着每户入股不得超过 5 股，每股 1 000 元的规定，合作社社员由下村 30 户、上村 12 户、维新组 9 户、外村组 4 户，共计 55 户组成，股金 1 000 元起底，上限 5 000 元，入股股金 17. 1 万元，农家乐的收益由全体社员按股分红。与其他村组的绝大多数合作社不同的是，合作社不是收购方、包销商，社员也不是供货方，社员们分多少红利都与合作社经营效益实实在在挂钩。这样的合作社与社员的利益链接更加紧密，更能激发村民的参与热情，辖区全域旅游的服务环境将更可持续。组织合作社的意义不仅仅在于帮助产业发展，更重要的是在这个过程中发现乡村能人，动员能人参与乡村振兴，激活乡村社会。在这个过程中，实际上是输入了一些理念，也奠定了乡村的团结基础。

除此之外，马岳夫妇还特别关心当地孩子的教育问题，他们决定兴办乡村图书馆发挥社会教育功能，打开乡村孩童的认知世界，改变村民的认知观念。马岳向我们介绍，在村庄定居带动村民行动致富，发现其实最难的还是在村民认知上的引领和精神上的触碰。为此，他制订了一个更长期的计划，通过接触和互动来打开农村一代人的认知观念，进而使他们与更广阔的世界相连接。马岳夫妇秉承着陶行知先生“社会即学校”“生活即教育”的思想，在他的民宿里专门给村里的孩子设计了一个“快乐小陶子童书馆”，试图让阅读走进孩子的心灵。这座住宅与图书馆二合一民宿的许多设计都考虑到了孩子来这里看书的需求，书架上要摆放的书并不是寻常的书籍，都是专门适合乡村儿童看的书。在这个图书馆里，每一本图书都经过他的阅读和考量，他说：“到底什么是真正适合孩子读的书，到底什么书是真正对他们有益的，什么书是适合当代中国儿童阅读的，这可是一门学问！”围绕图书馆，马岳老师的夫人邱璐及女儿马语心通过举办野外露营、寻找非遗传承人等活动打开乡村孩童视野，带领他们在课余时间去认识大自然，认识科学世界，培养兴趣爱好。这样的做法一方面能够让孩子们在亲近自然的过程中身心愉悦地学到知识；另一方面可以让家长们放松身心，与孩子亲密互动、增进理解。其意义在于补充学校教育，发挥社会教育的作用。而借着这一系列教育活动，马岳一家也因此融入村落，受到村民的崇敬，被村民亲切地称为“马老师”。

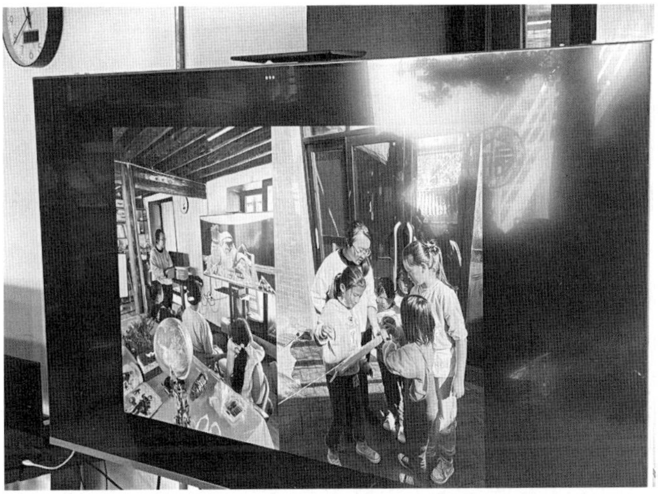

马岳夫妇展示，他们的女儿马语心给村里小朋友们普及科学知识

马岳夫妇来到三合村，成为当地村民眺望城市的窗口，充当城乡联结的纽带和融合的桥梁。许多村民习以为常的事物，在马岳夫妇的手中变成可以被展演的文化景观，这也让村民开始理解城市人的观念、思维。而随着乡村振兴战略的推进，越来越多的北大师生开始走进弥渡。正是由于马岳夫妇在这里，许多北大师生都前来把这里作为了解农村的桥头堡。而经

由马岳及其家人的讲解，大家可以图文并茂地理解当地的历史文化、风俗习惯乃至社会结构变迁。而这也为下一步的乡村振兴工作打下了前头阵地。此外，马岳夫妇入驻三合村也使北大整体的帮扶工作有了沟通的桥梁和融合的纽带。通过马岳夫妇的传播，许多不为村民所熟悉的理念开始慢慢注入整个弥渡乡土。而北京大学及其背后的社会资源也通过马岳夫妇作为管道涓涓不息地流淌进弥渡乡村振兴的整体脉络中。这是城乡融合的一种重要途径，实际上城乡融合的重要步骤是需要具体的人来完成的。马岳夫妇的实践路径带来这样的启示：人才振兴在乡村振兴中格外重要，只有有一批对乡村振兴有情怀的人，新的理念和生活方式才能生长出来。

作者：任春旭，北京大学社会学系2020级博士生

# 家庭的意义

## ——以三合村村民白勤欣[①]一家为例

在三合村的家户调查当中，许多农民家庭的故事带给我们极大的冲击，让我们在学术研究之余也去思考家庭的意义，三合村村民白勤欣一家便是其中的一例。

白勤欣今年 58 岁，她的丈夫 2020 年底查出癌症，很快就在 2022 年初去世了。她有两个女儿，大女儿白暗柳 34 岁，已经出嫁，一家人在昆明生活，生有一儿一女；两个孩子分别上幼儿园和小学，丈夫长期在昆明跑货拉拉。小女儿白明花 30 岁，在弥渡县城的酒店务工。小女儿对白勤欣夫妇很孝顺，每到放假都会回家。

白勤欣家里有一亩八分田，大春季种玉米，小春季种小麦和油菜。此外，白勤欣和丈夫还养了 4 头母牛和 2 头母猪，家里的牛棚最大能够存栏 4～5 头牛。每年种植和养殖的务农收入能达到 2 万余元。不过，白勤欣夫妇没有儿子，也没有在县城购房的打算，经济压力不大。尽管收入不高，但两个人还是能过着比较稳定的生活。

### 填不饱的牛肚子

重大的转折发生在 2020 年底。丈夫查出癌症后，病情逐渐加重。在县城务工的小女儿白明花就辞职回家照顾父母，除了经常带着父亲去县里的医院检查和治疗外，她在家还帮助母亲做些农活，有时间就到村内大户经

① 为了保护案例主人公的隐私，本文案例中的人名为化名。

营的农庄务工。她只有 30 岁，体力好又肯吃苦，在家时间比较充足，在 2020 年底到 2022 年初这段时间内迅速成为农庄出勤率最高的村民。2021 年底，正值现代林果（村内的农业项目）流转土地，在小女儿的劝说下，白勤欣就把家里的一亩八分地全部流转了出去。为了给丈夫看病，白勤欣还向 5 个不同的亲戚共借款 6 万余元。不幸的是，她的丈夫还是在 2022 年初离世。在料理完丧事后，白明花前往昆明务工，白勤欣长期一个人生活。

2022 年以来，她家里只剩下 4 头母牛，没有再养猪和种地。就是这 4 头母牛，她一个人也是“忙不赢”的。没有地种，养牛就要大量地吃草。白勤欣想过放牛，但却没有放牛的条件。三合村宅基地沿路分别向山上和山下延伸，白勤欣家位于村小组的最下方，出门后向下走是农田，向上走则需要经过非常窄的通户小路后才能达到大路，沿路还要走一段时间才能上山。要想放牛，要么需要经过农田到达对面的山坡，要么经过小组内其他农户的门口从小巷道上山。前者会破坏农田，而后者被村小组明令禁止。因为村庄内部道路狭窄，如果家家户户都赶牲口经过，会带来大量的粪水、泥土和垃圾，影响村庄卫生环境。所以，为了养牛，她只能每天去割草三四次：

> 早上不下雨的时候就去，下午也要去，哎呀，一天到晚都要去的，不下雨就要走。就这样牛的肚子都还是瘪瘪的。（白勤欣哭①）现在不下了你们走了我还去，下了雨有水，背也背不动，还是要靠自己背回来……现在去我们包出去的田里面割也还可以，不然去山里面就要一两个小时。一天要去三四次。

在丈夫过世后，白勤欣几乎每天都是在割草中度过。她的想法是等牛肉价格稍微上涨一些的时候将 4 头母牛全部卖掉以还清 6 万余元的债务②。半年来，她也在现代林果有过短暂的务工。现代林果中午不管饭，需要自己回家吃，每天早上 8 点开工，中午 12 点到 1 点半休息，晚上 6 点半左右

① 整个访谈的过程中白勤欣的精神状态一直都不是很好，每次提到丈夫、还债、养牛和割草等词语时她都无法控制情绪。

② 2022 年的牛肉价格一直处于低位，如果此时卖掉这些牛，并不能还清全部的债务。

收工。白勤欣去打零工就要每天6点之前起床先去割草，把割好的草装在筐篓里背到现代林果去打工，中午回家吃饭时背回来喂牛。吃过饭要赶着下午开工前能割多少就割多少，等晚上6点多下工后再割一到两次草，天黑之后再回家。

我们到白勤欣家时恰好是挖菌子的季节，这段时间现代林果没有开工，白勤欣还是会每天早晨6点起来喂牛之后就上山去挖菌子，一直到中午才回来，下午和晚上的时间则全部用来割草。只是挖菌子并不能增加太多的收入：

> （钱）是少，也只能是去干，一点点都是钱。我们去找菌子，一天找五六元的也只能去，为什么呢？一分钱不进啊，也不行，是不是？现在上山去找一点菌子，有时候一天五六元，也还是要去嘛。（中间好的地方是被人围起来承包经营的）我们是只能在周围找一点点，不能找到很好的。

白勤欣已经尽力将牛养好，但是她一个人的劳动能力实在是有限，半年来她的牛长势越来越差，她的精神状态也每况愈下。白勤欣是一个很“执拗”的人，既受不了丈夫突然离世的打击，又不希望拖累子女，还惦记着自家欠下的6万余元债务。小女儿多次提出希望母亲搬到县城和她一起生活，大女儿和女婿也表示可以让母亲和他们生活在一起，女婿也愿意负担老人的生活。但是白勤欣拒绝了两个女儿，她已经58岁，不可能在昆明找到工作。她的大女儿照看儿女没有工作，收入全靠女婿。此外，女婿的父母身体不好，女婿五兄弟轮流照顾，每人20天。所以每三个月大女儿还要去公婆所在的村里生活20天左右的时间。小女儿则是因为回家照顾父亲一直没有结婚，甚至表示可以终身不嫁来为父母养老送终。她不想给女儿增添太多负担，更不想小女儿因此无法嫁人，目前的窘境更增添了她对女儿的愧疚之情。更何况，在她的想法之中，自己去投奔女儿不仅要增加一笔生活费用，还会给女儿带来6万余元的债务，所以她只能在家养牛，等到牛肉的价格升高时把牛卖掉。

我们在2022年7月与白勤欣访谈时，她其实对未来并没有任何打算，或者说整个人都处于一种近乎绝望的状态：她愿意花费一上午四五个小时的时间去为了五六元上山采菌子；她也愿意一天外出三四趟割草喂牛，如果遇到下雨天，她甚至一个人背不动带水的草和筐篓，而她还是要这么做。但是她的牛不停地“哞哞”叫着，时刻提醒着她，尽管她已经用尽了自己的全部力气，牛还是饿着肚子。她有孝顺的小女儿，但正是小女儿的孝顺和未婚反而让她更为愧疚和绝望。长期以来她一直是一个以丈夫为主心骨的人，她也不知道自己未来怎么生存。一方面，她非常抗拒打扰女儿的生活，并且认为女儿如果嫁不出去都是她所导致的；另一方面，她觉得自己的生活在丈夫去世的那一刻已经丧失了意义，唯一支撑她活着的就是自己和丈夫欠下的6万余元的债务。她给人的绝望感在于，她现在全部生活的意义就是还债，债务还清了她也就没有活着的意义了。就像她自己说的，每天除了割草就是回到家一个人的时候掉眼泪。从白勤欣家出来后，她与人交流时的精神状态仍让人久久意难平。事实上，割草不仅仅是为了让牛活着，也是让自己活着。

## 两个女儿介入

白勤欣的精神状态两个女儿也看在眼里。为了能够帮助母亲做出改变，小女儿完成了“闪婚”，2022年8月与老公定亲后，在9月27日就举办了婚礼，老公是云南玉溪人，两人在务工时认识。婚礼在村内举行，大女儿一家四口在9月初一边照顾母亲一边帮助妹妹张罗婚事。两个女儿希望借此机会劝说母亲前往昆明生活。

2022年国庆节假期结束前，小女儿背着母亲偷偷与村内牛贩子说定价格，收取了定金。在牛贩子来牵牛时，尽管白勤欣非常生气，但还是将其中的2头牛卖了出去。随后，小女儿与老公一起到昆明务工。大女儿一家四口继续留在村内和母亲生活。

在随后的两个多月时间里，大女儿不断劝说母亲将牛卖掉一起前往昆明，但是母亲始终不同意，仍然坚持每天上山割草。直到12月，白勤欣腰疼得厉害，割下草无法搬运回来，大女儿又不会割草，所以她就让大女儿骑着电动车把她割好的草带回来。大女儿做了几天后就不再前往。白勤欣没办法，只好提出将牛卖掉的想法。此时，白勤欣外孙就读的幼儿园打来电话，告知已经临近期末，如果不准备入学，可以办理退学手续。大女儿故意让母亲听到自己外孙要被“退学”的消息，而且女婿也一直在村里无法跑货拉拉赚钱，被迫同意把剩下的2头牛全部卖掉。

不过，母亲提出一个条件，必须把其中一头牛卖给熟人，她回来能去看看，在经济情况允许的情况下还要把牛给赎回来。这头牛是白勤欣丈夫在生病前买回来的母牛，主要由丈夫在照顾，她觉得这是丈夫留给她的一个念想。大女儿就把这头牛卖给了在村内生活的一个远房舅舅，另一头卖给了牛贩子。不过舅舅先后因为盖房和妻子生病花光了家里的积蓄，只能先欠着牛款，预计在2023年年中才能支付。在牛卖出去后，2023年春节白勤欣回村过年时还前往“看望”了这头牛。不过大女儿表示，她也告诉了舅舅，希望尽快把牛卖掉，既能缓解经济压力，又能彻底断了母亲的念想，“反正我们是不会让她（白勤欣）再养牛了”。

尽管4头牛只卖出48 000元，且由于卖得急，比市场价低了10 000余元，但是女儿的做法迫使母亲做出了改变。在4头牛全部卖掉后，2022年元旦前大女儿一家四口就和母亲一起回到昆明。

白勤欣在女儿、女婿的帮助下，度过了最艰难的时刻。

对白勤欣的访谈给我们留下了极其深刻的印象，以至于在一年多之后，她家内的场景和她的精神状态的前后转变仍历历在目。这个案例引导我们思考代际的责任与家庭的意义，两代人对彼此的责任在“是否要跟随女儿前往昆明”这一件事情上产生了冲突，为对方着想是两代人行动的出发点。家庭成员之间的责任与情感将分居多地，乃至于已经成家的女儿和母亲依旧凝聚在一起，或许这才是家庭的意义。

作者：何奇峰，北京大学社会学系2019级博士生

# 引凤还巢赋能乡村精英，智志双扶激发内生动力

乡村振兴，关键在人。长期以来，乡村中青年、优质人才持续外流，人才总量不足、结构失衡、素质偏低、老龄化严重等问题较为突出，乡村人才总体发展水平与乡村振兴的要求之间还存在较大差距。农业农村发展离不开各类人才投身乡村建设。习近平总书记强调，要推动乡村人才振兴，把人力资本开发放在首要位置，强化乡村振兴人才支撑，加快培育新型农业经营主体，让愿意留在乡村、建设家乡的人留得安心，让愿意上山下乡、回报乡村的人更有信心，激励各类人才在农村广阔天地大施所能、大展才华、大显身手，打造一支强大的乡村振兴人才队伍，在乡村形成人才、土地、资金、产业汇聚的良性循环。因此，吸引乡村的优质人才返乡，并为乡村指引发展方向，打造一个施展才华的舞台是巩固脱贫攻坚成果与实现乡村振兴战略的基础。北大与三合村为如何激发乡村内生动力，实现乡村振兴战略提供了一个优秀的案例。

## 引凤还巢：发掘乡村治理能力

小河淌水，未名寄情。云南省大理白族自治州弥渡县是北京大学定点帮扶县。自 2013 年以来，一批批北大帮扶干部与师生在这座云南的山区小县挥洒汗水，帮扶弥渡全面推进乡村振兴战略。在北京大学社会学系对口帮扶的弥渡县勤劳村，北大的帮扶干部、社会学系师生与北大校友在勤劳村的发展上起到了领路人的角色，发掘了乡村治理能力，激发了乡村内生动力，推动了村社统筹发展。北大干部与师生动员了村内优秀人才李仕斌

返乡投身建设村庄，并协助他成立乡村旅游农民专业合作社。该村社组织带动乡村农文旅产业发展，激活集体治权，回应农村产业转型需求，增加村民收入，对勤劳村和弥渡的经济社会高质量发展发挥了重要作用。

在巩固脱贫攻坚成果与实现乡村振兴战略的大背景下，弥渡地方干部与北大帮扶干部发现勤劳村下属三合村的村支部书记年纪大，没有冲劲，党员凝聚力较差，便考虑重新任命一个年轻的村支部书记带动村庄发展。通过多次谈话和相互推荐，北京大学派驻在弥渡县的第五任挂职副县长陈贵兵、勤劳村驻村第一书记田定方以及北京大学 1989 级考古专业校友马岳选中了在外做销售的三合村民李仕斌。

李仕斌现年 39 岁，自 2004 年后就一直在昆明和丽江务工和经商。2004 年到 2010 年这 6 年，李仕斌在昆明的饲料厂工作，从车间工人再到销售。2010 年，他决定自己当老板，利用这几年工作的积蓄，和朋友成立了一个 50 多人的工程队，承包修建大理丽江高速公路的部分路段。2013 年，李仕斌结婚生子，便放弃了在外东奔西跑的工程队，转而回到昆明重新销售饲料。此时李仕斌月收入有一两万元，工作时间也比较灵活。2019 年，帮扶干部与地方干部找到李仕斌，希望他兼职担任三合村支部书记。李仕斌想到别的村都在发展，自家的村却没有什么改变，甚至连党员活动室都没资金建，就毅然决然地同意为村庄服务，并很快拉上了同村的年轻人李大双组成了新的村“两委”班子，开始发展村庄。

## 赋能乡村精英：引领能人建立合作社

有了人才返乡，接下来就是为他们提供发展的思路，搭建施展的舞台。三合村依山傍水、幽静古朴，一边靠着天目山，一边挨着栗树营水库。看到徒有绿水青山，却无法变成金山银山，马岳老师便给李仕斌领导的新村“两委”班子上课，讲解乡村文旅发展的前景。马老师的想法与阅历启发了村“两委”干部。李仕斌说：“我们一开始只是想把村子发展得好一点，但是从来没有往旅游这方面来考虑，是马老师引导了我们。没有马老师，我们没想过还可以通过让外面的人来我们村消费这种方式发展。”于是，在

2021 年 11 月，由村党支部领办的弥渡县三合村乡村旅游开发农民专业合作社正式挂牌成立，由村“两委”班子兼职管理层。短短两年内，李仕斌带领着三合村党支部和合作社做了大量工作。

第一，三合村改善了村庄的基础设施。村内先后实施了村民活动中心改建、景区游步道绿化美化、农家乐提升改造、休闲露营地建设等基础设施工程，让村庄旧貌换新颜。

第二，合作社打造了包括采摘园、土鸡养殖场、油菜连片种植区、村酿农家酒、农家乐、星空露营地、客栈在内的综合运营体，基本形成三合村乡村旅游的雏形，同时为三合村带来 300 多万元的经济收入。目前养鸡场已有土鸡 1 000 多只，成为合作社盈利的主要项目。其他正在建设的项目包括已建设 16 亩的采摘园、已投入超过 100 万元的星空露营地。这些项目还为村内的低保户和贫困户提供了一些不用出村的工作机会。

第三，合作社发动组织有意愿的村民，吸引了 55 户村民参与到合作社的组建中来。看着合作社越办越好，更多村民也被吸引了进来。现在合作社已经壮大到拥有社员 133 户，入股资金也从 17.1 万元增加到 78 万元。

## 智志双扶激发内生动力：合作社发展中的困难与出路

然而，三合村的发展也不是一帆风顺的，李仕斌就曾经三次想要退出合作社。一方面，村内工作不好做，村民关系不好处理。比如，在为村庄修路时，规划中会占用一些农户院子的土地。有些村民觉得补偿不足，一气之下就将自家院子里养的鸡、兔都赶到李仕斌家来。李仕斌带着村委会挨家挨户做工作、讲道理，说明修路是为了每家每户好，最终才说服了农户，修成了路。

另一方面，李仕斌面临家庭经济压力。李仕斌现在一家 6 口人，其中两个老人年纪已大，不方便外出务工，两个孩子一个在上学，一个刚满周岁。一家人的生计都压在了李仕斌夫妻两人身上。2019 年时，村内事务不算太多，他还可以兼职销售饲料。但随着村内基础设施建设与合作社项目的展开，李仕斌没有精力再去管销售工作，也就损失了每月上万元的工资。考虑到合作社还在发展中，李仕斌也拒绝了合作社开出的工资，只领取村党支部的基本工资。所以他苦笑着说："其实被套进来了嘛。一开始，我就想把村子的环境给搭起来就好了。后来，越做越多就根本停不下来了。"尤其是在2021年春节时，合作社付完一年的工钱处在揭不开锅的状态。同时，李仕斌家庭的经济状态按他自己说法就是"过个年连衣服、裤子都买不起"。经济上的窘迫让李仕斌想要退出村"两委"和合作社。为此，北大干部与师生上下斡旋，为合作社找到了经济与政策的支持，才让李仕斌与合作社顺利度过这次危机。

尽管一路上困难重重，也让李仕斌心里多次打退堂鼓，但是一方面念着不能让农户吃亏，他说："农户入股了合作社，要是我不做，合作社肯定垮掉了，农户的钱就亏掉了"；另一方面，李仕斌想："我发展村庄不是帮别人干，我是帮我的两个孩子干。这里要做成一个旅游村，以后他们也不用再到外面去打工了。如果我们村搞得好一点，让孩子们和村民们也不用那么辛苦，每年有些分红，以后找老婆也好找一点。"正是靠着这种信念与北大师生校友的支持，李仕斌才坚持了下来。

## 社会学系与三合村合作社案例的启发

**第一，三合村的发展证明了一支强大的乡村振兴人才队伍对于推动乡村振兴的重要性。**如今，北京大学和乡村优秀人才把一个落后村变成了一个先进村，实现了农、文、旅各要素的有机融合。在三合村及合作社的发展过程中，北大的知识分子、帮扶干部与乡村人才相互合作，形成了一个北大知识分子为领路人、乡村优秀人才为行动者、北大帮扶干部为支持者的组合，为高校助力乡村振兴提供了一个优质的模板。

**第二，三合村合作社不仅保留了弥渡独有的田园山水风光，还在探索一种村集体和参与群众利益共享、风险共担的新型集体经济形式。**如何能够激发农户成为实现乡村振兴战略的主体是为农村内生动力赋能的关键问题之一。北京大学与三合村为这个问题的探索提供了一个优秀的案例，就是利用村社统筹的合作社推动乡村产业发展与增加村民收入。通过将农户整合到合作社，三合村合作社发挥了统筹功能，调动了群众参与的积极性，激发了乡村的内生动力，让村庄从被“输血”逐渐转变为能够自己“造血”。

作者：王哲，北京大学中国传统社会研究中心研究助理

# 用心　用情　用脑　用力

2023 年 7 月底，暑假不过一半，我们这些参加云南省西部计划的大学生志愿者从五湖四海来到了昆明参加集中培训。出征仪式之后，由各地的团委领着坐车奔赴各个州、市，又复乘车来到各个县、乡、镇、村的岗位上，我也就这样正式地来到了弥渡一中，走上了将要奉献一年的支教战线。一路上，想着出征仪式上来自各个大学的志愿者同学们充满活力的目光，想着大理白族自治州团委老师热情的欢迎，又看着弥渡一中为我们准备的住宿条件最好的寝室，我不由得想起了《习近平的七年知青岁月》书中所描摹的那样一幅幅生动形象的知识青年上山下乡的画面：一车车跟我年纪相仿甚至更小的同学们在国家的号召下，走出学校来到基层，在受到乡亲们亲切欢迎和照顾的同时，也给当地奉献和回报以自己的青春力量。这样想着，我不由得心底泛起一丝小激动，那就在这一年踏踏实实地努力干吧。

初搬入弥渡一中宿舍的时候，通向窗外的油烟管道每日传来鸟儿衔着东西飞进飞出忙于筑巢的窸窸窣窣之声，如今两个多月过去，已经能听到一窝雏鸟嗷嗷待哺的啾啾之声了，一如这装满了同学们的校园，平添了许多生生之意。从当年坐在课堂上、只是偶尔走上讲台的尖子生到燕园学子，又回到这亲切而充满生机的中学校园内，我仿佛又找到了中学时代那种年轻的感觉，那种仿佛自己可以成为想要成为的任何人的敢梦敢当的感觉，行走于校园，只觉得热情饱满。可支教的工作和生活并不全然只有这样的美好与希望，校园里的同学们并不全然只是向我们呈现出一股股生机与活力，在新鲜劲之后，是“一竿子捅下去随处可见”的问题和难啃的硬骨头，工具理性与价值理性的追问在往复交错之中常常只是徘徊又彷徨。时至今日，来到学校两个多月过去，几乎每一天学生身上收集到的教学反馈都还在刷新我对于所任教班级学生初中基础、学习方法、学习习惯、学习主动性等方面学情的认知。譬如，曾经我认为自己的数学能力与水平在北大同学中十分一般，相比于那些更具优势的科目，我在数学的教学上应该更能够带来一些更接地气的学习方法，可学生们身上所呈现出的现实却证明了我最初的想法只是未经实验与论证便得出的主观臆测、痴心妄想——我所要面对的现实和可供耕耘的基础与曾经自己所处的环境存在着巨大的差异，一切都需要重新学习，一切都面临着巨大的改变、调整与摸索。在这些"如何把课上好""如何把书教好"的工具理性之问以外，我们常常不得不面对一些更偏价值理性方面的自我诘难，譬如揣摩思考自己前来支教只有一年的情况下最值得给同学们留下的东西是什么、短期所做的事情和举措能否带来更加长远的或更有持续性的价值、值不值得为了可能无法一直保持的向正确学习方法的转变而牺牲当前转变期的成绩……所有的问题，没有一个是可轻易得到最优解的，没有一个是不需要久久为功的思考、探索与坚定不移的行动的。

好在纵使问题的求解从不轻而易举，热情与意志也并不会轻而易举地消磨殆尽。我还记得刚开学不久，我在某个没有看守自习和讲评任务的晚上来到年级查看自习情况和提供答疑时，政治组的吕老师对我说："你看起来是真的很喜欢学生啊!"这朴素的情感背后，或许也是属于我个人的某些初心吧，它们应当被收藏持存而不应被耗竭。我还记得从北大来到弥渡的田老师在最开始就叮嘱我们工作的困难，要做好应对十足困难的准备。田老师和与他同期来到弥渡的陈老师一次次的指导与支持，以及他们在弥渡所付出的实际行动，为我们展示了面对困难时一种"扎硬寨"一般的干劲。作为一名北大的毕业生，我也不应忘记北大人的作风和传统。我想，北大人在解决困难时，大抵还是十分重视对问题的细致研究以及对某种完美状态的追求的，既然想把事情干好，便得要多开动脑筋，把对基本事实与相应思路的研究做得更加完整。我认为这大概也是我在此地所应当付出的努力，重在学习，重在优化，久久为功。

总而言之，纵使面临问题与困难，起步并不顺利，我想仍要多多用心、用情、用脑、用力，把研究做在彩云之南这一方小河淌水的大地上，用一年不长的时间，真正去沉淀一些“当回首往事，不因虚度年华而悔恨，也不因碌碌无为而羞愧”的事情。

作者：黄攸平，北京大学哲学系 2019 级本科生

# 瞄准实际问题，助力乡村振兴

2022 年 7 月 27、28 日，我跟随北京大学现代农学院云南红色实践团，第一次踏入弥渡县。在我的印象里，弥渡县仅仅是学校定点帮扶工作的对象，我从来没有深入了解弥渡县。短短的两天，通过熟悉气候条件、企业参观、座谈会等，我对弥渡的自然禀赋、农业生产和经济发展有了一个大致了解。弥渡县具有得天独厚的自然条件，光照充足、温度适宜，成为农业和蔬菜产业发展的绝佳之地，为弥渡打造特色产业提供了优越的自然禀赋。同时，在电商发展、劳务输出、城市建设等方面，弥渡正在不断创新，大步向前迈进。在调研途中，针对所见所闻，也思考了目前如何能够推动弥渡更好地发展，提出如下想法。

第一，在当地文化特色的基础上，强化对农民的思想引导。在调研中了解到，当地的外出务工人员将大量的工资收入投资在房屋修建上，但修建的房屋空置率较高，并没有从根源上改善农民的生活质量。我认为政府可以通过培训、宣传等方式，引导农民将工资收入等投资在可持续增收的项目中，例如通过修建大棚、加入合作社等方式，而非盲目地进行固定资产建设，这样才能实现收入的持续性增收。

第二，强化对青年人的引导和培养，培养一批有能力、有想法的当地人才。通过调研，发现弥渡县当前的企业等多以外来人群为主，尚未形成具有影响力的本地企业。青年人是社会建设的核心力量，政府应该发动这一群体的力量，形成更具特色的产业发展模式。因此，我认为，可以通过开展培训班、参观、交流、技能指导等方式引导当地的青年人敢于尝试、敢于创新，借助当地得天独厚的优势条件，发展具有地方特色的产业。

第三，针对弥渡县目前产业特色不突出、影响力不大的瓶颈，我认为可以借助“丽水山耕”的发展模式，推出具有弥渡特色的覆盖全区域、全品类、全产业链的区域公用品牌，将蔬菜业、食品加工业、旅游业等融合到同一个品牌，带动品质农业、生态民宿、乡村旅游等生态特色产业的协同发展。具有影响力的品牌才能真正推动产业进步，吸引更多的企业、投资，才能从本质上促进弥渡县的发展。

通过这次实践，我真实地感受到，把“科研做在祖国大地上”是多么真切的要求，曾经在办公室看到的文字，远远不及在实践中获得的感悟。作为农业发展与经济系的学生，我深刻地体会到，只有依托于农村实际发展问题的科研问题才是好的研究问题，也只有落地到实际中的研究成果才是好的研究成果。此次实践活动，既是开拓视野的一次旅程，又是让我认识到学术与实践关系的一次重要的过程。作为学生党员的我们，更应该明白对社会的贡献，绝不仅限于学术成果的发表，只有解决实际问题、切身服务于社会，才是实现党员义务的途径。

作者：杜珏，北京大学现代农学院2020级博士生

# 小步子快跑，小范围深耕，扎实推进乡村产业发展

我作为一名农业经济管理专业的博士生，在此次云南调研中印象最深刻是云南当地种植业的碎片化现象。

相比于我个人在全国其他地区看到的农村有所不同，云南的种植业相对来说更加碎片化，这反映在两个方面：地块的碎片化与种植结构的碎片化。从地块层面看，可能是由于云南各地区受到自然条件的制约，土地相对不够平整，即便是面积并不大的农地也被分为若干小块，连片土地相对较少；从种植结构看，云南当地的种植结构相对比较复杂，经常能看到在同一地块上有五六种作物，例如一小片地上水稻、玉米、烟叶等作物分散种植。我并不知道这种种植结构与方式在农学和生物学上是否有依据，例如混作对于土壤肥力保持效果更好等，但从经济学角度看，不平整的碎片化土地势必难以提高生产效率。一方面生产难以进行机械化作业，导致生产成本不易降低；另一方面种植结构的碎片化，可能无法形成产业集聚，也不容易创造特色品牌。

然而，这两个问题并不是那么容易解决的。首先，我个人认为，如今的地块碎片化可以追溯到1980年前后家庭联产承包责任制的兴起，当时的土地基本应该是按人头承包到户，许多土地在那时就已经被分得支离破碎，而农户的分家可能会加剧这种现象。种植结构的碎片化与多样化同样不易改变，一个地区的种植结构尽管受到了自然禀赋的制约，但对于一些县、区来说，种植结构往往应该也是在很久以前就已经形成。因此，想要尝试解决这些问题、改善现状，就必须对症下药。

首先，在解决土地细碎化的问题上，耘飞公司的“双绑”模式是一个

积极的尝试。由于农户间沟通成本高、沟通难度大，同时由于承包制的限制，农户间的土地“互换”基本只能通过流转的方式进行，然而农户间的土地流转相对来说效率较低、违约风险较大，因此引入第三方主体作为中介整合土地可能是一种潜在的解决方式。从我个人的参观学习来看，耘飞公司通过流转将碎片化的土地集中成相对平整与大规模的土地，然后通过再分配/二次流转的方式，将土地转租给愿意参与蔬菜种植的农户，同时提供了基础设施的建设以及生产所需的种苗和其他生产资料，从表面上来说相当于替农户承担了风险，而农户只用向公司与村集体提交收益的20%作为回报。这样一来，农户多劳多得，更加有积极性。这一模式在我看来，有些像新时代的“家庭联产承包责任制”，或者说联产承包模式在经济作物上的一次应用。

其次，对于弥渡县等地区希望创造特色品牌的问题，我个人则认为从地方政府的角度出发，一方面应该积极引导调整种植结构的尝试，另一方面规划生产区域时尽量将同一种作物的生产区域进行集中。云南自然禀赋优越，全国大多数作物都能够在这里生长，因此，县政府可以考虑选择小面积的土地作为试验田，利用优越的自然条件，寻找适合当地生产的作物品种，如水果番茄。另外，引导在县内不同区域建立经济作物产区，将同一种作物进行集中生产。

最后，对于以上建议，仍有一些问题值得探讨与注意。引入第三方主体作为整合土地的主力，要注意以下几个问题：第一，对风险的监管。从耘飞公司的模式来看，目前的风险似乎是公司全部承担了，但实际上相对合理的方式仍是风险共担，考虑到新模式对于农户来说难以接受，那么至少应探索“建立初期公司主要承担风险、后续生产双方共同承担风险”的模式，以保护第三方的积极性。另外，要防止第三方借农户名义进行贷款，实际上将风险转嫁给农户的情况。第二，对运营的监管。耘飞公司的模式中，公司的主要收益其实并不是生产，而是所谓品牌统一、生产资料统一等要求下为农户提供相应生产资料和服务的收益，例如，公司卖给农户种苗以及化肥等，从中获利或赚取差价。第三，对合同的监管。耘飞公司的模式涉及公司对农户的土地进行流转以及公司向农户的二次流转，流程相对复杂，政府从中可以做的是协调与规范土地流转市场，例如对流转进行备案、公证等，防止土地流转产生的纠纷。第四，对试点、试验落实和推广的监管。尽管我们都希望用最短的时间解决更多的问题，但作为改革和试验，急于求成可能适得其反。对于土地整合，要从小范围尝试，从十几亩往几十亩、几百亩的规模逐步推广；而品牌、品种的探索，也应该先从小范围开始尝试，先搞清楚实践上的操作和问题，不能一上来就大面积推广。

作者：徐阳，北京大学现代农学院2021级博士生

# 扎根农民农情，再读弥渡发展

重回革命遗址，重感红色精神；走进农业农村，了解农民农情；感悟乡土乡情，感受时代脉搏。为深入学习贯彻习近平总书记重要讲话精神，2022 年 7 月 25—28 日，我参加了北京大学现代农学院党总支部组织的赴云南省昆明市、大理白族自治州弥渡县红色学习实践活动，先后赴国立西南联大旧址、云南大学、弥渡县大理春沐源现代农业科技示范园、大理耘飞农业科技有限公司、春晓种苗基地、弥渡县电子商务公共服务中心、洱海古生村等地参观学习。此次活动让我深切感受到了西南联大师生强烈的爱国情怀和刚毅坚卓的奋斗精神，也感受到了云南得天独厚的自然条件和农业科技的快速发展。

作为一名农业经济管理专业的博士后，我在此次实践活动中对云南先天的自然优势和创新的“双绑”模式印象深刻。其中，海拔高、光照时间充足等自然优势使云南“天然温室”和“天然凉棚”蔬菜种植业迅速发展，已形成夏秋反季节蔬菜、常年蔬菜、热区冬春早菜 3 大稳定发展的优势产业区，在自然条件和投入成本等方面具有比较优势。同时，云南积极开拓国内外市场，通过“云菜进京”“云菜入沪”“云菜入粤”“云菜入疆”“云菜出海”“云菜供港”6 大外销主线供往全国 150 多个大中城市和 30 多个国家及地区。虽然云南设施蔬菜取得一定成就，但在农业基础设施、农业生产力水平、规模化经营等方面仍然存在不足，一是山地地区受水资源制约难提高生产力，农业水利配套不全；二是蔬菜生产和加工企业多数规模小，生产条件、技术、基础管理水平较差，产业链短，深加工、精加工农产品少，技术含量较低；三是小规模分散经营阻碍了技术改进和管理水平的提高，难以步入规范生产、标准分级、品牌销售的发展轨道，农产品价格较低，农民增收困难。

弥渡县创新农业经营方式，大力推广“双绑”模式，形成了以“龙头企业绑合作社”和“合作社绑农户”的农业生产方式，推行“党支部+企业+金融机构+合作社+农户”的产业发展新模式，村党支部牵头将村民土地流转整合，并成立农民专业合作社；龙头企业负责生产和技术端，实行“统一供苗、统一农业投入、统一技术标准、统一品牌、统一销售”的“五统一”服务；金融机构给予惠农政策性信贷支持；合作社负责管理端；社员负责生产端，实现利益联结和共享。产业组织化水平正向龙头企业连市场、合作社强组织、贫困户抓生产的专业化、高质量方向加快发展。但同时我也认识到“双绑”模式存在新型经营主体与贫困户利益联结机制不完善、不紧密，惠民增收的体制机制尚不健全等问题。

作者：张强强，北京大学现代农学院博士后

# 第四章

# 环谷水声潺：一线干部的初心与担当

# 我在弥渡收获的学问

弥渡，仿佛是一个饱含北大气质的实践学院。对于在弥渡即将完成两年“学业”的我而言，这个“学院”的比喻是如此的贴切真实且恰到好处，以至于尚在乍暖还寒滇西边陲的我，好像已穿上了特别的学位服，微微俯下身，等待山风拨动帽上的流苏……

挂职弥渡两年了，是到了该说再见的时候。于是，在喜迎母校120周年校庆之际，为了掩饰自己的伤感与不舍，便自作主张地把离别唤作“毕业”，以偿多年书生情怀，心情似乎也敞亮了许多，可以慢慢梳理这两年的“学问”。

## 学问一：副县长到底是干啥的

我从没想过，这辈子能有机会当副县长。

当我接到弥渡县人大常委会的任命书时，真是既激动又紧张。激动的是终于可以名正言顺地开展工作了，但到底该如何名副其实地做好这个副县长？我一无所知。

我慢慢发现，这是个特别“重大”的官：重的是担子，大的是责任。

记得第一次随县长下乡，老乡握着县长的手激动地说：“‘父母官’来我家啊，快进屋坐下喝茶聊。”然后目光转向跟在后面背着书包的我道：“哎，这孩子是谁呀，快快也进来坐。”在得知我是挂职的副县长后，老乡红起了脸说：“太不好意思啦，原来是从北大来的‘父母官’啊！”

“父母官”，听到这样的称呼，我不由得深吸一口气。作为儿女的父母，要管好孩子的生活起居，负责挣钱养家；作为百姓的“父母官”，则要把握县域的经济民生，关注百姓的衣食住行。这对于一直在高校系统学习、工作的我而言，实属陌生。

2016 年 7 月，北京大学医学部组织附属医院 20 余名专家来弥渡开展健康扶贫，在县医院开展半天的“义诊咨询”，从县里通知到乡镇就成了“送医送药”，又经村子里乡亲们口口相传就成了北大医学专家“免费体检”……那天下午，县医院门诊一下子涌进了 500 多人，很多都是皮肤黝黑、背着箩筐的少数民族农民。几位专家帮我一起维持秩序，但乡亲们求医问药的热情愈发高涨，每个诊室都拐着弯儿地排起了长长的队伍，踩踏事故随时可能发生。我们商量决定，必须把一位专家的诊室转移一下，然而，已排队许久的老乡们谁都不愿挪换地方。

“我是北大来挂职的副县长，今天来的专家都是我的老师，我们必须要换一个诊室以保证大家的安全。你们如果相信我，就按顺序排在我身后，我带大家转移阵地，保证每个乡亲都能看上病！”不知哪里来的勇气，我冲着喧闹的人群高声喊了几句。

“我相信你！”人群中一个声音响起，然后就有人紧紧抓住我的衣服。“我也相信你！”一声声乡音连着串儿，此起彼伏。很快，我的身后就排了 30 多人，大家后面一个抓着前面一个的衣服，生怕谁被落下。

“一、二、三，走！”像儿时游戏“老鹰捉小鸡”一般，我在最前面喊着号子带着大家穿过人群，终于转移到新的诊室。晚上回到宿舍，忽然觉得腰部两侧火辣辣地疼，掀起衣服一看，原来是被紧跟在身后的老乡掐青了，有点像急性胰腺炎的“Grey Turner 征”……

我们常说：“人民群众日益增长的物质文化需求……”但到底什么是“需求”？此时此刻站在镜子前打量腰上两片淤青的我深深体会到，这种“切肤之痛”，就是“需求”，是老百姓渴望活得更健康的最基本的需求！

那一夜，我只能平躺在床上，肉疼，心更疼。

## 学问二：烟草，让我欢喜让我忧

我不抽烟。

当年报考临床医学专业时，我就和学校签过协议：“远离烟草，引领健康！”在学医过程中，也越来越了解到烟草的危害，不仅自己不吸，也尽力劝周围吸烟的人戒烟。尤其是在2016年，我被学校推荐当上了中国控烟协会青少年委员会的委员，更是把控烟工作当作自己的一项事业。

然而，在云南控烟，何其难！

一次政府常务会上，县长大力表扬某乡镇烤烟优质高产，就在我即将“拍案而起”的时候，身边知情的一位同事拉住我说：“你可别冲动，要知道如果一下子没了烤烟，我们的脱贫攻坚简直就没有希望了！”

没有希望？我愣了一下，很快平复好情绪，先听听各位政府同事们怎么说。

众所周知，“彩云之南”产好烟，对于像弥渡这样的农业县，烤烟为全县经济稳增长的贡献不言而喻，于是县领导经常亲自督查烤烟种植收成情况，还努力为烟农创造更好的条件。看来，对烟草这种我曾经深恶痛绝甚至一棒子打死的东西，还真得要一分为二地看待，这便是实践的哲学。

于是，我也开始高高兴兴地陪着县长下乡考察烤烟长势，高高兴兴地和烟农拉家常聊一聊今年的预期收成，高高兴兴地拿起手机拍下绿油油的烟叶并发到朋友圈……虽然在那条朋友圈下面几乎没有哪位学医的同学或同事为我点赞，还引出一大堆评论关切地问我“挂职以后怎么变了”“你开始学抽烟啦”等等，让人哭笑不得、百口莫辩，但我这个“委员”的内心还是平静了许多。

当然，对烤烟的态度转变并不意味着我支持吸烟。好几个周末，我手里提着中国控烟协会发给我的带有“No Smoking”标识的环保口袋，战战兢兢地走在县城的街上，看起来像是一种行为艺术。在每一次受邀做健康讲座时，我都要不断强调烟草对健康的危害，倡议“多晚戒烟都不算晚”“烟草越晚接触越好”“男孩子吸的第一支烟不要来自他的父亲或老师”。

每年正月十五是弥渡花灯节，节日前夕县里有一个跳“门户灯”的习俗，就是大人小孩扮上凤凰、麒麟等神兽的装束挨家挨户在门前表演喜迎花灯节。表演结束后，门户主人会送一些小礼物表示感谢。那天，我看到一位大娘往两个娃娃饰演的麒麟的“嘴”里塞进两根香烟，便一个箭步上前抢了过来，希望大娘把烟换成糖果以表谢意，大娘咧嘴一笑点了点头。

在弥渡的两年，还有一些我从来没想过的事。比如曾有好长一阵子县里闹旱情，在那段燥热的日子，天上稍微有点乌云，掉下几个雨点儿，我就兴奋地冲出屋外看看能否下得起来，可真要下起雨来，又怕下太多涝了庄稼……

这些一点一滴的小事情，现在回味起来，都有一种难以言表的充实感。

## 学问三：名词解释——“北大弥渡人”

“北大弥渡人”，同荣共辱。

代表母校来到这么远的地方，的确是件很光荣的事。然而我不是一个人在战斗，还有学校派来的驻村第一书记和几位支教老师，大家在不同的工作岗位上为完成好学校脱贫攻坚的社会职责尽心尽力，也得到了本地领导和同事们的认可，县里每次要沟通一些事情也愿意把我们聚在一起碰一碰。

诚然，光荣是光荣，但“压力山大”也是事实。在弥渡工作的我们，每个人的脑门上都仿佛有两个无形的大字——“北大”！这个边陲小县淳朴的人们，因党中央吹响脱贫攻坚战、全面实现小康的号角而与北大结缘。这里的我们，一举一动、一言一行都似乎被赋予了特殊的意义。用本地同事的话说：“北大是我们想都不敢想的殿堂，可如今，你们却活生生地站在我们身旁……”

“史老师，学校给我安排的课好像太多了，您说我要不要去找领导谈谈？”在弥渡一中支教的老师发了条信息征求我的建议。“你先按学校安排的任务来，一周后再看，只要还可以接受就没必要提需求，毕竟咱们是来支援的。”“楠哥，村子里来了几名外地的大学生受委托考察脱贫攻坚现状，感觉沟通不太顺畅啊，要不要咱们一起和他们谈谈？”第一书记疑惑地打来电话。“咱们还是再等等看，你也问问村总支书记和同事们的意见。”当然，在我自己遇到难处时也会向其他“北大弥渡人”求助，彼此支持，出谋划策，因为我们就是“一家人”。

除了身在弥渡“前线”的“北大弥渡人”，我们的“大后方”还有许多可爱的“家人”。由学校牵头统筹，八大学院为主力的“甘霖计划”正在弥渡或掷地有声、或润物无声地实施着。“北京大学弥渡讲坛”将北大的教学惠及弥渡县域基层，深受地方干部好评，县会务中心礼堂俨然变成了学校的阶梯教室，而每次讲课的老师都给自己提出了“先调研，再开讲”的要求，更是给县里的干部们留下了深刻的印象。

还有一件事，每每想起，令人笑中带泪。

就在2017年初，北京大学国家发展研究院联合上海真爱梦想公益基金会为对口支援的牛街彝族乡捐赠建立了全县第一个“梦想中心”，开启了素质教育的大门。记得在一次示范课上，“梦想中心”的老师让牛街民族中学的孩子举一个“改变目标”以实现梦想的例子，一名彝家学生娃举手答道：“比如我毕业后想考哈佛大学，可我估计自己考不上……”“然后呢?”老师问。“然后……”这孩子忽闪着大眼睛认真地说，“然后我就报考北京大学!”

轰的一声，整个教室的老师同学都开怀大笑：敢把北大当做“第二志愿”，口气不小！只有坐在后排角落里的我，激动得快要淌出泪来，因为那一刻我如此真切地感受到，山里的孩子是发自内心地觉得，北大离他们好近好近……

“扶贫先扶智，扶贫先扶志。”很多时候，我们的扶贫工作便有如此之效。在祖国边疆、彩云之南的这片热土，既需要轰轰烈烈的大行动，亦需要潜移默化的“小确幸”。

孩子们加油，祝你们早日成为“弥渡北大人”!

两年的时光转瞬即逝，说实话，在弥渡这所“学院”，我的收获远远大于付出。县里当初颁给我的任命书就好比“录取通知书”，但却不会有“毕业证书”。学无止境，我们需要接受基层的历练，把论文写在祖国大地上！也许，从未名湖畔走进“弥渡学院”的我们，是不需要“毕业”，也是无法“毕业”的。

（本文作于2017年5月即将离开弥渡之际）

作者：史楠，现任北京大学第一医院宣传中心主任，
曾挂职弥渡县人民政府副县长

# 埋头苦干　创新进取

我于 2017—2018 年由北京大学选派至弥渡县挂职副县长，协管财政、发改、文化、教育、卫生等业务。挂职期间我严格按照上级领导“充分发挥科技参谋、桥梁纽带和培养人才三大作用”的指示，虚心学习、发挥特长、找准定位、大胆工作，能够很快地熟悉业务，进入工作角色，明确工作的努力方向，取得突出业绩。

## 一、加强理论学习

挂职上任后，我始终坚持认真学习党的理论，认真学习习近平总书记关于扶贫开发的战略思想，提高政治站位，坚决贯彻执行党的路线、方针、政策。积极组织并参加教育部第五批赴滇西挂职干部总队各项理论学习、交流研讨、考察调研活动，保持全勤、认真参与，分享工作经验、推进工作开展。

走访挂钩贫困户

## 二、争取项目资金

挂职期间，我通过学校、校友和各方力量，为弥渡县向国家部委、相关部门协调、争取到账无偿使用项目资金合计 1.3127 亿元。如彭家庄水库建设项目 1.1 亿元、德苴乡北片区光伏提水项目 1 000 万元、德苴乡至苴力县道路建设项目 505 万元、富滇银行支持密祉镇扶贫项目 200 万元、青丰完全小学校舍改造项目 200 万元、各类奖助学金项目 127 万元等。

## 三、助力产业扶贫

我协调弥渡县与中利集团“贫困村光伏农场包县脱贫项目”成功签约，成为弥渡县新的产业增长点，有力加快弥渡县脱贫步伐。

帮助弥渡县与农品堂科技公司合作，以“企业+贫困户+合作社”的方式开发古树茶系列产品，让贫困户一起做股东，公司收益的 60% 直接分配给贫困户。

帮助弥渡县与中国人保财险云南省分公司签订“政融保”支农融资合作框架协议，授信额度 1 亿元，开展支农融资业务合作，助力贫困人口增收致富。

协调联系北京大学药学院天然药物化学系主任屠鹏飞教授、中国农业大学郭玉海教授、上海交通大学药学院李晓波教授、内蒙古阿拉善林业治沙研究所原所长田永祯研究员一行到弥渡县指导中草药产业发展。

**2018 年 4 月，协调北京大学屠鹏飞教授一行指导弥渡县中草药产业发展**

## 四、举办干部培训

我组织协调北京大学专家教授到弥渡县开展“北京大学弥渡讲坛”5场，2 000多名弥渡县干部参加，为弥渡脱贫攻坚注入了强大的智力人才支持。

协调组织举办了北京大学—云南省弥渡县党政干部党的十九大精神学习培训班、北京大学智力帮扶国家级贫困地区市县领导干部研修班，培训效果显著，深受弥渡干部群众好评。

协调组织30余名弥渡县各乡镇干部到帮扶院系进行插班学习，提升能力素质。

**2017年12月，协调举办弥渡县党政干部培训班**

## 五、强化智力支持

我协调联系北京大学专家学者为当地城乡建设总体规划、艺术文化发展、全域旅游规划、申报田园综合体等献计献策，充分发挥规划引领作用，助力地区社会经济发展。

联系北京大学知名城市规划专家吕斌教授及其团队数次到弥渡县考察调研，详细直接指导“多规合一”县域城乡建设规划；联系艺术学院彭峰教授、周映辰副教授等专家参与支持弥渡县举办纪念《小河淌水》整理改编70周年研讨会等系列活动，并就唱响打造“小河淌水”文化品牌提供意见建议和资源协助，从而促进弥渡县文化旅游等产业发展；联系北京大学政府管理学院薛领教授等详细指导弥渡县修编《全域旅游发展总体规划》；协调联系安排弥渡县党政干部代表团赴国家部委，以及四川、重庆等地学习考察田园综合体申报。

吕斌、彭峰、周映辰和薛领4位老师受弥渡县第十七届人民政府聘请为“城乡规划建设顾问、艺术顾问、艺术总监和全域旅游顾问”。

## 六、做好教育帮扶

我协调、争取20万元资金为弥渡县免费举办专业人才全封闭英语培训项目（TIP）英语教师培训班，对全县80名中学英语教师进行全封闭培训。

协调上海真爱梦想公益基金会在弥渡县开始推广建设“梦想中心”，先后建成了牛街民族中学、牛街完全小学“梦想中心”。联合西部愿望教育促进会发起西部愿望游学团“博观约取，躬行求知”项目，组织弥渡县20名师生到北京进行了游学参访活动。协调北京大学多个学院多次到弥渡县举办校园文化宣讲、法律知识讲座、田间调研等活动，收效良好。

到牛街民族中学调研指导“梦想中心”建设

协调联系在德苴乡完成了两所“博雅图书室”捐赠，捐资 112 万元设立教育扶助专项资金，对德苴乡持续资助 5 年。协助实施“财童计划”项目，发起了“财童夏令营再筑彩云之梦”的众筹，为先锋完全小学募集了 1 万元的校舍改造资金。

**2017 年 7 月，协调经济学院赴弥渡县开展“财童计划”社会实践**

## 七、协调校企支持

我协调校企方正证券支持，达成精准扶贫“十个一”工程的工作目标。正在争取整合一个县域融资平台，协调外派一个挂职干部，组建一个金融扶贫工作站，整合一个融资渠道，培养一支“带不走”的懂金融的干部和懂管理的企业家队伍等，协调方正证券股份有限公司捐赠弥渡县高中“博雅自强班”90 万元，捐赠美丽乡村厨房改造和“爱心超市”建设经费 50 万元。

协调开展两次调研，举办两次“智 · 富大讲堂”，共 2 次 6 人次为弥渡县干部外部学习培训及交流创造条件，捐资 3 万元协办弥渡学子赴京游学团，组织 2 名老师参加教育部举办的小学数学教研员和数学教学骨干培训班。对接上海沪江教育集团，在弥渡全县小学推广优质教学资源网络课程项目，提升和满足小学生素质教育需求。协调中国扶贫基金会、蚂蚁金服在弥渡实施“顶梁柱”大病保险项目。支持弥渡县乡村振兴项目 1 个，协调捐资支持弥渡县德苴乡青丰村建档立卡贫困户改厨工作，两年内对 188 户每户提供 2 500 元补贴用于厨房改造。开展消费扶贫，针对弥渡当地特色农产品独头蒜、酸腌菜、玫瑰、高山有机茶、卷蹄等实地调研并动员购买，提升弥渡特色农产品知名度。对接第三方电商合作伙伴，如京东、本来生活、社员网、从禾（上海）农业发展有限公司等，助力农产品销售和产业发展。

到德苴乡青丰村农户家中调研“厨房革命”

## 八、支持党建工作

我协调北京大学，联合云岭先锋杂志社与弥渡县成功举办了两届微党课大赛，推动“两学一做”学习教育深入开展。北京大学向弥渡县新时代农民讲习所捐赠 1 000 册图书，并捐赠 70 万元党费，专项用于弥渡县党支部规范化达标创建和创办新时代农民讲习所两项工作。

## 九、开展卫生扶贫

我协调联系北京大学医学部继续教育处时任处长姜辉率领北京大学医学专家组一行到弥渡县开展医学继续教育帮扶系列讲座活动，并分别到弥渡县人民医院儿科、产科、急诊科进行教学查房；协调项目支持县医院建设多光谱检查室和吴阶平泌尿中心。

## 十、深化校地互动

为了加强北京大学与弥渡县的联系、沟通与互动，我协调组织北京大学相关部门、院系的200多名领导、老师、学生和专家，先后到弥渡县8个乡、镇进行广泛的调研，结合县情、乡情、村情及校情，为弥渡县出谋划策。对接服务好北京大学帮扶弥渡县的8个院系及继续教育学院、方正集团下属企业方正证券等，充分做好北京大学与弥渡县的枢纽和桥梁。同时，我协调促成弥渡县主要领导率领的党政代表团3次前往北京大学进行对接汇报，稳步推进定点扶贫相关工作，不断促进校地互动，加强北京大学与弥渡县的联系沟通。

此外，我作为教育部第五批赴滇西挂职干部大理组联络员，认真履行岗位职责，服务挂职干部，当好小组联络员。我协助教育部第五批赴滇西挂职干部总领队收集整理并制作了《教育部第五批赴滇西挂职干部通讯录》，分发给全体挂职干部，方便挂职干部之间加强沟通联系；作为工作简报轮值编辑，主持、整理、编辑、制作了10期《教育部云南滇西挂职干部工作简报》；做好大理组干部的组织协调、上传下达等相关工作。

一年来，我尽心尽力，勤勤恳恳，认真做好岗位职责内的相关工作，得到教育部、省、州、县各级领导的高度认可。2017年10月时任云南省委书记陈豪在弥渡县调研时，对北大的真情帮扶工作给予了充分肯定，当即指示宣传部门要深度挖掘报道。经过采访挖掘，2017年11月《云南日报》以《来自未名湖畔的殷殷真情——北京大学对口帮扶弥渡脱贫攻坚纪事》为题头版全面报道了北大的帮扶工作，影响广泛。

作者：杨学祥，现任北京大学继续教育学院院长，
曾挂职弥渡县人民政府副县长

# 迈开脚步丈量滇西　撸起袖子奋战脱贫

北大，未名湖畔书声琅琅。

弥渡，小河淌水长流涓涓。

一场空前的“精准扶贫、精准脱贫”攻坚战，让相距 2 800 多千米的北京大学和地处祖国西南的弥渡县紧紧相联。也让常年在高校工作、对基层工作了解知之甚少的我，深深地扎根在了滇西这片红土上，挽起裤腿、撸起袖子与弥渡县的干部群众一同奋战在脱贫攻坚的战场上。

2003 年 9 月 2 日，是我成为一名北大人的日子；2013 年，北京大学与云南省弥渡县正式结缘；2018 年 7 月 6 日，我作为北京大学第四批定点扶贫挂职干部，正式成为一名弥渡人。这一刻起，我深深地为我是一名北大人、弥渡人、扶贫人感到自豪！

## 角色：见证扶贫干部的蜕变

2018 年，在北京的盛夏时间来到弥渡，周围干部和群众的热情、凉爽宜人的气温、层峦叠嶂的大山、丰富新鲜的蔬菜让我倍感亲切。然而马上到来的弥渡脱贫攻坚冲锋战，将我迅速拉入了满负荷工作状态，随之而来的则是之前预想到的和没有预想到的困难——完全陌生的工作内容和工作模式，“5+2”“白加黑”的无休工作节奏，开会时各种专业政策名词，下乡时群众浓重的口音，晚上回到宿舍时对家人的思念，以及强烈的紫外线带来的过敏反应促使我不得不迅速完成从北京大学教师到滇西扶贫干部的身份转变。

虽然通过入职之前为期三天的工作培训已经对于脱贫攻坚工作以及云

南的省情、民情有了初步的了解，但这对于实际工作来说还是远远不足的。犹记起临行之前学校领导的嘱咐：先学习好政策。于是便向同事要来国家和省、州脱贫攻坚政策文件，以及弥渡县脱贫攻坚工作的档案记录，晚上回到宿舍后自己一份份阅读、学习。慢慢地，“弥渡贫情县情”“两不愁三保障”“三率一度”“六个精准”“五个一批”等也成了挂在嘴边的口头禅、“一口清”。

工作期间，我把握一切时间和机会，跟干部多询问，跟群众多聊天，在熟悉工作、熟悉民情的同时，慢慢地克服了“政策关”“语言关”，下乡入户的时候也不再需要村组干部在旁“翻译”，无障碍的交流也让自己更好地融入弥渡当地。进到挂钩户家中时，主人家也不再拘谨地称呼“王菲副县长”“王菲老师”，一句响亮的“亲家来啦”和一个大大的拥抱，是对我弥渡身份最好的认可。

## 教育：燃起弥渡孩子的希望

作为一名高校教师，我对教育有着天然的热爱和敏感，工作期间走遍了弥渡坝区、山区的中小学和村小，孩子们对知识改变命运的渴望、家长们对孩子未来的期盼、教师们对教育事业的呕心沥血也触动着我的内心。

“扶贫先扶智”，而且要精准地扶智！北大教育资源虽多，但是哪些适合弥渡？弥渡需要什么？这些是我在教育扶贫中一直思考的问题。带着问题，我持续地走访学校，用眼睛看、用嘴巴问、用脑子想，慢慢地一整套教育帮扶体系也在调研中逐渐成形。

高中教育缺信心。在我来到弥渡之前，前任北大挂职干部与方正证券在弥渡一中设立了“博雅自强班”，第一届同学在 2018 年 9 月顺利入学开班，极大地解决了弥渡中考优秀生源大量流失的问题。然而留住了好生源之后，如何让“博雅自强班”能够在新的台阶上更进一步，如何保持稳定的发展势头也是亟须解决的问题。带着问题，我又返回北大，请到了北大附中高三各学科主任，利用高考后放假前的时间差前往弥渡一中，与弥渡一中的教师一同开展跟班听课、集体备课、示范教学，逐步提升教学质量；

组织邀请北京大学优秀学生，与北大弥渡支教老师一同开展“一对一成长伙伴”计划，全程陪同“博雅自强班”同学学习成长；联系协调专项资金20余万元，带领“博雅自强班”同学开展北京游学，进一步拓展同学眼界，激发学习动力。在北大、弥渡一中和老师、同学的共同努力下，“博雅自强班”已经收效甚巨，班级总平均分比其他优选班高出60余分，形成龙头示范效应，家长和同学对于弥渡县的教育教学也更有信心，连续三届的“博雅自强班”招生也一届强过一届，十分有望在未来的高考中大幅提升一本率，冲击名校。

小学教育缺理念。山村小学师资的紧张、教学方式的机械、仅限于课本内容的单调、地处深山的闭塞在一定程度上消磨了学生的学习兴趣。在多方了解之后，我通过北大联系到了方正证券和上海真爱梦想公益基金会，引入“梦想课堂”项目，多方共同出资800余万元，从教室建设、硬件配置、课程资源、师资培训等方面为弥渡县所有规模以上山村小学建设了“梦想课堂”，开展理想信念教育。通过丰富生动的互动式教学，让孩子们重燃学习热情，认识了解外面的世界，帮助孩子们自信、从容、有尊严地成长。

弥渡教育不缺的是爱心。一批一批的北大老师、热心校友不远千里送来爱心，一届一届的支教老师接力站上讲台，我也在学校各个院系单位的支持下，多方联系爱心人士和公益基金会，累计筹集奖助学金100余万元、校舍建设资金478万元、各类培训活动经费200余万元。

## 队伍：培养脱贫攻坚的头羊

“火车跑得快，全靠车头带”，在脱贫攻坚的战场上，永远冲锋在前的是我们的领头羊——脱贫干部队伍。脱贫攻坚工作稳步扎实有效地推进离不开高素质的干部队伍，在与当地干部的交流中，我也逐渐了解了他们工作中的诉求和困惑。“一定要在干部教育培训上下功夫。”

北大最丰富的就是智力资源，依托北京大学“1+8+$N$”的帮扶工作模式，紧盯智力扶贫这“源头活水”，本着“请进来、走出去”的原则，扶思路、扶知识、扶技术、扶人才，帮助和指导弥渡县“县、乡、村”三级干部提升综合素质，为弥渡培养了一支脱贫攻坚和乡村振兴的骨干队伍。为抓住关键，我延续开展学校扶贫品牌活动“北京大学弥渡讲坛”，邀请学校知名专家学者赴弥渡，从政府治理、产业规划、法治社会、乡村振兴等方面为当地带来最新的、一流的发展思维和管理理念，提升弥渡县领导干部的理论水平和实践能力。针对村组干部工作中的实操短板，我与挂职驻村第一书记创设“博雅耕读乡社”，邀请党建、产业、电商、规划等领域的一线专家到村授课，围绕习近平总书记提出的“产业兴旺、生态宜居、乡风文明、治理有效、生活富裕”乡村振兴要求，手把手指导村组干部和乡村致富带头人开展村务工作。

“扶贫必扶志”，带领弥渡群众脱贫仅仅依靠干部队伍的热情和工作仍无法发挥全力，还须培养群众自己的领头羊，让群众带动群众。在方正证券组织的一次干部队伍外出学习考察的过程中，我们帮助弥渡县引入“爱心超市”的理念，并且针对弥渡村情民情，创造性地开创了适合弥渡的“爱心超市+厨房革命+五净一绿一规范”的协同扶贫模式：以“爱心超市”统筹各类捐赠资金和物品，配置超市物资，引导村民以劳动换积分，以积分换物品；以“厨房革命”带动村民健康饮食，配置防虫橱柜、电气炊具，改掉村民生火烧灶、蚊虫遍地的恶劣卫生状况；以“五净一绿一规范”评比督促山区村民养成干净卫生健康的生活习惯，定期开展检查整改，互评互学，使脏、乱、差的农村民居变为整洁宜居的农家小院。3个项目协同发力，以小资金带动大效益，彻底改掉了部分贫困户“等靠要”和“贫困攀比”的思想，充分激发群众自身的内生动力，使山区群众的外在和内在焕然一新，从“要我脱贫”变为“我要脱贫”，凝聚形成脱贫攻坚和乡村振兴更大的合力。

## 产业：记录弥渡群众的笑容

俗话说“手里有粮，心中不慌”，然而望着弥渡宜人的环境、丰富的物产、优质的蔬果、传承历史的花灯，我在工作中却感受到了弥渡群众的

“慌”。要把手里的宝变成兜里的钱，这样弥渡的产业才能振兴，群众才能脱贫致富，这样才能变“输血”为“造血”，彻底杜绝返贫风险。

为了让曾经“滇西粮仓”丰富优质的蔬果再次占领市场、树立品牌、创造效益，我又再次跑动起来，扶贫不能只在弥渡，要发展产业就需要跟着市场跑。北大校园、各个企业的展销会一个一个地开办起来；通过e帮扶教育平台、本来生活网、快手平台等电商平台，我和弥渡县共同努力开始将弥渡产品推向全国；社员网等大宗农产品购销公司的货物上下行体系将蔬果从弥渡地头一车一车地运往了各地的农贸批发市场；“荣华古树茶”“弥渡冬桃”“香酥梨”包装也逐步更新换代被市场所认可接受。几年来，弥渡农副产品销售额飞涨，到2023年已经突破1亿元。

喜悦的同时，问题也随之而来。随着销量越来越大、销售范围越来越广，售后反馈也越来越多。“产品大小不一、品相不好”“快递收到的香酥梨都已经摔烂掉了”“有没有弥渡产品伴手礼”成了我新的困扰。第一时间，我来到了县电商中心，逐一商量对策，一定要让弥渡成为优质农产品的代名词！我们一起研究沃柑的快速分级设备，一个个尝试包装内容物对娇嫩的香酥梨运输途中的保护，一起挑选产品、设计定制包装开发多种产品组合礼盒，每条问题反馈都变成了产品更新换代品质提升的改进措施。随着对市场越来越熟悉，“区域品牌”“产品分级”“包装改进”“网络电商”“直播带货”“优质走高端、大宗走渠道”一个个思路逐渐在脑海里成形，慢慢在弥渡县落地实现。

每次提到“小河淌水”，大家都感叹“大家只知道“小河淌水”，没听说过弥渡”，要让大家更知晓更熟悉弥渡，才能让弥渡的产品卖得更多更好，群众的腰包才能更鼓。我又四处奔走，邀请到了中央电视台的专题片制作团队。很快制作团队的工作人员就来到了弥渡，我陪着他们在地里拍，在山里拍，在村里拍，在家里拍，把自己能够想到的弥渡特色为制作团队展示了一个遍。而原计划拍摄播出的一集纪录片，也变成了三期：《冬天里的弥渡丰收节》《品味中国——小河淌水淌出来的美食》《元宵花灯有讲究，弥渡密祉闹花灯》，陆续在中央电视台《乡土》栏目推出，将弥渡丰饶的物产、悠久的文化、独特的美食展现给了全国人民。

2020 年 5 月 16 日，在弥渡县干部群众和各帮扶单位的支持下，经过 8 年的艰苦努力，弥渡县顺利退出贫困县序列。5 月 30 日，未脱贫人口 1 247 户 4 111 人已达脱贫标准，全县实现高质量干净脱贫。北大的定点扶贫工作也得到了党中央及国务院扶贫办、教育部、云南省等的充分肯定。在中央单位定点扶贫工作考核中，北京大学多次被评为最高等次“好”的等次。2021 年 1 月，教育部脱贫攻坚工作领导小组办公室专门致函表彰北京大学定点扶贫工作，称赞北大“走出了一条特色鲜明、成效显著的扶贫路子”。

2021 年 7 月 1 日，在庆祝中国共产党成立 100 周年大会上，习近平总书记代表党和人民庄严宣告：“经过全党全国各族人民持续奋斗，我们实现了第一个百年奋斗目标，在中华大地上全面建成了小康社会，历史性地解决了绝对贫困问题，正在意气风发向着全面建成社会主义现代化强国的第二个百年奋斗目标迈进。”此时此刻，所有的辛苦付出，所有的开心快乐都汇聚成了自豪，脚下丈量过的弥渡乡村，身上沾染过的弥渡热土，脑中萦绕着的弥渡笑容，是我三年挂职扶贫工作最宝贵、最温暖、最自豪的记忆。

脱贫摘帽奔小康，乡村振兴再辉煌，征途漫漫，惟有奋斗，我们将迈着更加坚毅的步伐，向着第二个百年奋斗目标阔步奋进。向伟大的中国共产党致敬，向伟大的祖国致敬！

作者：王菲，现任北京大学化学与分子工程学院党委副书记，
曾挂职担任弥渡县人民政府副县长

# 两年帮扶助振兴，一片丹心献昆弥

“一次弥渡行，一生弥渡情。”2021 年 7 月 15 日，我受学校委派来到云南省大理白族自治州弥渡县挂职副县长，接下前辈的接力棒，持续开展北京大学定点帮扶弥渡县工作，与《小河淌水》的故乡开始了两年多的情缘。从陌生到熟悉，从生分到亲近，从不解到理解，从“北大人”到“弥渡人”，经历了从不知所措、手忙脚乱慢慢转向有条不紊、淡定从容，真正融入了弥渡，与弥渡的干部群众并肩作战，成了同志加战友、朋友和亲人。受疫情影响，工作异常艰辛，但得到学校、弥渡和社会各界的格外关心和支持，总体比较顺利，较好地完成了学校和县委、县政府交给的任务。离开的时候，感觉到的是幸运与幸福、不舍及牵挂。感谢组织安排，感恩各方支持，让我两年多的挂职生活充实饱满，得到了充分的锻炼和成长。

## 一、胸怀“国之大者”，牢记责任与使命

习近平总书记深刻指出，开展定点帮扶，“是党中央着眼推动区域协调发展、促进共同富裕作出的重大决策”。全面推进乡村振兴，是以习近平同志为核心的党中央从中国式现代化建设全局出发、顺应亿万农民对美好生活的向往做出的重大决策，是全面建设社会主义现代化国家的重大历史任务。作为挂职副县长，首先要牢记责任与使命，必须胸怀“国之大者”，按照党中央、学校和省、州、县有关“定点帮扶”“巩固脱贫攻坚成果”“全面推进乡村振兴”的有关部署，扛实责任、做好落实。挂职干部岗位虽小，但是责任重大，我认真学习领会了习近平总书记的重要指示和论述，以及党中央、教育部、学校和云南省、大理白族自治州、弥渡县的相关文件要

求和部署。当弥渡县委提出“挂职就是任职”“要有具体分管工作”时，我没有丝毫犹豫，坚决服从县委、县政府的工作安排，不仅负责北京大学定点帮扶弥渡县工作，还分管教育、商务、科技、地方志办、残联、文物局等工作，义不避责、事不避难。

两年多来，我牢记组织嘱托，在北京大学国内合作委员会办公室的指导支持下，首先把学校部署安排的工作落实好，定点帮扶的各项指标持续增长，连续两年在教育部考核中获得“好”的最高等次。坚持“弥渡所需，北大所能”，认真协调落实县委、县政府提出的各项要求，在重点项目申报、教育卫生事业发展、干部技术人员培训、产业园区建设、农文旅融合发展、乡村振兴示范村打造等方面提供支持，助力弥渡高质量赶超发展。

## 二、敢于担当作为，找准思路与举措

在进行工作交接的县委常委会上，我向弥渡县的领导们汇报：来弥渡挂职不是为了镀金，而是为了实现北大人的“家国情怀”、自己干事创业的理想。我是这么想的，更是这么做的。在弥渡县委、县政府的坚强领导下，我继承和弘扬前任挂职干部的光荣传统和奉献精神，认真调研学习，扎实开展工作，迅速进入角色，与弥渡县的干部群众打成一片，顺利走过了从朋友到战友、从北大人到弥渡人的历程，实现了北京大学定点帮扶弥渡县工作的无缝衔接。

按照县委“不干则已，干就干成，干就干好”的要求，我和挂职第一书记的田定方同志同心协力、密切配合，积极向县四套班子领导和县直机关负责人学习，深入乡、镇、村开展调查研究，向北大曾在弥渡挂职的前辈和院系负责帮扶工作的老师请教，有想法及时报学校党委组织部、国内合作委员会办公室请求指导支持，逐步明确了工作方向，找到了工作思路，并形成工作举措。

一是积极争取学校支持。及时将弥渡县的需求向学校报告，协调落实好弥渡县主要领导赴北大汇报工作以及北大校领导来弥渡督导工作，加强顶层设计、高位推动。县委舒进书记、县政府马志翔县长多次到学校汇报工作、争取支持，学校郝平书记，龚旗煌校长，陈宝剑常务副书记，乔杰常务副校长，宁琦副书记、副校长，张平文副校长，孙庆伟副校长等校领导亲自接待或赴弥渡督导工作，北大与弥渡的交流合作不断深化，帮扶更加精准有力。面对弥渡的重点需求，学校领导高度重视，国内合作委员会办公室协调相关部门、院系、附中、医院等积极响应支持，在“1+8+N”的帮扶工作机制基础上建立了“10个乡村振兴示范村+10名名誉村长”的新型帮扶工作机制，除了10个“名誉村长”所在院系外，宣传部、校友工作办公室、实验室与设备管理部、国际合作部、保卫部、离退休工作办公室、现代农学院、景观与建筑设计学院、政府管理学院、环境科学与工程学院、继续教育学院、体教部、会议中心、餐饮中心、社区服务中心等单位也积极参与帮扶，师生校友齐上阵，基本做到了有求必应，形成了北大帮扶弥渡的强大合力。

二是聚焦弥渡重点需求。围绕弥渡建设“小河淌水·幸福弥渡”的发展目标和“小河淌水乡愁地、绿色蔬菜产业园”的发展定位，聚焦城市建设、产业园区建设、乡村振兴、农文旅融合发展等重点工作和教育医疗、交通基础设施等基础性工作，努力答好“弥渡问卷”。聚焦教育帮扶，牵头落实高中教育改革发展。推进北京大学托管帮扶弥渡一中，促进弥渡一中、弥渡二中合并并新建弥渡一中，在弥渡一中、弥城中学扩建“博雅自强班”、新建“博雅卓越班”，等等，两年多来弥渡县基础教育尤其是高中教育取得了明显的成效，高考成绩和高中招生均有历史性突破。聚焦产业帮扶，充分发挥校友力量。组织全国优秀校友赴弥渡考察调研，聘请青海校友会会长李银会、湖北校友会会长刘萌、法律系1982级校友张永宏为弥渡县乡村振兴产业发展顾问，引导校友在弥渡注册企业、投资兴业、购买弥渡农特产品，设立电商产业发展基金，设计并帮助实施“担保基金助力产业发展”，试验种植“中紫系列”水稻，培养弥渡县企业家和管理技术人才，推广木掌茶叶，等等，为弥渡县产业发展提供支持，使弥渡县第一、二、三产业结构不断优化、实力不断增强。聚焦乡村振兴，设立“吾土乡村振兴工作站”，围绕产业振兴、人才振兴、文化振兴、生态振兴和组织振兴全面发力，10个院系、10名“名誉村长”指导支持打造10个乡村示范村，组织建立农民合作社，大力发展种养殖业、服务业、旅游业，促进农文旅融合发展，改善农村人居环境，优化基层社会治理，以勤劳村委会三合村小组为代表发生了巨大的变化。聚焦文化帮扶，设立“美育工作站”，结合弥渡民歌之乡、花灯之乡的特色，坚持挖掘传统文化、打造艺术团体、建设文化空间相结合，协调校友企业规划建设古城村3A级景区，开展“冶金考古”暑期实践课程，建设彩云书院、菊村书屋、三合童书馆、城市读书空间等，创建的小河淌水少年合唱团荣获第九届童声合唱团两项金奖等荣誉，支持弥渡开展首届民歌节、美食节等，增强弥渡文化自信，促进弥渡文化交流，提升了弥渡的知名度、美誉度。聚焦消费帮扶，引导弥渡农特产品加工企业提质增效，打造“小河淌水的故乡美丽弥渡”公共品牌，加强品牌建设、品质提升，在春节、中秋等节假日开展“消费帮扶行动”，协调北大官方直播平台等渠道加大宣传推介力度，采取北大月饼+弥渡茶叶、北大文创+弥渡产品等形式，协调“东方甄选”团队及其他带货直播，引导广大师生、校友帮助采购销售弥渡农特产品，消费帮扶总额不断创造新高，促进了弥渡产业发展、农民增收。聚焦智力帮扶，克服疫情影响。坚持线下与线上相结合，以插班的形式组织弥渡党政干部、专业技术人才、致富带头人、骨干教师赴北大、深圳培训，组织300余人参加北大“乡村振兴千万带头人培养计划”，邀请知名专家学者举办“北京大学弥渡讲坛”，邀请北大干部班、培训班、实践团的中外学员到弥渡考察交流，建立“北大创业训练营”大理基地，举办首期大理创新创业特训班，等等，给弥渡带来一流的发展思维、管理理念、业务技能，有力提升了全县干部职工的政治素养、理论水平和业务能力。聚焦医疗帮扶，协调校友和社会资源为弥渡医院、养老院捐赠医疗康复器材，建立北大肿瘤医院与弥渡县人民医院线上诊疗机制，健全弥渡县医务工作者赴北大附属医院学习深造通道，邀请知名医疗专家来弥渡县为患者诊疗、医务团队来弥渡开展儿童早期健康筛查和教育，为弥渡疫情防控工作、医院特色科室建设等提供指导支持，助力弥渡医疗卫生事业发展。聚焦重大项目申报，在水美乡村、乡村振兴示范园、四好农村路、天然氧吧、避暑目的地等重大项目建设申报工作上提供指导支持，为弥渡县争取各项政策和资金。

三是努力整合各方资源。充分发挥北京大学社会影响大、校友成就高等优势，结合弥渡的需求和实际，积极协调校友资源、社会资源和地方资源，形成帮扶合力，共同助力弥渡经济社会发展。我克服疫情影响，积极联系、对接，能见面的当面汇报，不能见面的电话和微信沟通，充分介绍弥渡的县情、发展优势及需求，以诚感人、以情动人、以信立人，得到了各方的大力支持和帮助。北京大学校友会多次组织校友到弥渡指导支持，云南省北大校友会进行全面支持，各方校友大显神通，到弥渡考察、交流、投资、捐助；方正证券有限责任公司持续加大对弥渡的帮扶力度，团中央光华科技基金会屡次指导帮助，中国乡村发展基金会、教育部学生素质与发展中心联合培养骨干教师；云南省委组织部、云南省教育厅，大理白族自治州委组织部、大理白族自治州乡村振兴局等省、州有关部门持续关心指导和帮助，云南省委常委、组织部部长李刚和云南省政府分管教育的副省长张治礼专门到弥渡县调研指导北大定点帮扶工作，大理白族自治州委常委、组织部部长翁斌时常关心挂职干部的工作、生活并支持北大定点帮扶工作；在省委、省政府的支持下，云南大学积极协助北京大学定点帮扶弥渡县工作，成立专门领导小组，制定专项工作方案，签订帮扶工作协议，从多个方面对弥渡进行支持；其他各方也给予了我们很多的关心和支持。只要说是北大的挂职干部，都能受到格外的重视和关心。这既给予我们身为北大人的自豪感，又让我们更加感到使命在肩、责任重大，不敢松懈。

## 三、坚持团结奋斗，融入干部与群众

团结才能胜利，奋斗才会成功。到弥渡挂职两年，时间说长不长，说短不短，能不能够做事，能做什么事、做多少事，关键在于能否得到弥渡干部群众的认可与支持，能否凝聚干部群众共同奋斗。我们不能做外人，而要做亲人；既要做朋友，更要当战友；不只是北大人，更是弥渡人。弥渡是以汉族为主的多民族地区，有汉族、彝族、白族、回族、佤族等25个民族，历史悠久、文化厚重、气候舒适、土地肥沃，是“西汉旧郡”“白子故都”“文献名邦”，也是民歌之乡、花灯之乡，素有“滇西粮仓”“蔬菜王国”的美誉。弥渡有丰富的节日和习俗，人民热情好客、人敦礼让，自豪感、幸福感很强。

一是尊重当地的风土人情、风俗习惯。我坚持入乡随俗，利用分管地方志办的优势尽快了解熟悉一些注意事项，改变自己的一些生活习惯，包括抽烟、喝酒、聊天、运动等，也很快学会了听懂方言，并会说一些简单的方言，在生活和工作中与干部群众拉近了距离，受到了认可，交上了朋友。

二是尊重当地的干部群众。虽然弥渡是国家级贫困县，经济社会发展还比较落后，但曾经是六诏咽喉、富饶之地，谚语“到了弥渡，不想媳妇”云南皆知，各项工作的基础比较扎实，而且人民非常勤劳、干部的能力水平也比较高。我时刻提醒自己，必须摆正心态、放低姿态，始终保持谦恭有礼的态度，不以自己是北大人、县领导自居，而是甘于当学生，时常向当地的干部群众学习请教。工作时一般主动到部门去，而不是在办公室听汇报；时常到基层去调查研究、了解情况、解决问题，有些问题解决不了也记在心上、向上反映；坚持多听、多看、多想、多问、多讨论，有不同意见保持尊重和理解，不过多争论乃至争吵，尽量避免矛盾、争取友谊。时间不长，我收获了当地干部群众的尊重和友谊，更收获了基层工作的方法和经验，与大家打成了一片。

三是坚持与当地干部群众并肩战斗。虽然是挂职干部，但我以任职干部严格要求自己，按照县委、县政府的分工和部署，别人怎么工作，我也怎么工作，不搞特殊，更不推诿卸责。不论是北大帮扶工作，还是分管工作，或者是临时交派的任务，我都认真落实好，一丝不苟地尽职履责，不给领导添麻烦，不给下属增负担。抓高中教育改革，我和分管教体局的副县长共同研究，与教体局的领导一起深入高中调研，共同拿出实施方案并几经修改，经县委研究部署后与教体局、高中共同抓落实，有困难共同研究和克服；抓爱国卫生七个专项行动，我按照工作部署认真履行三级街长职责，开会、检查、督导、整改、验收全程参与，上街进村入户一样不落；抓商务、科技等分管工作，坚持帮忙而不添乱，在自己熟悉的领域提意见、找资源、促进步，不懂的不插手、不指挥，不求有功、但求无过。工作中尽量求团结、共奋斗，相互帮助、相互补台，多与班子成员沟通交流，有时间、有能力尽量帮班子成员做一些开会、接待等工作。一个靠谱的队友更容易得到团队的认可，更容易借助团队的力量。两年多的时间，我深受弥渡县领导的关照和帮助，每次有需要，都得到了大家的支持和帮助。在这样的集体和团队中，我感觉非常的幸福。

两年多的时间一晃而过，由于疫情的影响和个人能力有限，虽然我尽力开展了不少工作，取得了一些成绩，但是离学校的要求和弥渡的期待还有很大的差距。衷心感谢组织的信任，感谢学校领导和相关单位、弥渡县干部群众以及社会各方给予我的关心、指导、支持、帮助、鼓励、理解和包容，让我持续充满斗志和动力，收获锻炼和成长。特别要向舒进书记、马志翔县长致以崇高的敬意，他们为弥渡的发展规划了宏伟蓝图并为之不懈奋斗，不断取得突破性进展！离开弥渡，留下的难免有遗憾，但更多是成就感、幸福感！感恩遇见弥渡，感恩所有帮助过我的人！我与弥渡的故事仍将继续，祝愿弥渡的明天更加美好！

作者：陈贵兵，现任北京大学餐饮中心副主任，
曾挂职弥渡县人民政府副县长

# 勤学笃行，打好脱贫攻坚“五张牌”

2017—2018 年，经学校选派，我来到云南省弥渡县寅街镇勤劳村挂职担任党总支第一书记。到岗上任后，我始终坚持认真学习党的理论，认真学习习近平总书记关于扶贫开发的战略思想，提高政治站位，加强理论学习，坚决贯彻执行党的路线、方针、政策。我在弥渡县寅街镇党委的领导和指导下，紧紧依靠勤劳村党总支，和村“两委”成员一起开展工作，积极转变角色，全身心驻村工作，以勤学的态度、笃实的作风，向实践学习，向群众学习，迅速适应第一书记角色，较好融入当地工作，主要打好“五张牌”，得到了县、镇、村领导和干部群众的普遍认可，并取得了较好的工作成绩。

## 一、加强基层治理，打好“党建创新”牌

**加强日常党建工作**。作为勤劳村党总支第一书记，我认真做好村党总支各项事务，规范开展“三会一课”，加强日常党建工作，主动利用组织生活会、全村党员大会等机会，为党员讲党课，开展理想信念教育、“两学一做”学习教育、党的十九大精神学习等。

**利用所学讲好党课**。我充分发挥专业优势，多次为村干部和村民以“乡村振兴”“生活中的经济学”等为主题讲党课，为全镇 400 余名村组干部解读中国经济发展，为全县 70 余名新录用公务员和事业单位工作人员从建设服务型政府角度解读党的十九大精神，取得良好反响。

2017 年 9 月，为寅街镇 400 余名村组干部讲授党课

**创新党建工作思路。**积极探讨创新党建工作思路，组织开展六期勤劳村“新时代农民讲习所”系列活动，并邀请北京大学经济学院袁诚老师和戚自科老师带队到勤劳村开展农村居民金融知识普及活动；更新修缮党员活动室，建设“腾讯为村”互联网党建平台，推广“小河淌水弥渡云”互联网政务平台，并使勤劳村在全县 89 个行政村中长期保持领先排名。

2018 年 1 月，作为勤劳村“新时代农民讲习所”首次主讲人开讲

2018 年 2 月，协调大理白族自治州高考状元到寅街镇大庄村开展“新时代农民讲习所”活动

此外，在团结党员干部、夯实党建工作的基础上，我带领村组党员干部和扶贫工作队员多次入户调查，走访贫困户累计200余户，根据上级扶贫工作要求，按时高质量地完成了2017年贫困对象动态管理、2017年农村低保复核评审、2018—2020年勤劳村脱贫攻坚三年实施方案制定、农村危房改造认定、党员档案资料归档完善、社会扶贫APP注册、帮扶责任人走访、《弥渡传统村落——勤劳村》内容编制等工作，顺利接受国家及省、州、县各级多次考核并得到肯定。由于工作表现优秀，2017年12月我被评为"弥渡县优秀驻村工作队员""弥渡县2017年脱贫攻坚宣传工作先进个人"和"弥渡县寅街镇优秀扶贫干部"等荣誉称号。2018年2月，基于优异工作表现，经弥渡县委组织部考察，任命我同时兼任勤劳村扶贫工作队队长。

## 二、发动各方力量，打好"教育扶贫"牌

**争取奖学助学资金**。我到岗后立即对全村贫困学生情况（含大学生、高中生、初中生、小学生等）进行了全面梳理和统计，并向北大校友、社会爱心人士等进行广泛宣传，挂职期间共协调争取北京常春助学慈善基金会等合计10万元奖助学金，奖助60余名优秀贫困学生。

勤劳村贫困学生助学金发放合影

**2017 年 12 月，协调北京常春助学慈善基金会赴弥渡一中捐资助学**

**营造勤学上进氛围。**我为 2017 年勤劳村考上二本及以上大学生发放奖学金并举办“大学生成长成才座谈会”，激励勤劳村现有学生能够努力奋斗、勤学上进。举办勤劳村三甲完全小学“品学兼优学子表彰大会”，由北京大学知名老教授王俊宜老师支持奖品并向同学们表达祝福和期待，形成勤学上进的学习氛围。协调在勤劳村三甲完全小学设立“博雅图书室”，争取价值 6 万元的崭新图书资料，并指导组织三甲完全小学“爱读书”朗读比赛。

**2017 年 8 月，协调资金为勤劳村大学生发放奖学金并主持召开座谈会**

**2018 年 1 月，协调建立勤劳村三甲完全小学“博雅图书室”**

**2018 年 4 月，北京大学知名教授王俊宜老师支持勤劳村三甲完全小学举办品学兼优学子表彰会**

**开展公益助学活动**。我协调联系工学院博士楼雨一行前往勤劳村进行科普宣传支教活动；联系大理白族自治州 2012 年、2017 年高考状元到勤劳村及周边村开展“北大学子学习经验分享报告会”；设计举办北大学子公益助学“成长 1+1”活动，组织北京大学政府管理学院和信息科学技术学院学生志愿者与弥渡县寅街镇高中生进行一对一结对帮扶，讲授学习方法，进行思想解惑，提高学习兴趣，提振学习信心。

2018 年 2 月，组织大理白族自治州高考状元到勤劳村开展“北大学子”学习经验分享报告会

2017 年 7 月，联系爱心人士到勤劳村贫困户家中走访并发放助学金

## 三、创建电商平台，打好“产业发展”牌

产业发展是促进贫困村脱贫的长久之计。我结合勤劳村农副产品物种丰富、质优价廉的情况，通过精心设计，与村党总支、村委会干部仔细研讨、充分酝酿，于 2018 年 4 月成功打造“勤劳优品”电商平台。2018 年大蒜滞销，农民宁愿手头的大蒜烂在地里也不愿卖出，收成锐减。鉴于此情，“勤劳优品”电商平台第一件农产品选择“独头紫皮蒜”，上线一周内就收

到 300 余订单，截至当年 7 月合计销售独头蒜 2 400 公斤、分瓣蒜 600 公斤、香椽 100 公斤，收入 3.6 万元，有效解决了部分农户大蒜销售困难问题。“勤劳优品”电商平台后续销售更多优质农副产品，通过电商提高农户收入，解决农产品销售困难问题。

到田间地头实地考察了解大蒜种植情况

## 四、主动对接资源，打好“项目资金”牌

我协调联系，向省商务厅等单位争取培训经费 20 万元，用于弥渡县英语教师培训，提高当地英语教学水平；向州地震局、县委组织部、县水务局、县财政局、县规划局等单位争取经费 24 万元，投入到勤劳村各项基础建设、产业项目和教育发展中，给勤劳村民带来实实在在的帮助。

## 五、注重理论研究，打好“宣传推广”牌

让更多的北大师生校友、社会爱心人士等关注了解北大定点帮扶单位——弥渡县，特别是勤劳村，是扩大扶贫工作影响力、争取更多扶贫资源的基础。我深知进行工作总结和宣传是一种扩大影响力的有效手段，反过来会促进工作开展，所以我一直十分注重工作宣传，到任后第二周便主动申请

了个人微信公众号“勤劳日记”，并向弥渡县委宣传部、寅街镇党委进行备案。“勤劳日记”公众号能够让更多的人了解当地工作情况和村情村貌，自发布后一周内，关注人数就超过了1 000人，获得3 000多人次阅读量。此外，我积极投稿到省、州、县、镇各级媒体进行工作宣传，挂职期间在省级媒体发表2篇、州级媒体发表4篇、县级媒体发表5篇日记或宣传文章，参与撰写的《来自未名湖畔的殷殷真情——北京大学对口帮扶弥渡脱贫攻坚纪事》一文在《云南日报》头版头条刊发，撰写的《北京大学楼雨博士的扶贫故事》一文在大理白族自治州“学习贯彻党的十九大精神·讲好大理扶贫故事”征文中荣获“优秀奖”。此外，我还充分利用学习专业背景和在校工作经历，结合精准扶贫相关工作，撰写了《精准扶贫视角下的高校继续教育探析》一文并获得高等教育学会继续教育分会2017年年会“优秀论文一等奖”。

此外，根据工作需要，2017年7月弥渡县委研究决定任命我挂职担任中共弥渡县委办公室副主任，协助北大挂职弥渡县副县长推进北大全面对口帮扶弥渡县相关工作，主要包括对接北大领导、老师来弥渡县考察调研，参与对接扶贫产业项目，争取产业资金，协助争取无偿使用项目资金，参与组织英语教师TIP培训项目，参与对接帮扶弥渡县8个乡镇的8个院系，协调弥渡县党政干部两次到北大进行集中培训等。自到任后，我先后对接服务北京大学师生、校友等合计200余人次前往弥渡县进行考察、调研、支教、帮扶等。

经过2017—2018年在西部高原贫困农村地区的挂职工作，我对于农村工作、基层工作有了更加深入的了解，磨炼了意志，开阔了视野，历练了能力，提高了群众意识、问题意识和实践意识，较好地完成了北大和当地交给的各项工作任务。挂职期间，我得到了学校的时刻关注与支持，得到了弥渡县委、县政府、县委办和寅街镇党委、镇政府的亲切关怀，更得到了勤劳的干部群众的真心帮助，这些支持、关怀与帮助给予了我持续奋斗的无限动力。这段时间的锻炼与成长，已成为我人生道路上的宝贵财富。

作者：张晓东，现任燕园街道社区服务中心副主任，
曾职挂弥渡县寅街镇勤劳村第一书记

# 牢记使命　倾心聚力　攻克脱贫攻坚最后一公里

2018 年 7 月至 2021 年 7 月，我有幸成为教育部第六批、第七批、第八批扶贫干部中的一员，来到 2 800 千米外的弥渡，投身脱贫攻坚事业，在寅街镇勤劳村担任驻村第一书记，与来自大理白族自治州搬迁安置办、地震局，弥渡县的其他 6 位同志一道，组成驻村扶贫工作队，融入勤劳村委会，按照省、州、县的管理要求，吃住在村、扎实工作，推动实现整村脱贫。

三年里，在北京大学“1+8+*N*”的整体帮扶框架下，驻村工作队为勤劳村积极联系各方资源，引入各类资金 800 多万元，并通过党建、教育、产业、基础建设、移民搬迁、消费扶贫和社会扶贫等方面大量细致、有效的工作，使得勤劳村在 2020 年顺利通过国家第三方考核验收、脱贫攻坚普查验收和成效考核，实现“零漏评、零错退、群众满意度高”的高质量脱贫成果，勤劳村也被评为弥渡县 10 个“脱贫攻坚红旗村”之一，村子脱贫攻坚的故事被中央电视台、《人民日报》、新华网、党建网、云南网等国家级和省级主流媒体报道。

## 一、访贫问苦，扎实掌握民情贫情

在村里开展工作，首先要努力克服“语言关”“信任关”，快速融入干部群众之中。得益于全县冲刺脱贫的氛围，扶贫工作得到当地干部群众的普遍理解和支持，大家一起学政策、访农户、谋发展，花数个月时间划片包干、上门走访，清理农户台账中存在的问题，全面摸排和梳理民情、贫情，整理出全村农户 1 364 户 5 153 人，其中贫困户有 450 户 1 867 人，低保户 194 户 679 人，五保户 26 户 27 人，残疾户 116 户 126 人，2014—2017 年已累计实现脱贫 279 户 1 195 人。

在摸排农户贫情的基础上，为建档立卡贫困户梳理完善建档资料。经过分析，村里的贫困原因除了围绕产业为核心的基础设施落后以外，还有产业单一且附加值低、干部思路有待拓宽、贫困家庭缺乏技术和内生动力等。

## 二、勤抓党建，着力提升思想观念

勤劳村共有共产党员 149 名，政治觉悟高、群众工作能力强。在驻村工作队的帮助下，村委会通过学校党委组织部等部门捐赠的 10 万元党费以及图书、投影设备等，于 2018 年 10 月落成竣工党群服务中心、新时代农民讲习所和“爱心超市”。各支部基本设施配齐，制度上墙，落实“三会一课”、组织生活会等党内组织生活制度，建立勤劳村党员工作群，线上线下给大家讲政策、话村情、谈发展，按照“五个基本”要求，勤劳村党总支完成 9 个党支部达标创建工作。

为帮助农村党员发展，并带动群众提升，北京大学信息科学技术学院捐赠 34.6 万元设立了“博雅耕读乡社”村组干部培育项目，围绕习近平总书记提出的“产业兴旺、生态宜居、乡风文明、治理有效、生活富裕”要求，邀请教育、医疗、产业、管理等各领域的专家为当地把脉贫情、培育乡贤，让一线的专业人士到村手把手教新的理念和技术，加强城乡互动，形成共同关心和帮助勤劳村发展的氛围，不断修正和调整扶贫工作思路，陆续开展了京东生态中心副主任王志刚为村组干部讲授“互联网+农村电商生态体系建设”、北京大学医学部护理学院孙宏玉教授课题组讲授“农村健康生活普及”、北京天下溪教育咨询中心朱立君博士团队讲授“生态农业专题培训”、北京大学经济学院方达博士讲解“农村产业培育案例讲解”4 场专题培训，受训村组干部 180 人次，医疗获益群众近百人。村里的致富带头人张菊美在听完课程后，了解了线上农产品销售的经营理念、产品把控、服务配套等内容，在多个平台开设网店，带动周边贫困群众增收。北大考古系校友马岳、邱璐夫妇积极为当地探索引入“有机农业+民宿改造+教育旅游”为一体的有机农业综合体模式，为勤劳村引入资金、改善村貌、增加收入、提升产业。

“博雅耕读乡社”村组干部培育项目

此外，结合扫黑除恶和巡视巡察的良好态势，村委会协调农村党员将部分村民长期非法占据村集体和他人农田、鱼塘等问题予以解决，营造了风清气正的乡村治理环境。

## 三、精准扶贫，精准脱贫

扶贫工作重在精准。驻村工作队与村委会多次组织集体学习，为村组干部讲解扶贫政策，走村入户了解生产、教育、医疗、住房等方面的困难，为农户出谋划策用好扶贫政策，帮助困难群众做通思想工作，疏导“等、靠、要”和“贫困攀比”等不正确思想，因户施策，防止漏评、错退等现象发生，确保扶贫资金合理、合规、有效地帮扶到困难群众。

在帮扶措施上，驻村工作队做好动态管理、低保复核评审、脱贫攻坚实施方案、党员档案资料归档、包保责任落实等扶贫工作，用好危房改造、道路硬化、水道沟渠、补短板等建设项目资金，联系农户参与种植养殖和厨艺技能培训、家庭成员全员参保医疗保险、劝返适龄辍学儿童继续学业、争取享受扶贫贴息贷款。

勤劳村的彭家庄水库是涉及全县储备饮用水源的重大工程，是 1 201.7 万立方米的中型水库，涉及库区移民 166 户 634 人。在学校的争取努力下，水库项目获得国家拨款 1.78 亿元以实现顺利开工。同时，水库建设指挥部、驻村扶贫工作队、村干部到移民家挨家挨户做思想工作、帮助群众解决困难，彭家庄支部党员充分发扬“顶在前面、干在难处”的奉献精神，在征地、房屋评估、住房宅基地分配中从自家做起，例如党员彭勇在征地的时候第一个站出来说：“我是党员，先量我家的!”这一举措，一下子就带动其他党员纷纷跟上，让征地工作得以顺利进行，搬迁群众纷纷住进了漂亮的新房，后续还有源源不断的移民后扶项目的支持，群众从不理解到支持、从“要我干”到“我要干”、从“搬迁户”变成了“搬迁富”。

## 四、从电商到农文旅，实现“输血”到“造血”的转变

产业能为农村实现可持续发展，提供源源不断的内生动力。既要解决供给的问题，又要解决需求的问题。

为了让村里好的农产品能被外界所知，驻村工作队积极开拓电商渠道，带着村里的致富带头人搭建起“勤有荟萃”淘宝电商平台，挖掘出紫皮独头蒜、日本甜柿、松茸、核桃等 16 类好产品，并在学校师生中广泛宣传，一年内就实现农产品销售 30 多万元。为持续做好产品销售，学校积极联系社员网和本来生活网两大平台公司，社员网通过大宗采购的方式帮助农民把滞销的农产品销售到全国的批发市场，本来生活网通过精选销售本地水果的方式为当地销售出了价值 160 万元的阳光玫瑰葡萄，教育系统 e 帮扶平台帮助销售沃柑、核桃、紫皮独头蒜等农产品近 30 万元，加上校友在当地种植的有机黄豆、紫玉米、中药配方等有机作物，实现了农产品销售兜底保障、优品优价、新品研发 3 个维度共同发力的帮扶路子。

在北大校友马岳、邱璐夫妇到弥渡县捐赠图书的时候，与他们就村情及发展思路进行了充分的交流，并组织他们多次到勤劳村调研走访，尝试利用村里两个中型水库的优势，开发融合互联网电商、有机农业、生态康养、教育旅游、民俗民宿、农产品加工为一体的有机农业综合体。夫妇二

人举家搬迁至勤劳村，同时租赁了村民流转的37亩土地和归属于村集体的一处房屋，注册天下溪自然农庄项目，盘活农村废弃资产，开展有机种植和乡村教育旅游为主的活动，努力探索一条脱贫攻坚和乡村振兴相结合的新途径。

马岳夫妇表示，他们理解的乡村振兴，其核心是让村民在村子里就能赚到钱。他们在37亩土地上严格采取有机农业的方式种植，摸索出数十种适合当地的农作物，并通过互联网渠道销往北京等大城市。发现有适销对路的产品，就引导村民按有机技术种植并代为销售，以此增加村民收入，传授对环境友好的农业技术，最终改变村子的面貌，让这里成为弥渡第一个有机农业村。

他们在村里租赁并聘请北京专业设计师重新改造的房屋“天下溪畔”修建在一棵大榕树下，是当地典型的老房子，已经有约70年的历史。房屋的整体设计保留了主屋的结构，并把一层改造成了一间乡村图书馆，计划定期开展以科学教育为主的阅读活动，增加乡村的人文风情。同时，这间图书馆也将作为一所远程课堂，邀请一线城市的师资力量，结合勤劳村的发展需求，举办针对村里留守妇女的手工工作坊，制作弥渡梅子酒、手工皂、酵素洗漱用品等适销产品，增加村民收入。“天下溪畔”本身也是宣传可持续生活理念的场所，通过采取太阳能发电、雨水收集、全屋洗漱用水回收再利用、厨余垃圾堆肥、厨余用水无害化生物处理等手段，宣传对环境友好的可持续生活理念，将来不断吸引城市的高知人群到村跟他们一样租赁并改造废弃的院落，为村子带来他们的智慧和资源，逐步改变村民的观念，带动村子实现“生活宜居”和“乡风文明”的目标。

天下溪自然农庄项目的另一个重要功能是发展乡村教育旅游活动，通过他们多年积累的渠道和社会资源，组织城市家庭到当地参加游学营，盘活周边的彝族少数民族文化资源、温泉资源、“小河淌水”旅游资源等。对参学人员采取“乡宿”的模式，组织家里有条件的村民接待游客，一方面增加村民收入，另一方面在密切接触中开阔村民的眼界，游客也能得到深度的乡村生活体验。

改造传统废弃院落为乡村特色民宿

通过吸引城市的人群、智慧、资金和资源，为农村发展注入源头活水，改变乡村人才匮乏的局面，逐步突破政府单方面投入的局限，形成政府、社会和村民的良性互动，同时也为乡村振兴工作提供了可借鉴、可复制、可推广的模板经验。因为有机农业综合体项目的引入，驻村工作队争取到云南省配套乡村旅游建设资金 240 万元建设库区生态廊道作为“十四五”规划首批实施项目，弥渡县委专门为该项目设立人才工作室，村里的致富带头人看到了产业发展的希望并自发投入 70 万元建设生态渔场、林场和林下养殖，附近的自然村新当选的年轻党支部班子也加大干劲，积极把本村融入有机农业的发展体系，南涧等地的客商陆续来洽谈开展冬令营等乡村教育旅游活动。

## 五、多方援引资源，实现全方位帮扶

依靠学校和校友资源，以及云南省各级部门的帮助，勤劳村和贫困村民得到全方位的扶持。

在物资方面，面向北大学生募集回收 1 500 套迷彩服装投入“爱心超市”，从学校设备部争取投影设备，从州地震局为贫困户争取电视机和家具；教育方面，争取知名学者薛兆丰教授与上海真爱梦想基金会为三甲完全小学捐赠 20 万元成立“智仁梦想中心”，邀请北大支教团与学生们分享成长经验并向贫困学生发放助学金 3 万元，为贫困家庭学生联系实习岗位；

基建方面，落实彭家庄水库二期建设资金1亿多元并于2020年4月竣工蓄水，争取方正集团和州级部门出资69万元于11月建成勤劳村村民广场，以解决勤劳、朵祜、瓦哲3个贫困村8 000多名村民“赶集日”路边摆摊交通危险的问题，争取220万元资金于11月建成天目山村的引水沟渠，争取240万元项目资金修建三合下村生态塑木廊道；产业方面，积极协调60亩土地引入6栋正大生猪养殖场，为村集体经济贡献年收入18万元，通过沪滇协作和大理白族自治州搬迁安置办公室争取200万元建设彭家庄养牛场，等等。一系列惠民措施让干部群众感受到实实在在的好处，暖了民心，指了方向，干部群众的信心和干劲也更足了。

勤劳村全村贫困户都实现了脱贫，水、电、路、网、医、教、公共场所和集体经济等满足脱贫指标，于2020年顺利通过国家第三方考核验收、脱贫攻坚普查和成效考核，村贫困发生率降低到0，实现高质量脱贫。

作者：魏培徵，现任北京大学保卫部综合服务办主任，
曾挂职弥渡县寅街镇勤劳村第一书记

# 传承北大精神　助推乡村发展

小河淌水，未名寄情。云南省大理白族自治州弥渡县是北京大学定点帮扶县，2021 年 7 月，我作为学校派出的挂职干部来到弥渡县工作，承担服务基层群众、助力乡村振兴的光荣任务，在这座西南山区小城留下了宝贵的人生记忆。开展中央单位定点帮扶，是党中央着眼推动区域协调发展、促进共同富裕做出的重大决策。对挂职干部而言，做好帮扶工作、推动弥渡发展，是学习贯彻习近平新时代中国特色社会主义思想的根本要求，也是提升思想认识、练就过硬本领、服务祖国发展的生动实践。立足弥渡实际，发挥北大优势，促进弥渡发展，在北京大学国内合作委员会办公室的统筹下，在相关单位、院系的密切支持配合下，北京大学定点帮扶已逐步形成完善的工作体系，对弥渡高质量发展发挥了重要作用。

深入学习贯彻习近平新时代中国特色社会主义思想，牢牢把握正确政治方向，完整、准确、全面贯彻新发展理念，是地区发展的方向指引，也是帮扶工作的重要内涵。2022 年党的二十大胜利闭幕后，弥渡县寅街镇勤劳村党总支与北京大学信息科学技术学院联合开展党的二十大精神学习活动，与会师生校友、勤劳村组干部结合学校、村组工作，围绕如何贯彻落实好党的二十大精神展开了热烈讨论。县域经济发展需要资金、项目，更需要思路和理念。如何提升理念拓宽视野，将党中央政策精神在弥渡落地生根，是帮扶工作面临的重要课题。转入乡村振兴阶段以来，通过“北京大学弥渡讲坛”“乡村振兴千万带头人培养计划”等培训活动，北大专家以线上线下多种形式，向弥渡干部群众宣讲党的方针政策，解读国际热点事件。一大批北大知名教授与弥渡干部群众零距离交流，主题涵盖国家大政方针、文化传承创新、粮食安全保障、城乡融合发展等，有效提升弥渡干部群众对当前经济社会发展形势的把握。

教育发展是社会关切的民生问题，党中央高度重视县级高中发展和义务教育优质均衡发展。近年来，在学校的统筹和支持下，弥渡县聚焦教师队伍建设和人才联合培养，围绕高中教育改革和义务教育优质均衡建设开展了大量工作，助力弥渡县域教育发展打开新局面。教师队伍建设是学校办学水平提升的基础性工作。学校采用"请进来""走出去"相结合的方式，在北大附中等单位的支持下，以高水平教师团队打造为核心，在教师素质提升上下足功夫。2023 年上半年，为提升中学学校管理能力和一线教师工作水平，弥渡各中学管理骨干及数学、英语、化学、艺术等多个学科教师 56 人次分别赴北京、四川、山西、江西等地进行学习交流，教师的育人理念和能力快速进步。北大附中、北大心理健康教育与咨询中心通过线上线下等多种形式，对弥渡高中教师开展业务指导，结合 2023 年高考复习备考需要，举办了 9 门高考学科的线上线下联合教研，开展心理健康专题讲座，累计受益师生达 1 000 余人次。在弥渡一中、弥渡二中，北京大学研究生支教团接力奋斗，与弥渡师生结下深厚情谊。在学校支持帮助下，弥渡一中"博雅卓越班""博雅自强班"等一批优质培养项目相继推出，办学水平不断提升，2023 年高考一本率、本科率较往年大幅上升，取得显著成效。

弥渡具有良好的艺术传统，学校充分发挥北大美育深厚底蕴，支持弥渡县开展乡村美育项目，将文化传承与学生美育相结合，打造教育特色品牌。项目以学生音乐素养教育为载体，以小河淌水少年合唱团建设为抓手，以建设一支高水平少年合唱团、带动一批特色学校发展、培养一批优秀骨干教师为目标，通过品牌培养项目带动全县中小学美育工作水平提升。项目为农村学生累计提供 1 000 余课时高质量声乐课程，开展教师素养提升工作坊吸引本地音乐教师 500 余人次参加，带动 7 所山区中小学音乐课程提质，有效推动山区义务教育发展。项目支持建设的小河淌水少年合唱团先后在四川南充大剧院、成都城市音乐厅参与演出活动，并于 2022 年国庆节期间与北京大学研究生支教团同唱一首《我和我的祖国》，得到中央电视台《晚间新闻》栏目报道，在弥渡产生广泛影响，得到云南省高度肯定。

在习近平新时代中国特色社会主义思想的指引下，越来越多的北大人加入乡村振兴队伍，将北大精神、北大情怀融入乡村振兴事业，为弥渡带来了生机和活力。北京大学考古文博学院1989级校友马岳、邱璐来到弥渡县寅街镇勤劳村定居，成为带领乡村脱贫致富的“新村民”。在马岳、邱璐的倡导下，勤劳村委会三合村于2021年9月成立了乡村旅游开发农民专业合作社，村民以自有资金入股合作社，社员从三合村拓展到勤劳村委会辖区村民，到2023年已发展社员113户。合作社经营范围从最初的农家乐起步，现已拓展到兴办养鸡场、经营露营项目、开办客栈，不到两年时间乡村面貌发生巨大变化，村民获得感、幸福感显著提升，乡村发展走出了新路子，发展日新月异。

2023年，以北大校友为主体的“燕缘乡村振兴促进会”在弥渡注册成立，为更多北大校友参与乡村振兴搭建平台，帮扶弥渡凝聚了越来越多师生、校友的力量。近几年，每年都有300余名北大师生通过社会实践、课题调研等多种形式到弥渡开展帮扶实践，弥渡已成为北大师生认识基层、研究基层、服务基层的重要窗口，也成为北大师生的基层“大课堂”。

扎根基层、知行合一，深入学习贯彻习近平新时代中国特色社会主义思想，贯彻党的二十大精神，推动弥渡经济社会高质量发展，使命光荣、责任重大。我们将继续发挥自身所能，服务基层发展，为建设“小河淌水·幸福弥渡”贡献北大智慧、北大力量。

作者：田定方，现任北京大学党委组织部综合办公室主任，
曾挂职弥渡县寅街镇勤劳村第一书记

# 十年帮扶路　浓浓北大情

北大，未名湖畔风光旖旎。弥渡，小河淌水优美动人。一场空前的“精准扶贫、精准脱贫”攻坚战，让相距 2 800 多千米的著名学府和边陲小县紧紧相连。自此，弥渡多了位亲人，北大多了份牵挂。

2013 年 10 月 24 日，北大与弥渡县正式签署《北京大学弥渡县人民政府对口帮扶协议》，两地结上了“亲”，开启了校地帮扶新模式。2023 年是北大定点帮扶弥渡县十周年，十年来，北大始终把关心帮扶弥渡打赢打好脱贫攻坚战、巩固拓展脱贫攻坚成果、实施乡村振兴战略作为一项重大政治任务，加强组织领导，发挥资源优势，扶贫、扶志、扶智，用心、用情、用力开展帮扶。十年间，北京大学累计为弥渡投入帮扶资金 1. 17 亿元、引进帮扶资金 2. 6 亿元，协调落地重大项目 12 项，在教育、人才、医疗等方面给予弥渡大力的支持和帮助，有力推动弥渡县经济社会高质量赶超发展。

弥渡县位于云南省西部，大理白族自治州东南部，面积 1 523 平方千米，其中坝区 132 平方千米，占 8. 66%。总人口 32. 79 万，下辖 6 个镇、2 个乡，89 个村（社区），933 个自然村，1 215 个村民小组，居住着汉族、彝族、白族、回族、佤族等 25 个民族。弥渡文化繁荣、历史悠久，是享誉世界的“东方小夜曲”《小河淌水》的故乡，是南诏国、大理国的前朝——白子国的故都。脱贫攻坚战打响之初，弥渡县地区生产力水平较低，基础设施建设薄弱，经济发展缓慢，贫困面积大，贫困程度深，建档立卡识别出贫困乡镇 4 个、贫困村 44 个、贫困人口 69 078 人，贫困发生率达 25. 26%，是全国 832 个扶贫开发工作重点县之一。

北京大学依托自身资源禀赋，紧扣弥渡亟待解决的问题，举全校之力在智力、教育、医疗、文化、产业等领域开展一系列精准帮扶。北大的党政领导、院系负责人和专家学者多次到弥渡“走亲戚”，调研指导脱贫攻坚工作，贯彻落实党中央和教育部的要求。北大首创“1+8+$N$”帮扶新模式，以全校一盘棋的思维，对弥渡8个乡镇展开全面帮扶，将北大力量注入弥渡每一户贫困家庭。在北大的关心帮助下，彭家庄水库建设、花鱼洞提水工程、山区道路硬化等一大批重点项目相继实施，国家重大专项“脑卒中筛查与防治工程”落户弥渡，多位医疗专家先后到弥渡义诊、会诊，开设“博雅图书室”“博雅自强班”“梦想课堂”，全县发展基础进一步夯实，教育医疗条件持续改善，人民生活水平不断提升。来自未名湖畔的殷殷真情，吹来弥渡加快发展的春风，助力弥渡顺利脱贫摘帽，2020年，弥渡县正式退出贫困县序列，弥川大地千百年来的绝对贫困问题得到历史性解决，17 539户建档立卡户69 419人稳定脱贫，385户易地搬迁人口“挪穷窝”“斩穷根”。

在全面开启建设社会主义现代化新征程、向第二个百年奋斗目标进军的关键时期，弥渡县在中央、省、州党委、政府的正确领导和北京大学的持续帮扶下，科学研判形势、顺应发展大势、踩准时代节拍、立足发展实际，明确了“小河淌水乡愁地、绿色蔬菜产业园”的发展定位，提出了建设名副其实的“小河淌水·幸福弥渡”的奋斗目标，坚定不移推进以促农增收致富为重点的乡村振兴。北京大学贯彻落实“四个不摘”政策，加强工作衔接，创新帮扶模式，拓展帮扶成果，积极探索乡村振兴典型经验，举全校之力为弥渡乡村振兴取得良好开局贡献北大智慧，在小河淌水的故乡热土上再续北大情缘。围绕弥渡经济社会发展实际，北大充分发挥优势，启动“10+10名誉村长”结对项目，成立弥渡县小河淌水少年合唱团，对弥渡一中实施托管帮扶，以建设专家工作站、建立联合工作机制、开展联合培养活动等形式，推动弥渡教育卫生事业取得长足进步。在北大的支持下，弥渡教育质量稳步提升，一批特色村落逐步成型，“小河淌水”半程马拉松、“小河淌水”大理弥渡民歌节、“小河淌水”大理弥渡美食节等一系列特色活动火热开展，外界对弥渡的辨识度、认可度、关注度持续提升，人民群众获得感幸福感不断增强，北大和弥渡的校地合作联系更加紧密、成果更加丰硕。

十年来，北大人扎根基层、敢想敢为，与弥渡干部群众想在一起、干在一起，在弥川大地留下真情浇灌的宝贵印记。一批批北大人从首都北京来到祖国西南，北大先后派出高翔、史楠、杨学祥、王菲、郭洪亮、陈贵兵、张魁元 7 名同志到弥渡挂职担任副县长；尤宇川、张晓东、魏培徽、田定方、王俊人 5 名同志到弥渡挂职担任驻村第一书记；10 批研究生支教团共 31 人到弥渡支教；北大考古文博学院 1989 级校友马岳、邱璐到弥渡县寅街镇三合村定居，并发起成立以北大校友为主体，以乡村振兴为主要业务的“弥渡县燕缘乡村振兴促进会”。在他们的带动引领下，弥渡干部群众视野有效拓宽，理念快速提升，干事创业的热情持续增强，内生动力不断涌现。他们的到来为弥渡发展注入了新鲜血液，他们身上勇于担当、乐于奉献、善于思考、精益求精的可贵品质，深深打动、感染着弥渡干部群众，他们在辛勤的付出中与弥渡干部群众结下深厚情谊，弥渡人民将永远铭记。

十年真情帮扶，倾囊相助；十年感恩奋进，硕果累累。十年来，弥渡发展的每一步都倾注着北京大学的深情厚谊，取得的每一点成绩都离不开北京大学的真情帮扶。新征程上，弥渡县各族干部群众将倍加珍惜北大帮扶弥渡的难得机遇，认真总结十年帮扶创造的宝贵精神财富，不负北大师生的帮扶和期待，以“不干则已、干就干成、干就干好”的奋进姿态，坚定信心、下定决心、锚定目标、乘势而为，用苦干实干的精神谱写弥渡发展的崭新篇章，为建设名副其实的“小河淌水·幸福弥渡”而不懈努力！

作者：舒进，弥渡县委书记

# 情系弥川大地　展现北大担当

北大，未名湖畔书声琅琅。

弥渡，小河淌水源远流长。

十年前，一场空前的“精准扶贫、精准脱贫”攻坚战，让相距2 800多千米的著名学府和边陲小县紧紧相连。十年来的攻坚克难、砥砺前行，让弥渡摆脱贫困、快速发展，十年来的携手奋进、凝心聚力，让弥渡山川新貌、日新月异。在这十年中，我在弥渡工作了八年，是北大帮扶工作的见证者和参与者，在与多任北大挂职干部共事的过程中，我深刻感受到他们身上干事创业、服务基层的热情和“未名博雅、家国天下”的情怀和责任，高翔、史楠、杨学祥、王菲、郭洪亮、陈贵兵、尤宇川、张晓东、魏培徵、田定方……每个北大人的名字，都深深地刻在了弥渡人心里。

十年来，北京大学坚持高位推动，引进培养各类人才，有效提升弥渡人才集聚水平。学校专门成立了由书记、校长挂帅的对口帮扶领导小组，将定点扶贫工作纳入学校“十三五”规划和“甘露计划”，开通“人、财、物”绿色通道，安排对口帮扶专项经费。学校主要领导及班子成员先后带队深入弥渡县调研定点帮扶工作。在弥渡组织开展“乡村振兴千万带头人计划”2期，“北京大学弥渡讲坛”31期，组织教育系统、卫生系统干部职工开展专题培训数十期，弥渡党政干部、致富带头人、专业技术人员每年1 000余人次参加学习，有效提升干部群众发展视野和思路水平。

十年来，北京大学发挥自身优势，推动文化教育发展，有效提升人民群众获得感和幸福感。学校聚焦县域高中建设和义务教育优质均衡发展，对弥渡一中实施托管帮扶，以高水平学科团队建设和高质量培养项目打造为抓手，每年派出研究生支教团在弥渡支教，推出“博雅自强班”“博雅卓越班”“艺术体育特色班”等培养项目，组织“弥渡优秀中学生夏令营”等品牌活动，实施“筑梦计划”高校专项招生计划，近年来弥渡一中教学质量稳步提升，2023年高考一本人数首次破百，取得显著成效。实施“歌声改变人生”乡村美育项目，深入挖掘弥渡花灯、民歌文化，建设小河淌水少年合唱团，培育高水平美育工作者队伍，形成广泛影响，受到弥渡社会各界广泛关注。

十年来，北京大学聚焦乡村建设，探索乡村发展路径，形成具有北大特色的乡建模式。北京大学将乡村基础设施建设和聚集人气、营造生态相结合，发挥派驻第一书记等组织优势，先后帮助实施彭家庄水库移民搬迁、花鱼洞提水工程等一批重大基础设施建设项目，协调考古文博学院在勤劳村彭家庄移民搬迁新村时举办冶金实验考古暑期课程，协调公共卫生学院在勤劳村开展乡村儿童健康公益普查，支持校友在勤劳村建设“快乐小陶子”童书馆，开办三合片区老年幸福食堂。北京大学考古文博学院1989级校友马岳、邱璐在勤劳村定居，带动村组干部和群众广泛参与，形成北大校友、村组干部、普通村民深度融合，良性互动的生动局面，有效提升乡村基本公共服务供给水平，乡村人气不断凝聚，面貌不断改善。

“未名湖畔”有亲人，“小河淌水”清幽幽。回望北大定点帮扶弥渡的十年，北大对口帮扶弥渡的故事很多很多，北大人不会忘记，弥渡人更不会忘记！

作者：马志翔，弥渡县人民政府县长

# 附录　大事记

**2013 年**

2013 年 6 月 16—19 日，时任北京大学常务副校长吴志攀赴弥渡考察调研，了解对口帮扶重点和弥渡教育卫生发展情况。

2013 年 10 月 24 日，北京大学与弥渡县在京正式签署对口帮扶协议，并举办第一期弥渡县干部培训班。

**2014 年**

2014 年 1 月 24 日，时任北京大学常务副校长柯杨深入弥渡调研医疗卫生工作。

2014 年 10 月 17 日，时任北京大学党委书记朱善璐在首届中国减贫论坛开幕式上致开幕词。

**2015 年**

2015 年 1 月 12 日，时任北京大学副校长王杰深入弥渡教育、卫生、文化领域及贫困村、贫困户家中，就加强对弥渡县对口帮扶工作开展调研。

2015 年 8 月 17—18 日，时任北京大学党委书记朱善璐一行到弥渡县调研对口帮扶工作，看望慰问挂职干部并研究帮扶对策。

2015 年 10 月 14—15 日，时任北京大学医学部党委副书记李文胜，时任北京大学团委副书记、医学部团委书记焦岩率领的医学专家组一行到弥渡县考察指导医疗卫生工作。

2015 年 11 月 8—15 日，北京大学在大理举办“北京大学—大理白族自治州干部党性教育和综合能力提升培训班”。

2015 年 12 月，北京大学医学部协调卫计委落实“脑卒中筛查与防治工程”价值800万元项目落户弥渡。

**2016年**

2016年1月13—14日，时任北京大学副校长王杰一行到弥渡调研“八八对口”深度精准帮扶工作。

2016年10月，北京大学医学部助力弥渡县人民医院设立儿科，开展儿科医师培训。县人民医院儿科于2017年8月1日开始收治住院病人。

2016年11月20日，国务院扶贫办主办的杂志《中国扶贫》在当年第21期上刊发文章《小河淌水故人来——北大倾情帮扶云南弥渡》，全面介绍北大帮扶的典型做法和特色经验。

**2017年**

2017年3月15日，著名经济学家、原北京大学国家发展研究院教授周其仁在弥渡牛街彝族乡民族中学“梦想中心”为弥渡县基层教师和教育系统干部带来“北京大学弥渡讲坛”第六讲《从经济角度谈教育》。

2017年12月10日，北京大学在校举办云南省弥渡县党政干部党的十九大精神专题培训班”。

**2018年**

2018年1月18—19日，时任北京大学副校长龚旗煌率队赴弥渡县调研，研究推进2018年定点扶贫工作。

2018年5月18—20日，时任北京大学校长林建华一行到弥渡县调研，就进一步落实国家扶贫政策，助力弥渡县决战决胜脱贫攻坚开展全方位的对接。

2018年7月19日，时任北京大学党委常务副书记于鸿君一行到弥渡县，看望北大弥渡挂职干部并调研弥渡县脱贫攻坚工作情况。

2018年12月17日，时任北京大学党委书记邱水平率队赴弥渡县调研，研究推进定点扶贫工作，并看望北大弥渡挂职干部。

**2019年**

2019年1月，北京大学光华管理学院帮助协调1 000万元工程资金支持建设的德苴乡花鱼洞提水工程竣工，解决德苴乡 4 个村委会 13 个自然村 7 490 人居民用水与 16 952 亩耕地的生产用水问题。

2019 年 4 月 11—14 日，时任北京大学党委副书记、纪委书记叶静漪一行赴云南，看望北京大学研究生支教团云南分团志愿者并推进定点扶贫相关工作。

2019 年 9 月 20—24 日，北京大学国内合作委员会办公室、扶贫工作办公室、餐饮中心与弥渡县在农园联合举办“燕园味道庆华诞 · 弥渡真情荐优品”消费扶贫活动。

2019 年 11 月 14—15 日，时任北京大学校长郝平率队赴弥渡县调研，研究推进北京大学定点扶贫工作。

**2020 年**

2020 年 2 月 28 日，北京大学召开定点扶贫工作专题部署会，深入学习贯彻 2020 年教育部直属系统扶贫工作推进会议（视频会议）精神，研究部署 2020 年定点扶贫工作。

2020 年 3 月 19 日，北京大学与弥渡县召开脱贫攻坚专题工作视频会，时任北京大学副校长张平文，时任大理白族自治州政协副主席、弥渡县委书记沙伟风出席，双方连线就 2020 年对口帮扶重点工作计划进行沟通交流。

2020 年 4 月，北京大学协调国家发展改革委落实 1. 7856 亿元资金支持建设的彭家庄水库关闸蓄水，解决弥渡县弥城、寅街、苴力三个镇的农业灌溉问题，以及寅街片区 4. 46 万人的安全饮水及县城补水问题。

2020 年 5 月 16 日，云南省人民政府发布通知，正式批准弥渡县退出贫困县序列。

2020 年 10 月 9—10 日，时任北京大学党委书记邱水平率团赴弥渡县调研，研究推进定点扶贫工作。

**2021 年**

2021 年 2 月 25 日，全国脱贫攻坚总结表彰大会表彰先进集体。北京大学国家发展研究院荣获“全国脱贫攻坚先进集体”。

2021年10月21—22日，时任北京大学党委常委、副校长张平文率队赴弥渡县考察调研，研究推进北京大学定点帮扶工作。

2021年10月21日，北京大学10名专家学者受聘为弥渡10个乡村振兴示范村“名誉村长”，助力弥渡乡村特色发展。

2021年，北京大学国家发展研究院投入100万元启动牛街小额贷款担保项目，每年间接撬动2 000万元低息贷款支持牛街彝族乡特色产业发展。

**2022年**

2022年3月8日，北京大学弥渡县乡村振兴美育专家工作站在弥渡揭牌，艺术学院院长彭锋担任首席专家。

2022年4月17日，北京大学与弥渡县共同开展“数字三月街”线上直播活动，在北京大学各媒体平台展示弥渡特色农产品，累计播放量达40万次。

2022年7月19日，弥渡县人民政府与北京大学社会学系共建“北京大学乡村振兴研究与实践基地”在弥渡揭牌。

2022年7月21—22日，弥渡县委书记舒进率党政代表团赴北京大学拜访，时任北京大学党委书记郝平会见舒进一行，时任副校长张平文主持召开定点帮扶工作推进会。在京期间，代表团赴北大附中就弥渡一中托管帮扶工作进行专题调研。

2022年10月1日，弥渡县小河淌水少年合唱团与北京大学研究生支教团开展合唱《我和我的祖国》礼赞国庆活动，10月3日中央电视台《晚间新闻》对活动进行专题报道并介绍北京大学定点帮扶情况。

2022年11月22日，北京大学与弥渡县以视频形式召开会议，就定点帮扶工作进行调研督导，对巩固脱贫攻坚成果、推进乡村振兴、深入开展定点帮扶工作做出安排。时任党委常委、副校长张平文，弥渡县委书记舒进出席会议。

**2023年**

2023年4月19—21日，北京大学校长、中国科学院院士龚旗煌一行赴云南省推进省校合作和定点帮扶工作，拜会云南省委书记王宁、省长王予波，出席云南大学百年校庆活动。

2023 年 4 月 20—22 日，时任北京大学党委常委、副校长、秘书长孙庆伟率队赴弥渡县考察调研，进一步推进学校定点帮扶工作。

2023 年 4 月 25—28 日，弥渡县委书记舒进率党政代表团来校拜访，党委常委、常务副校长、医学部主任乔杰会见代表团一行。代表团还赴北京大学人民医院、北京大学口腔医院、北大附中等相关单位进行工作对接。

2023 年 5 月，北京大学支持弥渡一中举办“博雅卓越班”项目，面向国家需要开展拔尖创新人才培养。

2023 年 6 月 14 日，云南省副省长张治礼赴弥渡一中调研北京大学托管帮扶工作情况并看望北京大学研究生支教团。

2023 年 6 月 14 日，在北京大学的支持下，由北大校友邱璐等发起的社会组织“燕缘乡村振兴促进会”在弥渡县民政局登记成立。

2023 年 7 月 17—22 日，北京大学组织小河淌水少年合唱团师生参加由中国合唱协会与云南省委组织部共同举办的“第九届中国童声合唱节”活动并获两项金奖。

2023 年 8 月 16 日，云南省委常委、组织部部长李刚，大理白族自治州委书记杨国宗到弥渡县勤劳村委会调研北大帮扶和勤劳乡村振兴工作情况，并看望北大在弥渡定居校友。

# 后　记

凤凰桥头珍珠泉涌，亚溪河畔水声潺潺。

摘一枚弥渡的月亮，唱一首新时代的歌。

为纪念北大定点帮扶弥渡十周年，北京大学国内合作委员会办公室（帮扶办公室）主持编写此书。本书收录北大相关院系、职能部门、“名誉村长”、挂职干部、参与师生校友及弥渡县有关领导的实践回顾、感人事迹、收获感悟等60余篇，是党的十八大以来，北大师生、校友响应党和国家的号召，积极投身弥渡定点帮扶事业、助力弥渡高质量脱贫振兴的生动记录。既有参与定点帮扶人员的记事与体会，又有帮扶经验和工作机制的梳理和分析，很好地将实践与理论、回顾与前瞻相结合，为进一步加强高校定点帮扶工作提供了样本和借鉴。

本书的付梓，离不开北大及弥渡县有关部门所倾注的大量时间和精力，也离不开北京大学出版社的鼎力相助，在此谨致谢忱。最后，谨以此书献给这段特别且令人振奋的时光，献给所有为定点帮扶做出自身贡献、至今仍奋斗在祖国大地上的人们。